PROKLA 202

Green New Deal!? Wie rot ist das neue Grün?

Einsprüche

Nachruf

PROKLA 202 | 51. Jahrgang | Nr. 1 | März 2021 | S. 4-7
https://doi.org/10.32387/prokla.v51i202.1933

PROKLA-Redaktion

Editorial: Green New Deal!? Wie rot ist das neue Grün?

Vor dem Ausbruch der Corona-Pandemie hat die ökologische Krise einen enormen politischen Bedeutungszuwachs erfahren. So hat etwa die Präsidentin der Europäischen Kommission, Ursula von der Leyen, kurz nach ihrem Amtsantritt Ende 2019 den European Green Deal (EGD) als Schwerpunkt ihrer Amtszeit präsentiert. Die Corona-Krise hat den EGD nicht von der politischen Bildfläche verdrängt. Vielmehr präsentiert die Europäische Kommission diesen nun, angesichts der Corona-Pandemie modifiziert und durch den geplanten europäischen Wiederaufbaufonds mit neuer finanzieller Schlagkraft versehen, als zukunftsweisenden Ausweg aus der Krise: Mit dem Green Deal soll die EU bis zum Jahr 2050 klimaneutral werden. Jetzt sei »unsere Chance, unsere Volkswirtschaften anders zu gestalten und sie widerstandfähiger zu machen«, so von der Leyen in einer Videobotschaft im Mai 2020. Damit greift die Kommissionspräsidentin ein Thema auf, das dank sozialer Bewegungen wie Fridays for Future oder Extinction Rebellion vor der Corona-Krise stark in die öffentliche Aufmerksamkeit gerückt wurde: den Klimawandel. Die vorliegende *PROKLA* greift die jüngsten politischen Vorstöße auf, geht aber zugleich vielen grundlegenden Fragen nach, die mit dem Thema verbunden sind. Zugespitzt geht es um die Frage, ob sich der Kapitalismus in einer Weise verändert oder verändern lässt, die die Ursachen der ökologischen Katastrophen beseitigt kann.

Tobias Haas und *Isabel Jürgens* argumentieren in ihrem Einspruch in der vorliegenden Ausgabe, dass der EGD weitgehend in der Logik einer ökologischen Modernisierung verfangen bleibt, jedoch die Programmatik des EGD durchaus Anknüpfungspunkte für progressive Akteure liefert, die den Klimawandel politisieren. *Simone Claar* untersucht in ihrem Beitrag den EGD im Hinblick auf dessen Auswirkungen für Afrika. Sie zeigt anhand der Beispiele der erneuerbaren Energien und der Biodiversitätspolitik auf, dass der EGD darauf ausgerichtet ist, die bestehenden Abhängigkeitsmuster unter begrünten Vorzeichen zu erneuern.

Die Idee eines Deals, wie er etwa von der Europäischen Kommission aufgegriffen wird, ist keineswegs neu, sie hat einen historischen Vorläufer. Nach der Weltwirtschaftskrise 1929 wurde zunächst in den USA ein solcher praktiziert – und fand wenige Jahre später seine wissenschaftliche Legitimation im

202

BERTZ + FISCHER

PROKLA. Zeitschrift für kritische Sozialwissenschaft
Heft 202 | 51. Jahrgang | Nr. 1 | März 2021

Impressum

Die PROKLA wird herausgegeben von der »**Vereinigung zur Kritik der politischen Ökonomie e.V.**«, die jährlich in ihrer Vollversammlung die Redaktion der Zeitschrift wählt.

In der PROKLA werden seit 1971 Themen aus den Bereichen der Politischen Ökonomie, der Politik, Sozialgeschichte und Soziologie bearbeitet. Im Zentrum stehen dabei gesellschaftliche Machtverhältnisse, Polarisierungen im internationalen System und das gesellschaftliche Naturverhältnis. Die Hefte werden jeweils nach thematischen Schwerpunkten zusammengestellt.

Die PROKLA erscheint viermal im Jahr mit einem Gesamtumfang von rund 640 Seiten. Das Einzelheft kostet 15,- €. Ein Jahres-Abonnement kostet im Inland 49,- €, im Ausland 59,- € jeweils inkl. Versand. Abonnieren können Sie unter www.bertz-fischer.de/prokla-abo oder per Mail an prokla-abo@bertz-fischer.de.

Druck und Bindung: UAB Standart Impressa, www.standart.lt, Vilnius, Litauen

Die kommenden Hefte:
PROKLA 203: Die USA vor, mit und nach Trump
PROKLA 204: Vergessenes Land? Emanzipatorische Perspektiven auf rurale Entwicklung

PROKLA
Postfach 100 529
10565 Berlin
redaktion@prokla.de
www.prokla.de

ISSN 0342-8176

Verlag
Bertz + Fischer GbR
Dieter Bertz + Katrin Fischer
Franz-Mehring-Platz 1
10243 Berlin
prokla@bertz-fischer.de
www.bertz-fischer.de

ISBN 978-3-86505-902-4

Keynesianismus, der weniger mit Keynes als mit der neuen Wirtschaftspolitik zu tun hatte, die sich nach 1945 in vielen industrialisierten Ländern etablierte: In Zeiten wirtschaftlicher Stagnation oder gar einer Krise soll der Staat als Wirtschaftsakteur stabilisierend auf Beschäftigungsniveau und Konjunktur einwirken, indem öffentliche Ausgaben ausgeweitet werden, schuldenfinanziert oder dank Abschöpfung hoher Privatvermögen und Einkommen. Die New-Deal-Idee hat demnach nicht nur eine wirtschafts- sondern immer auch eine sozialpolitische Dimension. Während der Keynesianismus allerdings verging, kamen die nächsten Krisen: nicht nur Wirtschaftskrisen, sondern auch eine ökologische Krise, die die Grundlagen des menschlichen Überlebens infrage stellt.

Vor diesem Hintergrund schlugen linke Grüne bereits Ende der 1980er Jahre einen Grünen New Deal vor. Zu Beginn der 1990er Jahre ging daraus die Idee für ein rot-rot-grünes Crossover-Projekt hervor: Durch die Verknüpfung der ökologischen mit der sozialen Frage sollte, so heißt es in einem einschlägigen Beitrag von Willi Brüggen (2001) im *Historisch-kritischen Wörterbuch des Marxismus*, »die Basis für ein längerfristig angelegtes strategisches Bündnis zwischen progressiven Sozialdemokraten, Sozialisten und Grünen gelegt werden.« Eine Wendung nahm die Debatte spätestens mit der Finanzkrise ab 2007. Das gesellschaftliche bzw. parteipolitische Bündnisprojekt mutierte zu einem eher technokratischen ökologischen Modernisierungsprogramm, das, so kritisierte Ulrich Brand (2009) in der *PROKLA* 156, im Gegensatz zum rooseveltschen New Deal der 1930er Jahre weniger von einer progressiven Kräftekonstellation als von einem Technik- und Steuerungsoptimismus getragen wurde. Dem historischen New Deal widmet sich *Steffen Lehndorff* in seinem Einspruch und entfaltet das Argument, dass in der gegenwärtigen Krisenkonstellation progressive Akteure dringend an die Erfahrungen des New Deal anknüpfen und sich der Frage öffnen sollten, wie ein Green New Deal heute umgesetzt werden könnte. *Christine Schickert* geht in ihrem Beitrag der Frage nach, wie ein Green New Deal im regionalen Kontext umgesetzt werden könnte bzw. argumentiert, dass nur eine lokale und regionale Verankerung, die Veränderungsprozesse für die breite Bevölkerung erfahrbar und konkrete Projekte plausibel mache, die gesellschaftliche Voraussetzung dafür sei, einen gesamtgesellschaftlichen Green New Deal überhaupt um- und durchzusetzen – als ein breit getragenes Projekt.

Gleich drei Beiträge gehen sehr grundlegenden Fragen nach und formulieren eine deutliche Skepsis gegenüber der Idee eines Green New Deal. *Christian Zeller* versteht die Idee eines Green New Deal als eine Quadratur des Kreises. Basierend auf der Analyse verschiedener GND-Konzepte argumentiert er, dass diese nicht mit dem kapitalistischen Wachstumszwang brechen und somit keine Antwort auf die sozial-ökologischen Krisen. Eine ähnliche Position vertritt *Tone Smith*, die in ihrem Beitrag ebenfalls mehrere Vorschläge vorstellt und kritisch diskutiert. Sie plädiert dafür, den Begriff New Deal gleich fallen zu lassen, weil mit ihm die Idee von keynesianischem Produktivismus und die vermeintliche Notwendigkeit von Wirtschaftswachstum verbunden sei. Vor dem Hintergrund der Vielfalt an Vorschlägen, die durchaus auch progressive Elemente aufweisen, problematisieren auch *Ronja Morgenthaler* und *Lasse Thiele* einerseits die Wachstumsorientierung auch progressiver GND-Konzepte, gehen jedoch andererseits der Frage nach, welche Ansatzpunkte es dennoch gibt, um diese Ansätze in eine post-kapitalistische Richtung weiter zu entwickeln. Dabei nehmen sie Bezug auf Eric Ohlin Wrights dreiteilige Transformationsstrategie. *Meike Spitzner* kritisiert die GND-Konzepte aus einer Suffizienzperspektive: Ihre These ist, dass es unverzichtbar sei, im Transformationskonzept selbst die strukturellen Ursachen von gesellschaftlichen Ungleichheiten geschlechtergerechtigkeitswirksam zum Thema zu machen. Am Beispiel der Verkehrswende zeigt sie, dass dies die Voraussetzung dafür ist, ökonomisch-sozial-ökologische Zusammenhänge zu erkennen und die Klima-, Ressourcen- und ökonomischen Krisen entsprechend politisieren zu können.

Während sich die letztgenannten Beiträge generell dem GND-Debattenfeld widmen, fokussiert *Ingo Stützle* in seinem Beitrag einen spezifischen, aber grundlegenden Aspekt der Ansätze, nämlich die Finanzierung und geldpolitische Flankierung eines GND. Innerhalb der GND-Debatten und angesichts der Folgekosten, die die globale Pandemie zeitigt, wird das Konzept der Modern Monetary Theory (MMT) intensiv diskutiert. In seinem Beitrag kritisiert Stützle die MMT-These, dass die Finanzierung – etwa eines Green New Deal – kein Problem sei. Das mangelhafte Geld- und Kapitalismusverständnis verleite dazu, gesellschaftliche Kräfteverhältnisse auszublenden, weil die gesellschaftlichen Formen ignoriert werden, in denen sich der gesellschaftliche Reproduktionsprozess vollziehe: Geld, Waren – Steuern, öffentliche Güter.

Dass eine drohende ökologische Krise eine gesamtgesellschaftliche Herausforderung darstellt, haben inzwischen selbst Konservative verstanden – für die extreme Rechte stellt diese Konstellation eine ganz besondere Herausforderung dar. *Alexander Neupert-Doppler* beleuchtet deshalb nicht die Konzeption des GND, sondern analysiert aus einer ideologiekritischen Perspektive die Reaktion der »klimaskeptischen« AfD auf die Vorschläge eines Green Deals. Er argumentiert mit Karl Mannheim, dass die AfD das Konzept der Ökodiktatur als eine Form der Gegendystopie in der politischen Auseinandersetzung platziere, die gegen die reale Dystopie einer weiteren Eskalation der Klimakrise heraufbeschworen wird.

•••

Im November 2020 fand die Mitgliederversammlung der Vereinigung zur Kritik der politischen Ökonomie 2020 statt – wie derzeit so vieles nur digital. Kurz darauf erhielten wir die sehr traurige Nachricht, dass am 14. November 2020 überraschend Ulf Kadritzke verstarb. Er war der *PROKLA* als Autor und Mitglied des Redaktionsbeirats viele Jahre eng verbunden – und auf der letzten Mitgliederversammlung noch engagiert dabei. Mit seinen Ideen und seinem Engagement hat er nicht nur die *PROKLA* bereichert und geprägt. »Träumt weiter, aber mit offenen Augen« titelt der Nachruf von *Rudi Schmidt* in der vorliegenden Ausgabe – einem Aufruf, dem wir nachkommen werden. In Zukunft leider ohne Ulf.

…

Das Jahr 2021 ist ein historisches – wir feiern 50 Jahre PROKLA. Es ist einiges geplant. Nicht absehbar ist, ob wir die Vorhaben angesichts der widrigen Umstände alle realisieren können. Vielleicht schaut ihr mal bei www.prokla.de vorbei oder abonniert unseren Newsletter.

Literatur

Brand, Ulrich (2009): Schillernd und technokratisch: Grüner New Deal als magic bullet in der Krise des neoliberal-imperialen Kapitalismus? In: PROKLA 156 39(3): 475-481. DOI: https://doi.org/10.32387/prokla.v39i156.426.

Brüggen, Willi (1991): Grüner New Deal. In: Historisch-kritisches Wörterbuch des Marxismus, Band 5. Hamburg: 1062-1070.

PROKLA 202 | 51. Jahrgang | Nr. 1 | März 2021 | S. 9-30
https://doi.org/10.32387/prokla.v51i202.1928

Tone Smith*

Wie radikal ist der Green New Deal?

Zusammenfassung: Die Idee eines Green New Deal (GND) ist nicht neu, aber in den letzten Jahren wurde eine Reihe von – mehr oder weniger radikalen – Vorschlägen entwickelt, insbesondere von linken Gruppen. Der Beitrag analysiert vier GND-Vorschläge und fragt, ob sie radikal genug sind, um eine Grundlage für die notwendige sozial-ökologische Transformation zu legen. Obwohl die Vorschläge viele progressive und radikale Elemente aufweisen, kommt der Beitrag zu dem Schluss, dass sie nicht weit genug gehen. Das Hauptproblem ist, dass ein New Deal seinem Wesen nach ein wirtschaftliches Wachstumsprojekt ist und damit den Mythos fördert, dass ein grünes Wachstum möglich ist.

Stichwörter: Ökologische Ökonomie, grünes Wachstum, Degrowth, Arbeit, imperiale Lebensweise

How radical is the Green New Deal?

Abstract: The idea of a Green New Deal (GND) is not new, but the last couple of years have seen the development of a range of - more or less radical - proposals, especially from left-wing groups. This article analyses four GND proposals and ask whether they are radical enough to provide a basis for the needed social-ecological transformation. Although there are many progressive and radical elements in these proposals, the article concludes that they do not go far enough. The main problem is that a New Deal is by its very nature an economic growth-project, and hence furthers the myth of the possibility of green growth.

Keywords: Ecological economics, green growth, degrowth, work, imperial mode of living

* **Tone Smith** ist Umweltökonomin und Humangeografin; sie arbeitet als freiberufliche Autorin.

1. Einleitung

Derzeit kursieren eine Reihe von Vorschlägen für einen Green New Deal (GND) von grünen Parteien, Gruppen innerhalb linker Parteien, Think Tanks und sozialen Netzwerken. Trotz einiger Unterschiede beschäftigen sie sich alle mit der aktuellen, ineinander verflochtenen sozialen, ökologischen und ökonomischen Krise. Sie konzentrieren sich insbesondere auf den Übergang von einer auf fossilen Brennstoffen zu einer auf erneuerbaren Energien basierenden Wirtschaft und auf die Schaffung von Arbeitsplätzen.

Die Idee eines GND wurde bereits in den 1990er Jahren von einer Koalition aus deutschen Grünen und Sozialdemokrat:innen diskutiert (Candeias 2013), und der erste Vorschlag für einen GND wurde 2008 von einer britischen Gruppe veröffentlicht, die sich *The Green New Deal Group* nannte. Doch erst im Februar 2019, nachdem die US-demokratische Kongressabgeordnete Alexandria Ocasio-Cortez und der US-demokratische Senator Ed Markey eine neue Resolution für ein Green-New-Deal-Gesetz vorlegten, gewann das Thema zunehmend öffentliche Aufmerksamkeit. Seitdem haben eine Reihe progressiver Gruppen innerhalb linker Parteien ihre eigenen GNDs initiiert. Diese neueren Vorschläge haben einen breiteren sozialen Fokus, der über die Schaffung von Arbeitsplätzen hinausgeht und Anliegen wie Gerechtigkeit und Ungleichheit sowie die Anliegen marginalisierter Bevölkerungsgruppen aufgreift.

Im Kern baut die Idee eines GND auf Roosevelts umfangreichem Programm zur Lösung jener sozialen und wirtschaftlichen Probleme auf, die im Zuge der Großen Depression in den 1930er Jahren entstanden. Roosevelts *New Deal* bestand darin, die Wirtschaft anzukurbeln, indem er gleichzeitig den Arbeitslosen Arbeitsplätze und damit Einkommen verschaffte und die Wirtschaft mit Nachfrage (bzw. Konsum) versorgte, um die Rezession zu überwinden. Es war ein Projekt, das auf der Wirtschaftstheorie von Keynes basierte und die Notwendigkeit betonte, die Nachfrageseite der Wirtschaft zu stimulieren. Die heutigen Vorschläge für einen GND zielen nicht mehr allein darauf ab, die Wirtschaft wieder in Gang zu bringen, indem mehr Arbeitsplätze geschaffen werden, sondern sie wollen dieses Ziel darüber hinaus mit einem Umbau der Wirtschaft verbinden, der sich an den zentralen ökologischen Herausforderungen orientiert, vor denen die Welt derzeit steht – insbesondere die Klimakrise.

Angesichts der Popularität verschiedener Ansätze eines GND zur Bewältigung der Herausforderungen unserer Zeit lohnt es sich, diese genauer unter die Lupe zu nehmen. Aus einer progressiven, rot-grünen Perspektive ist es wichtig zu beurteilen, inwieweit sie mit Vorschlägen für eine radikale sozial-ökologische Transformation übereinstimmen. In diesem Artikel werde ich daher insbesondere untersuchen, wie die Vorschläge die Probleme des Wirtschaftswachstums aus ökologischer Perspektive anvisieren, und wie sie mit dem Problem umgehen, dass der reiche globale Norden seinen unverhältnismäßig hohen Anteil am globalen Konsum von Ressourcen und Umweltsenken reduzieren muss – was auch als »imperiale Lebensweise« beschrieben wurde (Brand/Wissen 2017). Die Analyse orientiert sich hauptsächlich an der Theorie der sozial-ökologischen Ökonomie, ergänzt durch breitere Forschung zu sozial-ökologischer Transformation (Brand 2014).

Der Artikel beleuchtet zunächst eine Auswahl von Vorschlägen des GND. Anschließend stelle ich eine biophysikalische Perspektive auf die Wirtschaft vor, die in der ökologischen Ökonomie begründet ist und als Grundlage für die Diskussion der GND-Vorschläge dient. Die Analyse konzentriert sich auf den Inhalt der verschiedenen Vorschläge, geht aber nicht auf Fragen der politischen Machbarkeit oder der politischen Strategie ein.[1] Abschließend stelle ich dar, inwiefern die Bewertung der GND-Vorschläge auch für die aktuellen Debatten über die Ausgestaltung der Konjunkturpakete relevant ist, die für eine wirtschaftliche Erholung nach der Corona-Krise sorgen sollen. Insgesamt argumentiere ich, dass die GND-Vorschläge einige zentrale Themen für eine sozial-ökologische Transformation ausklammern. Gleichzeitig enthalten sie jedoch auch viele Elemente, die Teil einer solchen Transformation sein könnten.

2. Einige ausgewählte Vorschläge für einen Green New Deal

In der folgenden Darstellung von vier ausgewählten Vorschlägen für einen GND sollen diese nicht im Detail wiedergegeben werden, vielmehr möchte ich Teile der Debatten über einen GND nachzeichnen wie auch einige der progressiveren Varianten präsentieren. Der Bericht der *Green New Deal Group* aus dem Jahr 2008 stellt den ersten Vorschlag dar, und wohl auch jenen mit der strengsten keynesianischen Grundlage. Der Vorschlag der US-Demokrat:innen hat wiederum international viel Medienaufmerksamkeit erhalten. Die Vorschläge aus der britischen Labour-Partei (*Labour for a Green New Deal*) und von der Bewegung DieM25 zeichnen sich durch ihre vergleichsweise radikalen Elemente aus.

Green New Deal Group (Großbritannien, 2008)

Die Green New Deal Group (im Folgenden GND-Gruppe) bestand zu Beginn aus neun Mitgliedern mit Verbindungen zu NGOs, zur britischen Zeitung The Guardian, zu Think Tanks, Forschung und Politik (z. B. zu einem Parlaments-

1 Das bedeutet, dass ich auch keine Analyse des Biden-Plans, also Bidens moderaterer Version des GND, im Vergleich zum Original vornehme.

mitglied der Grünen Partei). Sie hat sich im Laufe der Jahre leicht verändert und umfasst nun auch einen Labour-Abgeordneten. Die Gruppe begann ihre Arbeit im Jahr 2007, als sich bereits erste Krisentendenzen abzeichneten: niedrige Wachstumsraten, Arbeitslosigkeit und ökologische Herausforderungen. Als die Gruppe im Juni 2008, also noch vor dem großen Crash (Lehman Brother), ihren ersten Bericht veröffentlichte, warnte sie bereits, dass wir auf eine wirtschaftliche Depression zusteuern, wie wir sie seit der Großen Depression nicht mehr erlebt haben (The Green New Deal Group 2008). In dem Bericht identifizierte die Gruppe eine Dreifachkrise, bestehend aus einer Finanz-, Klima- und Energiekrise (Peak Oil). Die umfassende Deregulierung der Weltwirtschaft, die in den 1980er Jahren begann, gilt als wesentliche Ursache für diese Situation.

Vor diesem Hintergrund suchte die Gruppe nach Maßnahmen, um die Wirtschaft wieder zum Wachsen zu bringen, Arbeitsplätze zu schaffen und gleichzeitig auf die Umwelt Rücksicht zu nehmen (in der praktischen Umsetzung eigentlich nur den Klimawandel). Dazu schlägt sie vor, auf die historischen Lehren von Roosevelts *New Deal* und der Mobilisierung für den Zweiten Weltkrieg zurückzugreifen. Da die Gruppe in der Deregulierung des globalen Finanzsektors den entscheidenden Grund für die Entstehung der Finanzkrise sieht, setzt sie vor allem auf die Re-Regulierung dieses Sektors, wobei zugleich die Nutzung fossiler Brennstoffe reduziert sowie der Arbeitslosigkeit und dem Nachfragerückgang entgegengewirkt werden sollen. Im Hinblick auf Klimapolitik stützt sich der Bericht stark auf den Stern-Bericht zur Ökonomie des Klimawandels und das darin dargelegte Kosten-Nutzen-Denken, auf dessen Grundlage der Bericht zu dem berühmten Fazit kommt, dass es nur etwa ein Prozent des BIP pro Jahr kosten wird, die schlimmsten Auswirkungen des Klimawandels zu vermeiden (Stern u.a. 2006).

Insgesamt waren die wichtigsten politischen Empfehlungen, die aus dem Bericht von 2008 hervorgingen: i) die strukturelle Umgestaltung der Regulierung nationaler und internationaler Finanzsysteme und eine grundlegende Neugestaltung der Steuersysteme, ii) die Forderung nach einem nachhaltigen Programm für Investitionen in Energieeinsparung sowie erneuerbare Energien, sowie iii) die Kopplung dieser Maßnahmen an eine traditionell keynesianische Politik der Nachfragesteuerung.

US-Demokraten (2019)

Am 7. Februar 2019 reichten Alexandria Ocasio-Cortez und Senator Ed Markey eine Resolution ein: den Gesetzentwurf für einen Green New Deal (jetzt *House Resolution 109*). Die Resolution wurde von mehr als 70 demokratischen Kongressmitgliedern unterzeichnet und erlangte sowohl national als auch international große Aufmerksamkeit. Die Resolution nennt eine Reihe von Gründen für Reformen und entwirft eine umfassende Vision, wie das Land im nächsten Jahrzehnt gleichzeitig die Ungleichheit bekämpfen, den Klimawandel angehen, gut bezahlte Arbeitsplätze schaffen und besonders schutzbedürftige Bevölkerungsgruppen unterstützen kann.

Konkret stellt die Resolution einen Zehnjahresplan vor, um zu einer Netto-Null-Emissionen-Wirtschaft zu gelangen. Erreicht werden soll dies unter anderem durch einen Umstieg auf erneuerbare Energien und den Ausbau des öffentlichen Nahverkehrs. Die Resolution deckt jedoch auch eine Reihe anderer Umweltbereiche ab und zielt darauf, den Zugang zu sauberer Luft und sauberem Wasser, zu gesunder Nahrung und zu einer nachhaltigen Umwelt für alle Amerikaner:innen zu sichern, wobei auch gefährliche Mülldeponien beseitigt werden sollen. Die Resolution äußert sich jedoch nicht zur Rolle der Kernenergie oder von Kohlenstoffabscheidung und -speicherung (CSS).

In sozioökonomischer Hinsicht fordert die Resolution einen garantierten Arbeitsplatz mit fairer Entlohnung, aber auch Familien- und Krankheitsurlaub, bezahlten Urlaub und Rentensicherheit. Hinzu kommen eine universelle, qualitativ hochwertige Gesundheitsversorgung, kostenlose Hochschulbildung und der Zugang zu bezahlbarem, sicherem und angemessenem Wohnraum. Obwohl diese Vorschläge im US-Kontext bereits radikal und ehrgeizig sind, sticht insbesondere ihr Fokus auf Gerechtigkeit hervor. Entwickelt in engem Kontakt mit den Bewegungen für Umweltgerechtigkeit (*The Sunrise Movement*) fordert die Resolution den Schutz derjenigen Gruppen, die bereits heute besonders mit Umweltzerstörung konfrontiert sind, einschließlich der *People of Colour* sowie armer und indigener Bevölkerungsgruppen und Gemeinden.

Labour for a Green New Deal (Großbritannien, 2019)

Kurz nach der Veröffentlichung der US-Resolution startete eine Gruppe britischer Labour-Mitglieder – inspiriert von den US-GND – eine Graswurzelkampagne, um die Partei zur Verabschiedung eines radikalen und sozialistischen Green New Deal zu drängen, und zwar »mit dem Ziel, die britische Wirtschaft zu transformieren, Ungleichheit zu bekämpfen und die eskalierende Klimakrise zu bewältigen«[2].

Wie der US-Vorschlag zeichnet sich auch der britische Labour-GND durch einen starken Fokus auf Gerechtigkeit aus. Allerdings konzentriert er sich stärker auf einen gerechten Übergang (*just transition*), insofern als er einen besonderen Schwerpunkt darauf legt, neue Arbeitsplätze für diejenigen zu

2 »Labour for a Green New Deal«, https://www.labourgnd.uk/, Zitate im Folgenden nach eigener Übersetzung.

schaffen, deren Jobs im Übergang wegfallen. Der Labour-GND hat auch ein explizit sozialistisches Profil, indem er den Klimawandel von vornherein als eine Klassenfrage begreift: »Beim Klimawandel geht es grundlegend um Klasse, denn er bedeutet Chaos für die Vielen, während die Wenigen profitieren« (Taylor 2019, eig. Übersetzung). Damit wird die Arbeiter:innenbewegung an die Spitze der grünen Transformation gestellt. Insgesamt fordert die Kampagne eine auf einzelne Regionen zugeschnittene Garantie für grüne Arbeitsplätze, die Ausweitung des öffentlichen Eigentums und der demokratischen Kontrolle über eine Reihe von Wirtschaftssektoren sowie massive Investitionen in öffentliche Infrastruktur und erneuerbare Energien.

In Bezug auf den Klimawandel fordert der Labour-GND (absolute) Null-Kohlenstoff-Emissionen bis 2030. Um dies zu erreichen, plädiert er für einen schnellen Ausstieg aus allen fossilen Brennstoffen in Kombination mit groß angelegten Investitionen in erneuerbare Energien. Darüber hinaus wird mit einem grünen, integrierten öffentlichen Verkehrsplan ein völlig neues Verkehrssystem anvisiert, das Probleme der Ungleichheit, der öffentlichen Gesundheit und der Klimakrise in ihrer Verwobenheit angehen soll. In diesen Sektoren sollen neue Arbeitsplätze entstehen, während Arbeitsplätze in den auslaufenden Wirtschaftsbereichen wegfallen.

Um einen gerechten Übergang zu erreichen, wird die Forderung nach »gut bezahlten, gewerkschaftlich organisierten grünen Arbeitsplätzen« in Kombination mit der Sicherung der Grundrechte aller Menschen durch Sicherstellung der allgemeinen Grundversorgung (*universal basic services*, UBS) erhoben. Letzteres gilt als zentral für die notwendige wirtschaftliche Transformation und für den Aufbau einer neuen sozialistischen Wirtschaft, in der »die Grundbedürfnisse jeder:s einzelnen befriedigt sein sollen, damit er:sie sich entfalten kann«. Die allgemeine Grundversorgung soll folgende Bereiche abdecken: Bildung, Gesundheit und Soziales, Energie, Wasser, Wohnen, Verkehr, Informationstechnologie und Lebensmittel. Eng verbunden mit der Sicherstellung der allgemeinen Grundversorgung ist das Ziel, öffentliches und demokratisches Eigentum auszuweiten, auch in den Bereichen Verkehr und Energie. Schließlich enthält der Deal auch ein internationales Element. Entwicklungsländer sollen bei der Klimawende unterstützt, Klimaflüchtlinge aufgenommen und zugleich Vertreibung verhindert werden.

Auf dem Labour-Parteitag im September 2019 wurde ein Antrag zum GND beschlossen[3], wobei jedoch mehrere der ursprünglichen Vorschläge verändert oder verwässert wurden. Während viele der ehrgeizigen sozioökonomischen Ziele beibehalten wurden, fallen die Ziele im Umweltbereich nun schwächer

3 »Agreed conference motion«, https://www.labourgnd.uk/agreed-conference-motion.

aus. Vor allem wurde das ehrgeizige Ziel von Null-Kohlenstoff-Emissionen bis 2030 auf das Mainstream-Ziel von Netto-Null-Emissionen geändert. Außerdem wurde das Ziel, aus allen fossilen Brennstoffen auszusteigen, durch ein Verbot von Fracking ersetzt. In der folgenden Analyse wird die ursprüngliche Version Labour for a GND bewertet.

DiEM25 (Europa, 2019)

Das *Democracy in Europe Movement 2025* (im Folgenden DiEM), das 2016 vom ehemaligen griechischen Finanzminister Yanis Varoufakis gegründet wurde, beschreibt sich selbst als eine paneuropäische progressive Bewegung. Laut ihrer Website[4] zielt DiEM darauf ab, »die EU zu demokratisieren, bevor sie sich auflöst«. Um dieses Ziel zu erreichen, spielt die im April 2019 gestartete Kampagne *Green New Deal for Europe* und ihr wegweisender Bericht *Roadmap für Europas sozial-ökologische Wende* (Adler u.a. 2019) eine zentrale Rolle.[5]

Die Kampagne möchte Europas Gemeinden, Gewerkschaften, Parteien und Aktivist:innen hinter einer gemeinsamen Vision von Umweltgerechtigkeit vereinen. Der Bericht soll einen umfassenden Fahrplan für eine nachhaltige Transformation der Gesellschaft in Europa entwerfen, ausgehend von der Annahme, dass Finanz-, Wirtschafts- und Ökosysteme eng miteinander verwoben sind und dass eine ökonomische Transformation für eine ökologische Transformation unerlässlich ist.

Die Initiative weist Ähnlichkeiten mit der US-amerikanischen und der Labour-Initiative auf, zum Beispiel mit Blick auf Vorschläge wie einer Arbeitsplatzgarantie oder einer allgemeinen Grundversorgung in den Bereichen Wohnen, Infrastruktur und Gesundheit. In einigen Bereichen geht sie jedoch deutlich weiter. In Bezug auf Gerechtigkeit schlägt die Roadmap vor, eine Kommission für Umweltgerechtigkeit einzurichten, d.h. ein »internationales Gremium, das dafür sorgt, dass der grüne Wandel gerecht verläuft« (Adler u.a. 2019: 10).

Die Roadmap wird in zehn Säulen übersetzt (Adler/Wargan o.J.). Eine der Säulen stellt das aktuelle Bekenntnis zum Wirtschaftswachstum in Frage und fordert »Schluss mit dem Dogma des endlosen Wirtschaftswachstums«. Konkret besteht die Forderung darin, das BIP-Wachstum als primären Maßstab für den Fortschritt aufzugeben und durch ganzheitliche Maßstäbe zu ersetzen. Die Kritik des Wirtschaftswachstums ist jedoch kein zentrales Ele-

4 Democracy in Europe Movement 2025 (DiEM25), https://diem25.org/de/.

5 DiEM hat die Kampagne initiiert, sie wird unterstützt von einem Bündnis aus 14 Organisationen.

ment des Berichts. Dennoch weist er darauf hin, dass das vorherrschende Modell des Wirtschaftswachstums in den Ländern des globalen Nordens auf der Extraktion von Ressourcen aus dem globalen Süden basiert. Außerdem heißt es, dass der »Green New Deal für Europa keine destruktive Agenda eines ›grünen Wachstums‹ fortsetzen« darf (Adler u.a. 2019: 26).

3. Theoretische Grundlagen

Bei der Bewertung der GND-Vorschläge werde ich mich insbesondere auf zwei Dimensionen konzentrieren: i) inwiefern die Ansätze tatsächlich realistisch sind, die Umweltkrise zu bewältigen und ii) den Aspekt der internationalen Solidarität. Um beurteilen zu können, ob die GND-Vorschläge die Wirtschafts- und Umweltkrise in einem umfassenden und transformativen Sinne betrachten, gilt es, sich die biophysikalische Dimension der Ökonomie vor Augen zu führen. Daher sollen zunächst die wichtigsten Argumente und Konzepte innerhalb der ökologischen Ökonomie skizziert werden (für einen detaillierteren Überblick vgl. Spash/Smith 2019).

Alle GND-Vorschläge zielen darauf ab, eine auf fossilen Brennstoffen oder Kohlenstoff basierende Wirtschaft zu überwinden. Eine tragfähige Strategie für eine solche Transformation muss berücksichtigen, in welchem Ausmaß unsere modernen, industriellen Ökonomien durch fossile Energie ermöglicht werden, einschließlich des leichten und günstigen Zugangs zu großen Mengen dieser einzigartigen Energiequelle mit ihrer extrem hohen Energiedichte. Gerade der Zugang zu dieser spezifischen Energiequelle liegt dem enormen Anstieg des materiellen Wohlstands in weiten Teilen der Welt in den letzten zwei Jahrhunderten zugrunde. Diese Sichtweise widerspricht der verbreiteten Auffassung, dass der heutige Lebensstandard auf die hohen Produktivitätszuwächse zurückgeht. Jedoch ist die Arbeitsproduktivität in erster Linie gestiegen, weil wir menschliche (und tierische) Arbeit durch fossile Energie und Maschinen ersetzt haben – nicht, weil wir so effektiv und viel intelligenter arbeiten. Nichtsdestotrotz hat diese Entwicklung die Möglichkeit geschaffen, enorme Mengen an Gütern und materiellem Wohlstand zu produzieren. Das Problem ist jedoch, dass dies auch zu einer Zerstörung der natürlichen Umwelt und einem Übermaß an Treibhausgasen in der Atmosphäre geführt hat.

Wenn wir auf fossile Energieträger verzichten, können wir das heutige Niveau des Energieverbrauchs nicht aufrechterhalten, weil der Ausbau der erneuerbaren Energieerzeugung selbst bereits riesige Mengen an Energie und Rohstoffen benötigt. Die Produktion von erneuerbarer Energie hat einen geringeren Energieertrag pro Energieeinheit als fossile Brennstoffe. Zudem sind viele der Rohstoffe, die z. B. für die Herstellung der dazugehörigen Elektronik benötigt werden, nicht im Überfluss vorhanden und werden oft unter problematischen Bedingungen (meist im Globalen Süden) abgebaut.

Eine weitere wichtige Auswirkung der Umstellung auf erneuerbare Energien besteht darin, dass viele ›Klimalösungen‹ die Probleme einfach in andere Umweltbereiche verlagern. Große Windkraftanlagen zum Beispiel belasten die lokale natürliche Umwelt vor allem durch die Bauinfrastruktur und die für ihre Wartung notwendige Straßeninfrastruktur. Sie können auch lokale Arten (insbesondere Vögel) bedrohen. Der Bau von Windrädern ist zudem nicht CO_2-frei, da dieser große Mengen an Beton benötigt. Die Produktion von Biokraftstoffen ist ein weiteres Beispiel für erneuerbare Energien, die vielfach zu einer Verringerung der Biodiversität durch Abholzung und die Anlage von Plantagen geführt (und gleichzeitig die Ernährungssicherheit in vielen Ländern verringert) hat. Erneuerbare Energie, deren Generierung, Speicherung und Verteilung auf industrieller Produktion beruht, wird daher oft fälschlicherweise als ›saubere‹ oder ›grüne‹ Energie bezeichnet, da jede Produktion Auswirkungen auf die Umwelt hat. Daher muss der Fokus auf der Einsparung von Energie und Rohstoffen liegen, nicht allein auf dem Wechsel der Energiequelle.

Die Ökonomie ist biophysikalisch, sie besteht also aus Energie- und Materialflüssen. Jede wirtschaftliche Aktivität erfordert den Einsatz von Ressourcen und Energie und produziert Abfall (zusätzlich zum gewünschten Produkt). Das bedeutet, dass eine absolute Entkopplung zwischen Wirtschaftswachstum und Umweltbelastung – ein weit verbreiteter Mythos – nicht möglich ist. Das bedeutet auch, dass uns Innovationen nur in einem begrenzten Ausmaß ›retten‹ können. Auch die derzeit populäre Strategie einer »Kreislaufwirtschaft« hat Grenzen (Giampietro 2019). Der Begriff spielt auf eine auf biologischen Kreislaufprozessen basierende Wirtschaft an, mit der eine industrielle Kreislaufwirtschaft jedoch nur wenig zu tun hat. Da Materialien in kleinen Mengen nur schwer aus Produkten zurückgewonnen werden können, Recycling viel Energie erfordert und Materialien ab einem bestimmten Punkt ihre Eigenschaften verlieren können, ist ein reduzierter Energie- und Materialeinsatz der einzig gangbare Weg.

Die herrschende Umweltpolitik betont in der Regel die Bedeutung von Effizienzsteigerung und vermeidet das Thema des gesamtwirtschaftlichen Energie- oder Ressourcenverbrauchs. Zwar können Ressourcen in vielen Fällen immer noch effizienter genutzt werden, doch es gibt Grenzen der Effizienzsteigerung. Noch wichtiger ist die Tatsache, dass Effizienzverbesserungen ohne die Festlegung von Obergrenzen für den Ressourcen- und Energieverbrauch aufgrund von Rebound-Effekten nicht zu einem geringeren Ressourcenverbrauch führen werden. Dieser Effekt wurde erstmals von Stanley Jevons beschrieben, der beobachtete, dass Verbesserungen der Kraftstoffeffizienz bei der Dampfmaschine zu einem erhöhten, und nicht zu einem geringeren Einsatz von Kohle führten.

Aufgrund ihres biophysikalischen Zugangs stehen die Grenzen des Wachstums im Zentrum des Ansatzes der ökologischen Ökonomie. In den letzten Jahren wurde dieser Ansatz zunehmend mit Erkenntnissen der kritischen politischen Ökonomie und der Degrowth-Literatur zusammengeführt. Davon ausgehend wurde sowohl der strukturelle Wachstumstrieb im Kapitalismus als auch dessen Abhängigkeit von Wachstum zur Verhinderung von Arbeitslosigkeit und damit verbundenen sozialen Unruhen diskutiert. Gleichzeitig gibt es aber auch eine soziale Dimension der Wachstumsökonomie, der traditionell wenig Aufmerksamkeit geschenkt wurde. Die übliche Erzählung (sowohl auf der Linken als auch auf der Rechten) lautet, dass Wirtschaftswachstum »die Armen aus der Armut holt«. Zunehmend wird jedoch erkannt, dass nicht alle ›emporgehoben‹ werden und dass einige Gruppen tatsächlich einen hohen Preis für den Anstieg des materiellen Wohlstands anderer Gruppen bzw. andernorts bezahlen (siehe z.B. Kothari/Shrivastava 2012).

Diese Perspektive geht über Theorien ungleicher Entwicklung hinaus, auch wenn sie auf diesen aufbaut. Bereits in den 1970er Jahren formulierte Johan Galtung seine Theorie des strukturellen Imperialismus, mit der er zeigte, wie sowohl die Eliten als auch die Arbeiter:innenklasse in den Industrieländern von der Ausbeutung der sogenannten Entwicklungsländer profitierten, während die Armen bzw. die Arbeiter:innenklasse in den Entwicklungsländern am meisten verloren. In jüngerer Zeit haben Ulrich Brand und Markus Wissen (2017) das Phänomen mit dem Konzept der »imperialen Lebensweise« gefasst. Ein Aspekt dieser Entwicklung ist, dass sich Gewerkschaften immer stärker national orientierten, während die internationale Solidarität zusehends dahinschwand. Heute ist daher die internationale Bewegung für Umweltgerechtigkeit die wichtigste gesellschaftliche Kraft, die mit dem Konzept der »Klimagerechtigkeit« daran erinnert, dass der hohe und steigende Konsum im Globalen Norden und in den Mittel- und Oberschichten des Globalen Südens auf Kosten marginalisierter Länder und Bevölkerungsteile im Globalen Süden geht.

Das wirft die Frage auf, ob Wirtschaftswachstum gar nicht die Lösung für Armut ist, sondern Armut, Elend und Ungerechtigkeit vielmehr inhärent hervorbringt. Sollte dies der Fall sein, wäre das ein weiterer Grund, sich intensiv mit der Wachstumsproblematik zu beschäftigen. Vor allem die Post-Development-Literatur hat dargelegt, wie die Gleichsetzung von Entwicklung mit Wachstum in der Praxis einer imperialistischen Politik diente, die eher den reichen als den armen Ländern zugutekam (Sachs 1999/2015)[6]. Die Degrowth-Bewegung, die in den 1970er Jahren in Frankreich ihren Anfang nahm, verband die anthropologische Kritik an der Zerstörung von Kulturen andernorts mit einer kulturellen Kritik am Entwicklungsmodell in den westlichen Gesellschaften selbst (vgl. für eine gute Übersicht Muraca 2013). In diesem Sinne geht es nicht nur um den Globalen Süden und die Probleme, die dort im Zuge der Durchsetzung des westlichen Wachstumsmodells entstehen. Es geht vielmehr um eine Kritik der »Wachstumsgesellschaft« selbst, an der modernen Kultur und dem westlichen Entwicklungsmodell, das nach immer ›mehr‹ strebt, eine Kritik der Akkumulation und der Kommodifizierung menschlicher Beziehungen.

All diese Gesichtspunkte müssen von den GND-Vorschlägen ernst genommen werden, wenn sie die vielfältigen Krisen, zu deren Überwindung sie antreten, tatsächlich bewältigen wollen. Das erfordert auch, die institutionellen Grundlagen der Wachstumsgesellschaft selbst zu verändern. Der folgende Abschnitt diskutiert daher, inwieweit die aktuellen GND-Vorschläge diesen tiefgreifenden Herausforderungen tatsächlich gerecht werden.

4. Bewertung der Vorschläge für einen Green New Deal

Aus den im vorherigen Abschnitt dargestellten Überlegungen folgt, dass wir den Energie- und Rohstoffverbrauch reduzieren ebenso wie eine Obergrenze für den Gesamtverbrauch dieser Ressourcen festlegen müssen. Eine noch radikalere Implikation ist die Notwendigkeit, unsere Wirtschaftssysteme so umzustrukturieren, dass ihr Funktionieren nicht mehr vom Wirtschaftswachstum abhängt. Ich werde mich im Folgenden sowohl mit der Frage befassen, inwieweit die Vorschläge für einen GND die im vorigen Abschnitt diskutierten Aspekte beleuchten, als auch – und das ist entscheidend – ob sie politische Maßnahmen enthalten, die radikal genug sind, um den zentralen Problemen der gegenwärtigen politischen Ökonomie in ihrem gesamten Ausmaß gerecht zu werden.

Verringerung des Energie- und Materialverbrauchs

Die Verwendung von Mainstream-Begriffen wie ›saubere‹ oder ›grüne‹ Energie und Technologie ist in allen vier Vorschlägen für einen GND verbreitet. Auch die Energieeffizienz ist ein zentrales Thema, insbesondere bei der GND-

6 Für eine tiefergehende Analyse der vielfältigen problematischen Aspekte der Wachstumsökonomie einschließlich Militarisierung und Versicherheitlichung von Lieferketten, Wettbewerb, Hedonismus, Produktivismus und sogar Eugenik vgl. Spash (2020).

Gruppe. Viel weniger thematisiert wird die Notwendigkeit oder das Ziel, den Gesamtenergieverbrauch zu reduzieren (meist geht es um fossile Brennstoffe, Kohlenstoffemissionen und Ungleichheit, die reduziert werden müssen).

Eine Ausnahme in dieser Hinsicht stellt der Vorschlag von DiEM dar, da hier die Notwendigkeit sowohl eines reduzierten Energieverbrauchs als auch einer Verringerung des Materialdurchsatzes anerkannt wird. Im Hinblick auf Energie wird dies meist unter dem Aspekt diskutiert, wie die *Nachfrage* nach Energie reduziert werden kann. Dabei geht DiEM davon aus, dass ihre politischen Projekte für integrierte Wohnungs-, Versorgungs- und Mobilitätsstrategien allein eine massive Verringerung des Energiebedarfs bewirken werden. DiEM schlägt jedoch auch ein Gesetz vor, das darauf abzielt, den Materialdurchsatz in Europas Lieferketten zu reduzieren – ein Vorschlag, der auf den ersten Blick viel mit dem Ansatz der Kreislaufwirtschaft gemeinsam hat. Interessanterweise sind sich die Autoren des Rebound-Effekts bewusst und schlagen eine (bewegliche) Obergrenze für den Materialeinsatz vor, um diesem entgegenzuwirken: »Dies könnte übergangsweise durch eine Deckelung des jährlichen Materialdurchsatzes unterstützt werden, die jedes Jahr verschärft werden könnte« (Adler u.a. 2019: 71). Angesichts dessen überrascht es, dass DiEM die neue EU-Taxonomie für soziale und grüne Investitionen unterstützt, die wegen ihres enormen Greenwashing-Potenzials kritisiert wird (Hache 2020).

Ein wesentlicher Unterschied: Null-Emissionen vs. Netto-Null-Emissionsziele

In engem Zusammenhang mit den Ambitionen in Bezug auf Energie- und Ressourcennutzung stehen die Ziele der verschiedenen GND-Vorschläge zur Verringerung von Treibhausgas bzw. CO_2-Emissionen. Der Ausstieg aus fossilen Brennstoffen würde zu einem enormen Rückgang der CO_2-Emissionen führen. Dennoch würde dies nicht ausreichen, um Null-Emissionen zu erreichen, da es noch einige andere bedeutende Emissionsquellen gibt (z.B. die Zementproduktion). Allerdings streben nur sehr wenige Länder oder Unternehmen tatsächlich an, ihre Emissionen auf null zu reduzieren – trotz des scheinbar ehrgeizigen Ziels »Netto-Null«, das sich in den letzten Jahren zunehmend verbreitet. Netto-Null-Emissionen anzustreben, bedeutet Emissionen zuzulassen, aber dafür zu sorgen, dass sie durch *Offsetting*, d.h den Kauf von Kompensationen, oder durch Negative-Emissionen-Technologien ›ausgeglichen‹ werden.

Offsetting bzw. Kompensationslösungen werden seit Langem von kritischen Wissenschaftler:innen und Umweltorganisationen kritisiert, sowohl wegen der fehlenden tatsächlichen Emissionsreduktion als auch wegen der negativen sozialen und ökologischen Auswirkungen, insbesondere auf die Biodiversität und im Globalen Süden, wo die meisten Kompensationsprojekte durchgeführt werden. Auf Netto-Null-Ziele zu setzen, kann sogar zu einem Anstieg der Emissionen führen, weil mit Kompensationen die Weiterverwendung fossiler Brennstoffe legitimiert wird, wobei die Kompensation gleichzeitig nur geringe Auswirkungen mit Blick auf die Entwicklung der CO_2-Emissionen hat. Eine Koalition von Organisationen für Klimagerechtigkeit hat kürzlich einen Bericht veröffentlicht, der aufzeigt, wie die vorherrschenden Netto-Null-Ziele klimapolitische Untätigkeit verschleiern (Actionaid u.a. 2020).

In ähnlicher Weise ist die Annahme einer erfolgreichen und großflächigen Einführung von Negative-Emissionen-Technologien Teil der Klimastrategie vieler Länder, bis zu einem bestimmten Datum Netto-Null zu erreichen, und diese Annahme ist auch zentral für das Pariser Klimaabkommen (Spash 2016). Von Seiten der Klimawissenschaften wird jedoch darauf hingewiesen, dass es diese Technologien noch gar nicht gibt oder es unwahrscheinlich ist, dass sie in der erforderlichen Größenordnung und innerhalb des erforderlichen Zeithorizonts verfügbar sein werden. Viele anerkannte Klimawissenschaftler:innen sehen sie daher als ›spekulativ‹ an (vgl. etwa Anderson 2019).

Dennoch setzen sowohl DiEM als auch der Vorschlag der US-Demokrat:innen auf Netto-Null-Ziele. Während die US-Demokrat:innen dies offensichtlich unkritisch tun, warnt DiEM in einer Fußnote vor Offsets: »Ein gerechter Übergang kann nicht auf einer fortgesetzten Kompensation der Emissionen durch den Einsatz groß angelegter Dekarbonisierungsstrategien beruhen« (Adler u.a. 2019: 63). Im Gegensatz dazu ist der Labour-GND sehr ambitioniert und strebt sogar absolut null Emissionen bis 2030 an. Dies ist nicht nur äußerst ehrgeizig, sondern zeigt auch, dass sie die Bedeutung der Unterscheidung zwischen Null- und Netto-Null-Emissionen erkannt haben.

Die Probleme des Wirtschaftswachstums

In Bezug auf Wirtschaftswachstum reichen die vier GND-Vorschläge von dessen Befürwortung bis zu dessen Problematisierung. Während die US-Demokrat:innen und die GND-Gruppe explizit herausstreichen, wie ihre Pläne zu Wirtschaftswachstum führen werden, verzichtet der Labour-GND auf den Begriff Wachstum (positioniert sich aber auch nicht wachstumskritisch). Eine explizite Problematisierung ist nur im DiEM-Vorschlag zu finden.

Die GND-Gruppe erkennt zwar die Existenz biophysikalischer Grenzen an. Im Vorwort ihres Berichts bezieht sie sich sogar auf den ökologischen Ökonomen Herman Daly und erklärt, dass »dieser Bericht, indem er einen Green New Deal vorschlägt, die Grenzen unseres Ökosystems anerkennt; dass ›die Biosphäre endlich, nicht wachsend, geschlossen und durch die Gesetze der Thermodynamik eingeschränkt ist‹« (eig. Übersetzung). Diese Erkenntnis wird jedoch in dem Bericht nicht weiterverfolgt. Er stützt sich vielmehr stark auf die konventionelle (Klima-)Ökonomie und, wie bereits erwähnt, insbesondere auf den Stern-Report – ein Bericht mit einer klaren Orientierung an Wirtschaftswachstum, der sich der Argumente für ein grünes Wachstums bedient und im Klimawandel neue Geschäftsmöglichkeiten erblickt. In jüngerer Zeit haben Stern und Kollegen vertreten, dass das Wirtschaftswachstum durch die Energiewende in Richtung einer »neuen Klimaökonomie« angekurbelt werden wird (GCEC 2014).[7]

Der Wachstumsfokus ist auch zentral für viele Ökonom:innen, die derzeit bei der sozialdemokratischen Linken beliebt sind, wie Ha-Joon Chang und Mariana Mazzucato. Chang (2011) hat zum Beispiel argumentiert, dass ein Problem des marktliberalen Kapitalismus darin bestehe, dass er das Wirtschaftswachstum verlangsamt. Ähnliche Argumente finden wir bei (Post-) Keynesianer:innen, die sich für soziale Absicherung, weniger Ungleichheit und mehr Inklusion einsetzen, weil dies zu höheren Raten des Wirtschaftswachstums führe. Mazzucato hat ihrerseits an politischen Empfehlungen für einen GND mitgewirkt, die sich auf nachhaltiges Wachstum konzentrieren und den Klimawandel zu einer Chance für Investitionen und Innovationen machen sollen (Mazzucato/McPherson 2018). Damit bedient sie sich einer Sprache, die viel eher dem grünen Wachstumsdiskurs entspricht als den neueren linken Debatten über einen GND. In dieser Hinsicht haben Mazzucato und Stern viele Gemeinsamkeiten.

Diese im weiteren Sinne problematischen Seiten des Wirtschaftswachstums werden jedoch in kaum einem der vier GNDs berücksichtigt. Dass die GND-Vorschläge das gesamte Spektrum der Wachstumsprobleme nicht zur Kenntnis nehmen oder nicht diskutieren wollen, wird vielleicht am klarsten daran, dass sie Wachstum als systemisches Problem selbst gar nicht erst erwähnen. Zum Beispiel geht keiner der GND-Vorschläge darauf ein, dass unser gegenwärtiges Wirtschaftssystem auf kontinuierliches Wachstum angewiesen ist, um Arbeitslosigkeit und soziale Probleme zu verhindern, und ebenso wenig, dass die wesentliche Dynamik einer kapitalistischen Wirtschaft auf dem Akkumulationsdrang beruht. Vielmehr stützen sich die Vorschläge implizit auf irgendeine Vorstellung von einer veränderten Ausrichtung des Wachstums.

7 Die *Global Commission on the Economy and Climate* (GCEC), der inzwischen auch Lord Stern angehört, hat das Argument auf den Kopf gestellt: »Wenn der Klimawandel nicht angegangen wird, ist auf lange Sicht das Wachstum selbst gefährdet« (GCEC in Spash 2016). Das Vorzeigeprojekt des GCEC, die »neue Klimaökonomie« (New Climate Economy) wurde 2013 von den Regierungen von sieben Ländern in Auftrag gegeben, um »Regierungen, Unternehmen und der Gesellschaft zu helfen, besser informierte Entscheidungen darüber zu treffen, wie wirtschaftlicher Wohlstand und Entwicklung bei der Bewältigung des Klimawandels erreicht werden können« (eig. Übersetzung). Das Projekt spielte eine Schlüsselrolle bei der Vorbereitung des Pariser Klimaabkommens durch Publikationen mit vielsagenden Titeln wie »Better Growth, Better Climate« (GCEC 2014) und »Seizing the Global Opportunity« (GCEC 2015).

DiEM zum Beispiel stellt explizit bestimmte Arten von Wachstum in Frage, wie extraktives oder grünes Wachstum. Doch obwohl sich alle GND-Vorschläge darum drücken, den Begriff »Entkopplung« zu verwenden, scheinen sie die Überzeugung zu teilen, dass es möglich ist, den Inhalt des Wachstums zu verändern – eine Position, die letztlich auf die Überzeugung hinausläuft, eine Entkopplung von Wirtschaftswachstum und Ressourcennutzung sei möglich.

Auf den ersten Blick mag es so aussehen, als ob DiEM die Probleme der Wachstumsgesellschaft grundlegender in Frage stellt – vor allem mit der achten Säule ihres GND »Schluss mit dem Dogma des endlosen Wachstums«. Der Begleittext erkennt die »Besessenheit vom Wirtschaftswachstum« als Haupttreiber der Klima- und Ökokrise an. Aber ist die »Besessenheit« von Wachstum oder das Wachstum selbst das Problem? DiEM konzentriert sich auf Ersteres. Es sind vor allem das BIP-Wachstum als übergeordnetes gesellschaftliches Ziel und die gescheiterte wachstumsorientierte Politik, die in Frage gestellt werden. Wie so oft in der populären wachstums-agnostischen Literatur (z.B. der sogenannten ›Donut Ökonomie‹) liegt der Fokus auf der Ebene der Ideen – so als ob es keine ökonomisch-strukturellen Zwänge gäbe. Die problematische Schlussfolgerung aus einer solchen Argumentation lautet, dass wir einfach unsere Indikatoren ändern können und die Probleme der Wachstumsgesellschaft damit verschwinden würden. Der Vorschlag von DiEM ist zwar der einzige, der einige der Probleme der Wachstumsgesellschaft berührt, aber er geht nicht weit genug: Eine grundlegende Infragestellung einer wachstumsbasierten Wirtschaft darf nicht mit der Infragestellung des BIP als allgemeinem Orientierungspunkt der Wirtschaftspolitik verwechselt werden.

Das Problem des Produktivismus

Die fehlende Infragestellung des Wachstums könnte durch den Einfluss eines keynesianischen Ansatzes erklärt werden, der für jeden *New Deal* zentral ist. Schon der Ausgangspunkt eines *New Deal* macht es schwer, Wachstum in Frage zu stellen, da der Produktivismus und der Einsatz ›ungenutzter Ressourcen‹ (d.h. Arbeit) den Kern des Ansatzes ausmachen. Das zeigt sich etwa beim DiEM-Vorschlag, dessen zweite Säule genau darin besteht, ungenutzte Ressourcen wieder einzusetzen, oder genauer gesagt: »Ungenutzte EU-Ressourcen in öffentliche Dienstleistungen [zu] pumpen« (Adler/Wargan oJ.: 4). Der Bericht sorgt sich auch um die Produktivität, wenn Genossenschaften gefördert werden, weist aber darauf hin, dass diese die Arbeitsplatzsicherheit erhöhen, die Arbeitnehmer:innen stärken und »insgesamt mindestens so produktiv sind wie kapitalistische Unternehmen« (Adler u.a. 2019: 51). Der Labour-GND erwähnt die Krise des britischen Produktivitätsniveaus und schöpft aus den Arbeiten von Mazzucato neue Hoffnung.

Mit der Post-Work-Literatur könnte man stattdessen fragen: Warum diese Obsession mit Vollbeschäftigung? Warum können die Menschen nicht den Luxus haben, mehr freie Zeit zu haben, untätig zu bleiben, ihre Zeit lieber für Gemeinschaftsaufgaben, Pflegearbeit, Kunst oder politische Arbeit einzusetzen? Sicherlich kann es der Fall sein, dass gesellschaftliches Arbeitsvermögen brachliegt, obwohl die Gesellschaft dieses Arbeitsvermögen sinnvoll einsetzen könnte. Aber die Diskussion wird in der Regel nicht so geführt. Warum fangen wir nicht mit der Frage an, was produziert werden muss, damit die Bürger ein gutes und sinnvolles Leben führen können? Wenn wir dort ansetzen, wäre schnell klar, dass mehr Arbeitsressourcen freigesetzt werden könnten, wenn wir die unnötige Produktion (etwa von fossilen Brennstoffen, Waffen, Autos, Luxusartikeln oder billigen und umweltschädlichen Konsumgütern) und all die unnötigen Aufgaben einstellen, die derzeit in der Arbeitswelt ausgeführt werden (sogenannte ›Bullshit-Jobs‹, vgl. Graeber 2018).

Angesichts des notwendigen Ausstiegs aus fossilen Brennstoffen und des notwendigen Übergangs zu einer weniger energieintensiven Wirtschaft werden wir in Zukunft jedoch mehr menschliche Arbeitskraft benötigen, um die gleichen Aufgaben zu erledigen. Das liegt daran, dass unsere so genannte Arbeitsproduktivität in Wirklichkeit eher darauf beruht, dass wir menschliche Arbeitskraft durch Maschinen und andere Energiequellen ersetzen, und nicht darauf, dass die Menschen selbst so viel intelligenter und effizienter arbeiten. Aus dieser Überlegung folgt, dass in Postwachstumsökonomien die Produktivität sinken muss (Mair u.a. 2020) – eine für den keynesiansichen Ansatz durchaus herausfordernde Schlussfolgerung.

Soziale Dimension und internationale Solidarität

Obwohl die soziale Dimension einen Schwerpunkt in allen GND-Vorschlägen darstellt, ist die Perspektive der Vorschläge überwiegend nationalstaatlich, d.h. sie konzentrieren sich auf den Abbau von Ungleichheit auf nationaler Ebene. Wo die internationale Dimension angesprochen wird, geht es meist um Finanz- oder Technologietransfers. Nicht thematisiert wird dabei das Thema der strukturellen Ungleichheit des Weltwirtschaftssystems. Selbst der Aspekt der internationalen Umweltgerechtigkeit wird kaum thematisiert, trotz der starken Betonung von Gerechtigkeit im Allgemeinen und der engen Verbindung des US-GND zur Umweltgerechtigkeits-Bewegung.

Abgesehen von den Umweltproblemen im Zusammenhang mit Wirtschaftswachstum sucht man in den GND-Vorschlägen auch vergeblich nach einer allgemeineren Kritik an der Wachstumsgesellschaft, insbesondere am so genannten Wachstumsimaginär, wie es in der Degrowth-Literatur diskutiert wird, d.h. unsere kulturelle Konditionierung, ständig ›noch mehr‹ zu wollen. Dementsprechend fehlt auch eine Auseinandersetzung sowohl mit der ›Konsumgesellschaft‹ als solcher als auch mit den mittleren Konsumniveaus und -mustern und der Lebensweise im Globalen Norden. Vielmehr geht es um eine Verminderung der Einkommensungleicheit (und des Konsums?) sowie um »gut bezahlte, gewerkschaftlich organisierte Arbeitsplätze« (Labour-GND) oder gar die »Anhebung des Lebensstandards« (Adler/Wargan o.J.: 10).

Obwohl es sowohl im Vorschlag von Labour als auch von DiEM um eine Transformation des Wirtschaftssystems geht, die über den Übergang von einer auf fossilen Brennstoffen basierenden zu einer auf erneuerbaren Energien basierenden Wirtschaft hinaus geht, stellen beide Projekte weder den mittleren Lebensstandard – oder gar den der Arbeiter:innenklasse – im globalen Norden noch dessen Abhängigkeit vom globalen Süden direkt in Frage. Die Vorschläge machen es sich in dieser Hinsicht einfach und legen den Schwerpunkt der Kritik auf die reichsten Teile der Gesellschaft, ganz so als ob der Lebensstandard oder das Konsumniveau anderer Klassen nicht problematisch wäre.

Zur Verteidigung von DiEM könnte man vorbringen, dass es DiEM nicht explizit um einen höheren materiellen Lebensstandard geht, sondern vielmehr darum, »allen Kommunen mehr Wohlstand, Sicherheit und Freiheit« zu bringen (Adler/Wargan o.J.: 11). Doch selbst wenn DiEM auf solch subtile Weise versucht, ›Lebensstandard‹ neu zu definieren, ist diese Art der Darstellung des Themas unbefriedigend. Denn das Problem des westlichen Lebensstandards quer durch alle Klassen bleibt ausgeklammert – insbesondere, dass die moderne »imperiale Lebensweise« (Brand/Wissen 2017) auf einem unverhältnismäßig hohen Anteil am globalen Konsum basiert, sowohl im Hinblick auf Produkte als auch auf Ressourcen und Umweltsenken. Da das vorherrschende Modell wirtschaftlichen Wachstums in den Ländern des Globalen Nordens auf der Extraktion sowohl finanzieller als auch materieller Ressourcen aus dem Globalen Süden beruht, muss eine angemessene Auseinandersetzung mit diesem Thema weit über nationale Umverteilungspolitik hinausreichen und die Funktionsweise des Weltwirtschaftssystems grundlegender in Frage stellen.

5. Green New Deals, grünes Wachstum und Konjunkturpakete nach der Pandemie

Immer mehr -Staats- und Regierungschefs in der EU fordern, dass der *European Green Deal* in den Mittelpunkt des Aufbauplans der EU nach der Pandemie gestellt wird. Damit wird auch die Forderung verbunden, dass der Aufschwung nicht nur Wachstum und Arbeitsplätze schaffen, sondern auch ›grün‹ sein solle (Simon 2020). Obwohl der *European Green Deal* einige progressive Elemente enthält, ist er in erster Linie ein grüner Wachstumsdeal[8] und geht die oben dargestellten Probleme nicht an. Insofern ist von einem solchen grünen Aufbauplan in der EU wenig zu erwarten, solange er nicht weit über seinen ursprünglichen Inhalt hinausgeht.

Die Vorschläge für einen GND waren dazu gedacht, eine Wirtschafts- und Finanzkrise zu bewältigen, die bereits vor Corona vorhanden war. Obwohl das Coronavirus und die Eindämmungsmaßnahmen die wirtschaftliche Situation für einige Gruppen, die bereits zuvor nur schwer über die Runden kam, verschlechtert hat, müssen heute nicht unbedingt ganz andere Maßnahmen in Betracht gezogen werden als jene, die bereits vor der Pandemie diskutiert wurden. Entscheidend ist zunächst, die Vorstellung zu hinterfragen, dass ›wirtschaftliche Erholung‹ Wirtschaftswachstum bedeuten muss. Es könnte stattdessen bedeuten, die Wirtschaft umfassend zu reorganisieren – und zwar so, dass ein größerer Teil der Produktion, der Ressourcennutzung und der Verteilung gesellschaftlich entschieden oder gesteuert wird, dass die Wirtschaft nicht in eine Krise gerät, wenn sie nicht wächst, und dass die Grundbedürfnisse der Menschen befriedigt werden können, ohne dass sie auf Lohnarbeit angewiesen sind.

Das kann sich natürlich nicht von heute auf morgen ändern. Was also tun mit der dominanten Wachstumsökonomie? Wie einen Kurswechsel einleiten, ohne gesellschaftliches Chaos hervorzurufen? Kurzfristig ließe sich die Nachfrage erhöhen, wobei sichergestellt werden muss, dass dies die Konsummöglichkeiten der ärmeren Bevölkerungsteile erhöht. Dies würde bedeuten, auf allgemeine expansive Maßnahmen wie die Senkung der Mehrwertsteuer oder andere Steuersenkungen zu verzichten, welche den Konsum aller Bevölkerungsgruppen ankurbeln. Expansive Maßnahmen wirken zwar schnell, würden aber lediglich die problematische Struktur der Wirtschaft bewahren. Stattdessen sollte auf Transfers an niedrige Einkommensgruppen gesetzt werden. Dies muss jedoch begleitet werden durch eine öffentliche Debatte über die Abhängigkeit des westlichen Konsumniveaus vom Globalen Süden und über einer Problematisierung der Konsumgesellschaft im Allgemeinen. Nur dann ist es möglich, Ansätze zu überwinden, die lediglich auf eine Umverteilung von oben nach unten abzielen, ohne das moderne Streben nach nie endendem materiellem Wachstum und Wohlstand in Frage zu stellen. Vor allem aber sollten die Regierungen sicherstellen, dass Menschen, die während der Pandemie ihre Arbeit und/oder ihr Einkommen verloren haben, in ihren Grundbedürfnissen wie Nahrung und Wohnung versorgt werden.

8 Die Europäische Kommission (2019) bezeichnet den Green Deal ausdrücklich als Europas »neue Wachstumsstrategie«.

Eine solche kurzfristig orientierte Politik muss durch eine langfristige Planung für eine Postwachstumsökonomie ergänzt werden. Diese müsste sowohl demokratisches Eigentum bzw. die Kontrolle über wichtige Bereiche der Produktion als auch die Bereitstellung einer allgemeinen Grundversorgung umfassen. Viele dieser Elemente sind bereits in den GND-Vorschlägen enthalten. Es gibt jedoch insbesondere zwei Aspekte in den aktuellen GND-Entwürfen, die neu bewertet werden müssen: der Fokus auf Wachstum und Produktivität und der Fokus auf Vollbeschäftigung bzw. die Schaffung von Arbeitsplätzen. Auf jeden Fall gilt es, wirtschaftliche Aktivitäten zu unterlassen, die zwar Arbeitsplätze schaffen, aber den Bedürfnissen der Gesellschaft und ›grünen‹ Zielen zuwiderlaufen. Das bedeutet nicht, dass die Ziele von fairen Jobs (US-GND), gewerkschaftlich organisierten Jobs (Labour-GND) und menschenwürdigen Arbeitsplätzen (DiEM) falsch sind. Dennoch muss vor allem die Linke es wagen, mit der Problematisierung von Arbeit in die Post-Work-Debatte einzusteigen, anstatt ihre ganze Energie auf Arbeitsplatzgarantien und das Recht auf Arbeit zu konzentrieren.

6. Schlussfolgerungen

Die in diesem Artikel vorgestellten und diskutierten Vorschläge für einen GND haben gemeinsam, dass sie den Klimawandel und die Notwendigkeit einer radikalen Transformation unserer Volkswirtschaften und Gesellschaften ernst nehmen. Dennoch scheint keiner der Vorschläge das gesamte Ausmaß der Herausforderung zu erkennen, die mit dem Übergang weg von fossilen Energiequellen mit hoher Energiedichte hin zu erneuerbaren Energien verbunden sind.

Es gibt zweifellos viele fortschrittliche und ehrgeizige Elemente in diesen Vorschlägen. Die Frage ist jedoch, ob sie angesichts der anstehenden Herausforderungen ehrgeizig genug sind. Das Ergebnis der hier vorgenommenen Bewertung lautet: nein. Die größte Schwäche ist die mangelnde Bereitschaft – oder das Zögern –, die Wachstumsökonomie direkt in Frage zu stellen. Natürlich könnte dahinter die strategische Überlegung stehen, dieses Thema nicht in den Vordergrund der Projekte zu stellen. Es könnte auch sein, dass die keynesianisch inspirierten Grundlagen der Vorschläge ein Hinausdenken über Wachstum und Produktivismus blockieren. Wenn wir Fragen der globalen Umweltgerechtigkeit aber wirklich angehen wollen, wenn wir die Hoffnung auf demokratische Entscheidungen, die den globalen Norden aus seiner ökologisch zerstörerischen Ökonomie und imperialen Lebens- und Funktionsweise herausführen, nicht aufgeben wollen, dann kommen wir um das Thema Wachstum nicht umhin.

Darüber hinaus verschweigen alle Vorschläge die Tatsache, dass erneuerbare Energien weder wirklich ›grün‹ noch ›sauber‹ sind. Das Wort ›sauber‹ zu vermeiden, hätte hier helfen können, um die Einsicht zu vermitteln, dass auch erneuerbare Energien keine unproblematischen Lösungen sind. Die Verwendung solcher Etiketten ist besonders überraschend, wenn man bedenkt, dass einige der GND-Vorschläge den Anspruch haben, in ihrem Verständnis der ökologischen Krise nicht nur den Klimawandel zu berücksichtigen. Daher lässt sich insgesamt als eine zentrale Schlussfolgerung festhalten, dass die GND-Projekte aufgrund der fehlenden Auseinandersetzung mit grundlegenden Zusammenhängen der Thermodynamik eher sozial sind als ›grün‹.

Es ließe sich auch eine Liste von Kritikpunkten aufstellen, die in den GND-Vorschlägen fehlen, darunter die Kritik an der Wachstumsgesellschaft (dem Imaginären), an der Wachstumsabhängigkeit (dem Kapitalismus), am Konsumniveau im Globalen Norden (der Moderne) oder an der Konsumgesellschaft im weiteren Sinne. Auch fehlen Vorschläge, den Energie- und Ressourcenverbrauch einfach auf einem bestimmten Niveau zu deckeln (DiEM ist hier eine Ausnahme), und es fehlt eine Auseinandersetzung mit der Problematik der Ausbeutung von ohnehin marginalisierten Gruppen im globalen Süden durch den globalen Norden. Außerdem werden weder die gegenwärtigen Produktionsweisen und die Produktionsniveaus noch die Produktionsverhältnisse in Frage gestellt.

Dies führt zu einer Schlüsselfrage: Ist der GND lediglich ein Projekt zur Rettung des Kapitalismus? Das war eindeutig das ursprüngliche Ziel von Keynes mit seinen Vorschlägen für eine wirtschaftliche Erholung. Und da alle GND-Vorschläge explizit sowohl auf den *New Deal* als auch auf Keynes Bezug nehmen, könnte man leicht zu dem Schluss kommen, dass dies tatsächlich der Fall ist, zumal keiner der Vorschläge den Kapitalismus explizit in Frage stellt. Gleichzeitig weisen viele der Elemente, insbesondere in den Vorschlägen von DiEM und Labour, jedoch in eine postkapitalistische Richtung.

Insofern gibt es trotz der oben genannten Kritikpunkte und der Tatsache, dass die GNDs nicht weit genug gehen, tatsächlich viele Elemente, die in einer wirklich transformativen rot-grünen Strategie zum Tragen kommen sollten. Dazu gehören: die Bereitstellung einer allgemeinen Grundversorgung (außerhalb des Marktes); die Demokratisierung von Teilen der wirtschaftlichen Produktion; Vorschläge für alternative Wirtschaftsinstitutionen; (öffentliche) Investitionen in den öffentlichen Nahverkehr; der Fokus auf Gerechtigkeit und Ungleichheit sowie marginalisierte Bevölkerungsgruppen; das Ziel, aus fossiler Energie auszusteigen; das BIP durch andere Indikatoren für gesellschaftlichen Erfolg zu ersetzen sowie die Kritik am unregulierten Finanzmarktkapitalismus.

Eine tiefgreifende sozial-ökologische Transformation erfordert, Wirtschaft (wieder) als ein System der sozialen Versorgung zu betrachten. Wir müssen kollektiv definieren, wie wir unsere physischen Ressourcen gemeinsamen nutzen, nicht nur unsere Arbeitskraft, die traditionell im Fokus keynesianischer Ansätze steht. Aber wir müssen auch Arbeit neu betrachten und über die ausgeprägte Arbeitsethik hinausgehen, die in sozialdemokratischen und linken Parteien so verbreitet ist. Anstelle einer Arbeitsplatzgarantie und der Angewiesenheit von Menschen auf einen Arbeitsplatz zur Befriedigung ihrer Grundbedürfnisse sollten wir über andere Möglichkeiten der sozialen Organisation und andere Institutionen nachdenken. Die radikaleren GNDs, wie Labour und DiEM, bieten viele sinnvolle politische Vorschläge, die Teil von Strategien des Neuaufbaus nach der Corona-Pandemie und eines längerfristigen rot-grünen Transformationsprojektes sein könnten. Kombiniert mit Erkenntnissen aus der ökologischen Ökonomie, Degrowth und Post-Development sind sie von großer Bedeutung, um eine wirklich transformative Strategie zu entwerfen. Doch der Begriff New Deal ist zu stark in keynesianischen Produktivismus und Wachstum verstrickt – lassen wir ihn besser hinter uns.

Aus dem Englischen von Etienne Schneider

Literatur

Actionaid / Corporate Accountability / Friends of the Earth International / Global Campaign to Demand Climate Justice / Third World Network / What next? (2020): NOT ZERO: How ›net zero› targets disguise climate inaction. Joint technical briefing by climate justice organisations.

Adler, David / Wargan, Pawel (o.J.): 10 Säulen des Green New Deals für Europa. The Green New Deal for Europe.

Adler, David / Wargan, Pawel / Prakash, Sona (Hg.) (2019): Roadmap. Für Europas sozial-ökologische Wende.The Green New Deal for Europe.

Anderson, Kevin (2019): Brief response to the UK Government's »net-zero« proposal. URL: https://kevinanderson.info/, Zugriff: 15.10.2019.

Brand, Ulrich (2014): Social ecological transformation: a crossover project between the left and the greens? URL: https://www.degrowth.info/, Zugriff: 1.12.2020.

Brand, Ulrich/ Wissen, Markus (2017): The imperial mode of living. In Spash, Clive L. (Hg.): Routledge Handbook of Ecological Economics. Nature and Society. Abingdon-New York: 152-161.

Candeias, Mario (2013): Green Transformation. Competing strategic projects. Berlin.

Chang, Ha-Joon (2011): 23 things they don't tell you about capitalism. London.

Europäische Kommission (2019): Der europäische Grüne Deal. COM (2019) 640 final.

Galtung, Johan: A Structural Theory of Imperialism, In: Journal of Peace Research 8(2): 81-117.

GCEC (2014): Better Growth Better Climate. The New Climate Economy Report. Washington, D.C.

GCEC (2015): Seizing the Global Opportunity. The 2015 New Climate Economy Report. Washington, D.C.

Giampietro, Mario (2019): On the circular bioeconomy and decoupling: Implications for sustainable growth. In: Ecological Economics 162: 143-156. DOI: https://doi.org/10.1016/j.ecolecon.2019.05.001.

Graeber, David (2018): Bullshit Jobs: A Theory. London.

Hache, Frederic (2020): 50 Shades of Green. Sustainable Finance 2.0. The securitization of climate and biodiversity policies. Green Finance Observatory. Brüssel.

Hoffmann, Maja / Paulsen, Roland (2020): Resolving the ›jobs-environment-dilemma‹? The case for critiques of work in sustainability research. In: Environmental Sociology 6(4): 343-354. DOI: https://doi.org/10.1080/23251042.2020.1790718.
Kothari, Ashish/Shrivastava, Aseem(2012): Why Is India Still Poor? In: Yes! Magazine, June 2012.
Mair, Simon / Druckman, Angela / Jackson, Tim (2020): A tale of two utopias: Work in a post-growth world. In: Ecological Economics 173: 1-11.
Mazzucato, Mariana / McPherson, Martha (2018): The Green New Deal: A bold mission-oriented approach. UCL: Institute for Innovation and Public Purpose.
Muraca, Barbara (2013): Décroissance: A Project for a Radical Transformation of Society. In: Environmental Values 22(2): 147-169.
Sachs, Wolfgang (2015): Planet dialectics: Explorations in environment and development. London.
Simon, Frédéric (2020): France, Germany join group of 10 EU countries calling for green recovery. URL: https://www.euractiv.com/, Zugriff: 19.1.2021.
Spash, Clive L. (2016):The political economy of the Paris Agreement on human induced climate change: a brief guide. In: Real-World Economics Review 75: 67-75.
– (2020): Apologists for growth: passive revolutionaries in a passive revolution. In: Globalizations. DOI: http://doi.org10.1080/14747731.2020.1824864.
– / Smith, Tone (2019): Of ecosystems and economics: re-connecting economics with reality. In: Real World Economics Review 87: 212-229.
Stern, Nicholas u.a. (2006): Stern Review: The Economics of Climate Change. London.
Taylor, Matthew (2019): Labour members launch Green New Deal inspired by US activists (22.3.2019). URL: www.theguardian.com, Zugriff: 22.3.2019.
The Green New Deal Group (2008): A Green New Deal. Joined-up policies to solve the triple crunch of the credit crisis, climate change and high oil prices: New Economics Foundation.

PROKLA 202 | 51. Jahrgang | Nr. 1 | März 2021 | S. 31-51
https://doi.org/10.32387/prokla.v51i202.1932

Christian Zeller *

Green New Deal als Quadratur des Kreises

Zusammenfassung: Die Erderhitzung und das Überschreiten mehrerer planetarer Grenzen erfordern einen raschen und umfassenden Umbau der gesamten Produktion und eine Neuorientierung des Konsums. Unterschiedliche Vorschläge für einen Green New Deal antworten auf diese Herausforderung. Sie wollen den Kapitalismus mit institutionellen Reformen auf eine ökologisch nachhaltige Entwicklungsweise schieben. Ich argumentiere, dass diese Vorstöße den ökologischen Herausforderungen nicht genügen und ökonomisch unrealistisch sind.

Schlagwörter: Green New Deal, ökologische Modernisierung, Klimapolitik, Erderhitzung, sozial-ökologische Transformation, Wachstum, Akkumulation des Kapitals

Green New Deal squares the circle

Abstract: Global warming and the crossing of several planetary boundaries require a rapid and comprehensive restructuring of all production and a reorientation of consumption. Different proposals for a Green New Deal respond to this challenge. They seek to push capitalism towards an ecologically sustainable mode of development with appropriate institutional reforms. I argue that these suggestions do not meet the ecological challenges and are economically unrealistic.

Keywords: Green New Deal, ecological modernisation, climate politics, global heating, socioecological transformation, growth, accumulation of capital

1. Einleitung

Die Treibhausgasemissionen, die Erderhitzung und das Überschreiten mehrerer planetarer Grenzen erfordern einen raschen und umfassenden Umbau der industriellen Produktion und der Transportorganisation, einen Ausbau der öffentlichen Infrastruktur sowie eine Veränderung der Konsumgewohnheiten. Darüber, wie das zu erreichen ist, und ob ein derart radikaler Umbau überhaupt im Rahmen der ka-

* **Christian Zeller** ist Professor für Wirtschaftsgeografie an der Universität Salzburg.

pitalistischen Produktionsweise möglich ist, gehen die Meinungen weit auseinander.

Die Vorstellung einer ökologisch verträglichen kapitalistischen Entwicklung wurde seit den 1970er Jahren in unterschiedlichen Ausprägungen wiederholt in die politische Debatte gebracht. Grüne, sozialdemokratische, liberale und konservative Kräfte sprechen sich seit längerer Zeit für ein ökologisch verträgliches Wachstumsmodell, beziehungsweise eine grüne Modernisierung der sogenannten Marktwirtschaft aus. Mit der Entstehung der Klimabewegung und im Vorfeld der Klimakonferenz 2009 in Kopenhagen entbrannte eine erste internationale Diskussionswelle über Green New Deals (GND). Es mehren sich zudem die Forschungsergebnisse, die zum Handeln drängten. Der 1,5-Grad-Bericht des *Intergovernmental Panel on Climate Change* (IPCC) vom Oktober 2018 (IPCC 2018), die rasche Ausbreitung von Fridays for Future und das Erstarken der Klimabewegung setzten Regierungen und unterschiedliche politische Kräfte erneut unter Druck. Seither mehren sich die Vorschläge und GND-Modelle. Die Vielfalt der Entwürfe für derartige gesellschaftliche Deals ist beachtlich und bisweilen verwirrend, weil unter demselben Label unterschiedliche Vorschläge in die Diskussion gebracht werden.

Dennoch weisen alle Vorschläge einige Gemeinsamkeiten auf. Alle GND-Varianten gehen davon aus, dass die kapitalistische Produktionsweise mit entsprechenden institutionellen Reformen auf eine ökologisch nachhaltigere und sozial weniger ungleiche Entwicklungsweise geschoben werden kann. Damit stehen sie vor der Herausforderung zwei grundlegende Fragen zu beantworten:

1. Entsprechen die durch einen GND durchgesetzten Maßnahmen dem Ziel, die Erderhitzung auf 1,5 Grad gegenüber der vorindustriellen Zeit zu begrenzen? Führt der GND zu einer vollständigen Entfossilisierung der Gesellschaften bis Mitte dieses Jahrhunderts?

2. Ist die ökologisch nachhaltigere und sozial weniger ungleich Entwicklungsweise, die durch einen GND realisiert werden soll, überhaupt ein schlüssiges und kohärentes Entwicklungsmodell? Das heißt, kann eine derartige Konfiguration die kapitalistischen Widersprüche derart kleinarbeiten, dass sie mehrere Jahrzehnte überdauern kann?

Ich formuliere im vorliegenden Beitrag einige grundsätzliche Überlegungen zur Beantwortung dieser Fragen. Mithilfe eines Kriterienkatalogs, der die Ziele und Maßnahmen der Green New Deals, deren makroökonomische Kohärenz und die Rolle gesellschaftlicher Schüsselakteure erfasst, beurteile ich die wesentlichen, seit Anfang 2019 in die Debatte gebrachten Konzeptionen. Ich komme zum Ergebnis, dass alle berücksichtigten Vorschläge die beiden Anforderungen nicht erfüllen. Das heißt nicht, dass jede Perspektive für einen GND als solche unsinnig ist. Um die GND-Debatte politisch zu beurteilen, stellt sich die Frage, ob sie dazu dient, eine gesellschaftliche Dynamik zu befördern, die einen Beitrag zur Veränderung gesellschaftlicher und politischer Kräfteverhältnis leistet, sodass substanzielle sozial-ökologische Strukturreformen durchgesetzt werden können. Zur Beantwortung dieser Frage müsste man jedoch die politischen Auseinandersetzungen analysieren, was den Rahmen dieses Beitrags sprengen würde.

Zunächst erörtere ich die zentralen Herausforderungen für die gegenwärtige Krisenbearbeitung und zwar im Kontext der anhaltenden Macht des Finanzkapitals und im Kontext der planetaren Grenzen. Danach gehe ich kurz auf die seit den frühen 1990er Jahren diskutierten Vorschläge für einen GND ein. Anschließend überprüfe ich die gegenwärtig diskutierten Konzepte und den European Green Deal (EGD) nach den erwähnten Schlüsselkriterien. Im vorletzten Abschnitt zeige ich, dass die GND-Vorhaben ökologisch unzureichend und ökonomisch widersprüchlich sind. Sie sind deshalb im Kontext der gegenwärtigen Phase kapitalistischer Entwicklung unrealistisch. Im Fazit fasse ich die Kritik am GND auf die ökonomische und ökologische Dimension zusammen.

2. Anhaltende Dominanz des Finanzkapitals im Kontext planetarer Grenzen

2.1 Finanzdominierte Akkumulation

Jedes Projekt für eine gesellschaftliche Veränderung steht vor der Herausforderung, die gegenwärtige Phase der kapitalistischen Produktionsweise zu bestimmen – und zwar im Kontext der ökologischen Rahmenbedingungen. Das ist erforderlich, um die Spielräume für eine weniger ungleiche und ökologisch zerstörerische Konfiguration des Kapitalismus abschätzen zu können.

Der kapitalistische Akkumulationsmotor stottert seit der letzten großen Krise der Jahre 2007 bis 2009. Die Produktivitätsgewinne sind deutlich niedriger als noch zu Zeiten der glorreichen 30 Jahre nach dem Zweiten Weltkrieg oder der New Economy in den 1990er Jahren. Seit den späten 1970er Jahren hat sich eine Konfiguration des Kapitalismus durchgesetzt, die von einer enormen Bedeutungszunahme des Finanzkapitals gekennzeichnet ist. Letztlich bestimmen Erwartungen des fiktiven Kapitals, sich einen Teil des Mehrwerts in Form von Zins- und Rentenerträgen einzustreichen, den Rhythmus der Akkumulation (Chesnais 2016). Weil die normale, obschon gesteigerte Ausbeutung nicht ausreicht, setzt das Kapital vermehrt auf Akkumulation durch Enteignung (Harvey 2003; Zeller 2004). Der teilweise Wiederanstieg der Profitraten in den 1990er und 2000er Jahren führte allerdings nicht zu einer Ausdehnung der Investitionen, sondern diente der Verteilung in Form von Finanzerträgen (Husson 2009) und der Errichtung eines Rentierregimes (Zeller 2011). Es zeigte sich, dass die Investitionstätigkeit sich teilweise von der Profitabilität entkoppelte (Durand/Gueuder 2018).

Die herrschenden Kapitalfraktionen haben es im Zuge der Krise ab 2007 geschafft, eine Entwertung des fiktiven Kapitals zu vermeiden. Die Kosten der Krise wurden mit einer verstärkten Austeritätspolitik auf die breite Masse der Lohnabhängigen abgewälzt. Nicht überraschend setzte das Kapital auch in der Klimapolitik weitgehend auf marktwirtschaftliche Instrumente wie den Emissionshandel, der letztlich nur eine weitere Anlagesphäre für das Finanzkapital darstellt (Zeller 2010).

Die gegenwärtige Krise, die sich bereits vor einiger Zeit andeutete und nun durch die Covid-19-Pandemie eine unermessliche Tiefe und Hartnäckigkeit angenommen hat, zeigt die Grenzen der Akkumulationsdynamik. Erneut reagieren Regierungen auf die Krise, indem sie die Abwertung des Kapitals hinauszögern und abfedern. Sie greifen abermals großen Konzernen mit Kapitalbeteiligungen und Krediten unter die Arme und treiben damit die Staatsverschuldung in die Höhe. Auf diese Weise tragen sie zur Steigerung der Finanzguthaben der Investmentfonds bei. Die Staaten leihen sich im großen Stil bei jenen Akteuren Geld, die sie eigentlich stärker besteuern müssten, um die Verschuldung in Grenzen zu halten.

Die Notenbanken akzentuieren ihre expansive Geldpolitik und senken die Zinsen, in der Hoffnung, damit die Unternehmen zur Investitionstätigkeit anzuregen. Da sich allerdings die Absatzmärkte angesichts der Krise nur ungenügend entwickeln, zögern diese, Kredite aufzunehmen. Deshalb ist die Hypothese einer langanhaltenden Stagnationsphase plausibel.

Das Kapital und seine Interessensvertreter stehen vor der Frage, wie sich die Profitabilität des Kapitals wieder steigern und dabei gleichzeitig neue Märkte erschließen lassen – und zwar in einem Maße, dass das Kapital wieder genügend Anreize hat, die Investitionen stark ausweiten. Solange die Profite nicht steigen und neue Absatzmärkte erschlossen werden können, werden die Investitionen nicht das erforderliche Maß annehmen, um eine neue Wachstumsphase einzuleiten (Husson 2020).

Die EU antwortet auf diese Herausforderung mit ihrem Wachstumsprogramm, dem European Green Deal. Damit das Programm stimmig ist, muss allerdings die Ausbeutung der Arbeit und der Raubbau an der Natur gesteigert werden. Da der Ausbau erneuerbarer Energie ausgesprochen rohstoffintensiv ist, muss das Kapital alles daransetzen, die erforderlichen Rohstoffe mit möglichst geringen Kosten zu erschließen.

2.2 Planetare Grenzen im Anthropozän

Zu den inneren Widersprüchen der kapitalistischen Produktionsweise, die eine erneute Phase der Prosperität unwahrscheinlich, eine ökologisch verträgliche Entwicklung jedoch unmöglich machen, kommen die planetaren Grenzen unseres Stoffwechsels mit der Natur hinzu (vgl. Mahnkopf 2014). Denn der gestörte Stoffwechsel mit der Natur wird die Lebensgrundlagen von Milliarden von Menschen zerstören.

Neben der Erderhitzung haben auch der Verlust der Biodiversität, die Versauerung der Ozeane, Landnutzungsänderungen durch Abholzung und der Stickstoff- und Phosphoreintrag in die Biosphäre und Atmosphäre die Grenzen der Tragfähigkeit erreicht oder gar überschritten (Rockström u.a. 2009; Steffen u.a. 2015). Die durch die kapitalistische Industrialisierung verursachten Veränderungen haben die Erde in eine erdgeschichtliche Epoche geführt, die als *Anthropozän* bezeichnet wird (Angus 2020).

Die Erderhitzung ist die offensichtliche ökologische Herausforderung unserer Zeit. Wenn sich die Erdtemperatur weiter erhöht, drohen Kipppunkte erreicht zu werden, denen eine verhängnisvolle Eigendynamik folgt. Eine derartige Kaskade von sich gegenseitig verstärkenden Mechanismen führt dazu, dass sich die Erde zu einem heißen Planeten entwickelt, der für die gegenwärtigen menschlichen Gesellschaften und für viele weitere Arten nur noch eingeschränkt bewohnbar ist (Steffen u.a. 2018). Die umfassende ökologische Krise ist Ausdruck des Widerspruchs zwischen den planetaren Grenzen und der endlosen Akkumulationsdynamik des Kapitals (Mahnkopf 2014; Harvey 2014; Chesnais 2016).

Gemäß den Studien des IPCC müssen die globalen Treibhausgasemissionen bis 2030 um 58 Prozent sinken und 2050 Kohlenstoffneutralität erreicht sein, um das 1,5-Grad-Ziel mit einer 50-prozentigen Wahrscheinlichkeit zu erreichen. Wenn wir das historische Erbe der imperialistischen Staaten Europas berücksichtigen und eine massive Steigerung der Kernenergie ablehnen, muss die Reduktion in diesen Ländern deutlich stärker ausfallen.

3. Green New Deal als Schritt zur Modernisierung oder Transformation?

3.1 Green New Deal als Projekt für einen Kurswechsel

Seit den späten 1980er Jahren haben verschiedene Kräfte in Deutschland Vorstellungen einer sozial-ökologischen Reformpolitik mit dem Begriff des Green New Deals zusammengefasst. Sozial-ökologische Strömungen in der SPD und in den Grünen wollten eine Umverteilungspolitik und eine Ökologisierung der Wirtschaft miteinander verbinden und derart ein strategisches Bündnis schmieden. Im Zuge der Anpassung an die neoliberale Hegemonie verwendeten die Grünen den GND im Sinne einer grünen Modernisierung des Kapitalismus (Brüggen 2001: 1063).

Im Vorfeld der Klimakonferenz in Kopenhagen im Dezember 2009 nahm die Diskussion Fahrt auf. Grüne Parteien in Europa entwickelten unterschiedliche Green-New-Deal-Konzepte, die auf eine ökologische Modernisierung des Kapitalismus enggeführt blieben (The Green European Foundation 2009; Adler/Schachtschneider 2010). AutorInnen, die für eine radikalere sozial-ökologischen Transformation oder gar eine antikapitalistischen Perspektive eintraten, kritisierten diese Vorschläge, die ökologischen Anliegen als Wachstumstreiber einzusetzen und damit eine neue Akkumulationskonfiguration durchzusetzen (Brand 2009; Kaufmann/Müller 2009; Altvater 2011).

In Großbritannien veröffentlichte die Green New Deal Group um Caroline Lucas[1] und die postkeynesianische Ökonomin Ann Pettifor 2008 einen Plan, um die Finanz-, Klima- und Energiekrise gleichermaßen zu bekämpfen (Pettifor 2020: 19). Das *United Nations Environment Programm* (UNEP) machte sich zur Fürsprecherin einer grünen Ökonomie und plädierte dafür, dass ein Green New Deal eines globalen Programms bedarf. Allerdings verblieben die konkreten wirtschafts- und umweltpolitischen Programmpunkte in einer Modernisierungsperspektive, ohne die strukturellen Gründe für die global ungleiche Entwicklung und die ungleichen ökologischen Belastungen anzusprechen (Barbier 2010).

Die Klimabewegung vermochte vor einem Jahrzehnt das Kräfteverhältnis nicht wirklich zu verändern. Die Eurokrise und die Migration standen in den Folgejahren im Mittelpunkt der politischen Auseinandersetzungen. Doch die Erderhitzung kam mit mehreren Umweltkatastrophen und neuen Forschungserkenntnissen zurück ins Massenbewusstsein.

Die Vorschläge von Bernie Sanders und Alexandria Ocasio-Cortez in den USA sowie von Jeremy Corbyn in seinem Wahlprogramm 2019 in Großbritannien verliehen den Debatten über einen GND neuen Schwung und strahlten auch international aus. Naomi Klein (2019) hat mit ihrem in mehrere Sprachen übersetzten Buch den Green New Deal international popularisiert. Die Impulse aus den USA und Großbritannien aufgreifend, forderte die europäische Linkspartei in ihrem Programm für die Wahl zum Europäischen Parlament im Jahr 2019 ebenfalls einen GND. Die Fraktion der Partei DIE LINKE im Bundestag beschloss Ende Januar 2020 einen umfassenden Aktionsplan für Klimagerechtigkeit, der auch einen Investitionspakt im Rahmen eines Green New Deals fordert, um einen sozialverträglichen industriellen Umbau in die Wege zu leiten (DIE LINKE 2020: 15).

1 Grüne Abgeordnete zwischen den Jahren 1999 und 2010 des Europaparlaments sowie ab 2010 des Unterhauses.

3.2 Grundlegende Fragen für einen Green New Deal

Jeder Green New Deal, der die kapitalistische Produktionsweise mit einer ökologisch verträglichen gesellschaftlichen Entwicklung versöhnen will, steht vor zwei grundlegenden Herausforderungen. *Erstens* stellt sich die Frage, ob die neuen »grünen« Sektoren der Wirtschaft eine Profitrate ermöglichen, die so hoch ist, dass Kapital in genügendem Maße in die ökologisch verträglichen Bereiche der Wirtschaft fließt und gleichzeitig die gesamtgesellschaftliche Nachfrage so hoch ist, dass der Mehrwert realisiert werden kann – beides ist die zentrale Voraussetzung dafür, dass die Unternehmen weiterhin investieren. Bislang deutet wenig darauf hin, dass die Umwandlung erneuerbarer Energien, ressourcensparende Produktionsmethoden und überhaupt die Produktion von weniger Waren überdurchschnittliche Profitraten zulässt. Ganz im Gegenteil, das Kapital ist zurückhaltend, sich in diesen Sektoren zu engagieren.

Zweitens stellt sich die Frage, ob ein GND überhaupt das Ziel einer klimaneutralen Gesellschaft bis zur Mitte des Jahrhunderts erreichen kann. Allerdings ist dieses Ziel bereits Ausdruck einer Verengung der ökologischen Herausforderung. Die AutorInnen der GND-Vorschläge stellen die anderen brennenden ökologischen Herausforderungen des Anthropozäns, die allesamt mit großen sozialen Problemen verbunden sind, implizit und manchmal auch explizit hintenan. Doch auch diese Herausforderungen können nicht weitere Jahrzehnte warten. Es macht ökologisch und gesellschaftlich keinen Sinn, zuerst das Klima retten zu wollen, und die anderen ökologischen Herausforderungen erst danach anzupacken. Die genannten ökologischen Herausforderungen sind nicht isoliert voneinander. Damit ist die Frage verbunden, inwiefern die andauernde Akkumulation von Kapital überhaupt eine absolute Ressourceneffizienz und eine Entkoppelung vom Energieverbrauch zulässt. Die entscheidende ökologische Frage lautet, ob trotz Wirtschaftswachstum, nicht nur relativ zum gestiegenen Output immer weniger Energie und andere Ressourcen eingesetzt werden müssen, sondern sich der Ressourceneinsatz absolut reduzieren lässt. Bislang gibt es keine Anhaltspunkte, dass dies möglich ist. Der Rebound-Effekt durch erhöhte Produktionsmengen, größere Produkte und vermehrten Konsum überwiegen die Effizienzgewinne (Santarius 2015). Bisherige ökonomische Studien, die diese absolute Entkoppelung für möglich erachten, beschränkten sich auf einzelne Länder oder Sektoren. Das Problem ist aber im Weltmaßstab zu denken, um Verlagerungsprozesse einzubeziehen.

3.3 Beurteilungsschema der Vorschläge für einen Green New Deal

Um die aufgeworfenen Fragen zu beantworten, beurteile ich die in den Jahren 2019 und 2020 veröffentlichten Vorstöße für einen Green New Deal anhand eines Kriterienkatalogs, den ich hier kurz begründe. Auf dieser Grundlage prüfe ich die verschiedenen Programme.

Ziele: Alle GND-Varianten verbinden ökologische und gesellschaftliche Ziele. Die meisten beanspruchen, mit ihrem Programm bis Mitte des Jahrhunderts Klimaneutralität und eine weniger ungleiche Gesellschaft erreichen zu können. Dennoch unterscheiden sie sich bei der genaueren Ausprägung dieser Ziele.

Gesamtwirtschaftliche Kohärenz: Sowohl in einer keynesianischen, regulationstheoretischen als auch marxistischen Perspektive ist die Sicherstellung der gesamtgesellschaftlichen Nachfrage eine der grundlegenden Herausforderungen. Die Kohärenz eines Entwicklungsmodells ist davon abhängig, dass das was produziert wird, auch verkauft wird – Mehrwert muss sich realisieren. Unternehmen streben danach Profite zu erwirtschaften. Profitabilität ist die Voraussetzung um Kapital anzuziehen und weitere Investitionen zu tätigen, auch wenn sich dieser Zusammenhang seit der Durchsetzung eines finanzdominierten Akkumulationsregimes gelockert hat (Durand/Gueuder 2018). Welche Aussagen die GND-Programme zur Profitabilität beinhalten, ist demnach zentral, um sie in Bezug auf die Kohärenz einer postneoliberalen Entwicklungsweise zu überprüfen. Die Finanzierung jedes GND hat zumindest zwei Dimensionen. Die schulden- und steuerfinanzierten Mittel des Staates und die Finanzierung der unternehmerischen Investitionen durch diese selbst bzw. vermittelt über deren Verschuldung.

Geografische Maßstäbe und Einbindung in die internationale Arbeitsteilung: Die geografische Aussagereichweite und die Position zur der Einbindung des Landes in die internationale Arbeitsteilung sind wichtige Aspekte, um die Zielvorstellungen und die Schlüssigkeit eines GND-Vorschlags zu beurteilen.

Akteure und politische Durchsetzung: Wie und durch wen soll ein Green New Deal durchgesetzt werden? Welches Verständnis haben die AutorInnen über die Rolle der Akteure sowie der politischen und gesellschaftlichen Kräfteverhältnisse zwischen ihnen? Um diese Fragen zu beantworten, prüfe ich, welche Rolle die GND-Vorschläge den Unternehmen bzw. einzelnen Kapitalfraktionen, den Lohnabhängigen und den sozialen Bewegungen sowie dem Staat beimessen.

4. Eine neue postneoliberale Konfiguration?

Trotz aller Vielfalt der GND-Programme lassen sie sich in zwei Gruppen einteilen: die Modernisierung und die sozial-ökologische Reformierung des Kapitalismus. Die zweite Gruppe enthält auch Vorschläge, die den GND als Einstieg in eine, allerdings nicht näher bestimmte, weitergehende sozial-ökologische Transformation der Gesellschaft konzipieren. Alle Modelle verbleiben ihm Rahmen der kapitalistischen Eigentumsordnung, Akkumulationslogik und Konkurrenz. Auch die stärker reformorientierten und eher wachstumskritischen GND-Modelle akzeptieren den Rahmen und die Zwänge der kapitalistischen Gesellschaft.

4.1 Kapitalistische Modernisierung

Der von der EU Kommission eingebrachte European Green Deal (European Commission 2019; Europäische Kommission 2020; EU 2020) und Jeremy Rifkins (2019) Global Green New Deal zielen auf eine »grüne« Modernisierung des Kapitalismus. Beide Modernisierungsvorstellungen gehen davon aus, dass es weder grundsätzliche gesellschaftliche und ökonomische Widersprüche noch einen Widerspruch zwischen der kapitalistischen Produktionsweise und den Wirkungsmechanismen des Erdsystems und der Ökosysteme gibt. Demzufolge sei es möglich, das wirtschaftliche Wachstum vom Energie- und Ressourcenverbrauch zu entkoppeln, also die Kapitalakkumulation voranzutreiben und gleichzeitig den Energie- und Ressourcenverbrauch zu senken.

Jeremy Rifkin bezeichnet seinen Global Green New Deal ganz unbescheiden als die globale Lösungsperspektive um die Weltkatastrophe abzuwenden. Die gleichzeitige Herausbildung der Kohlenstoffblase an den Finanzmärkten und einer BürgerInnenbewegung für einen globalen GND eröffne die Möglichkeit, einen umfassenden infrastrukturellen Wandel hin zu einer nahezu kohlenstofffreien, ökologischen Gesellschaft in den nächsten zwanzig Jahren durchzusetzen (Rifkin 2019: 28). Rifkin sieht im Finanzsektor die rettende Instanz. Der Preisverfall bei den erneuerbaren Energien Wind und Sonne werde über alle Branchen hinweg zu »gestrandeten Anlagewerten« führen; der fossile Sektor müsse mit wertlos gewordenen Anlagewerten in der Höhe von 100 Billionen US-Dollar rechnen. Diese Kohlenstoffblase verspreche die größte Blase aller Zeiten zu werden (ebd.: 26). Bis etwa im Jahr 2028 werde ein *point of no return* erreicht sein – dann werde die Blase platzen. Die Finanzinvestoren hätten das finanzkapitalistische Momentum erkannt. Die Pensionsfonds nähmen mit ihrem Investitionspool von 41,3 Billionen US-Dollar (Stand 2017) bei diesem Kurswechsel eine zentrale Rolle ein. Diese Mittel seien durch die Gewerkschaften zu verwalten, die damit eine grüne Infrastrukturrevolution einleiten könnten (ebd.: 165ff.). Anderseits gesteht er aber ein, dass dieser Prozess nicht von alleine ablaufe. Die Staaten müssten den dringenden Umbau des Energiesystems und wirtschaftlichen Strukturwandel durch eine Erneuerung der hierfür erforderlichen Infrastruktur vorantreiben.

Mit einer antikapitalistischen Perspektive hat Rifkin nichts zu tun. Rifkin stützt sich auf Prämissen der neoklassischen Ökonomik und erliegt darüber hinaus einem technologischen Determinismus. Er argumentiert, dass die Kennzeichen des von ihm als dritte industrielle Revolution gekennzeichneten technologischen Wandels es erlaube, die fossilen Sektoren gewissermaßen überflüssig zu machen. Rifkin knüpft rhetorisch an den historischen New Deal von Präsident Roosevelt in den 1930er Jahren an und bezieht sich explizit auf Aktivitäten von grünen NGOs und Mobilisierungen der Klimabewegung.

Mit dem am 11. Dezember 2019 vorgestellten Europäischen Grünen Deal (EGD) beansprucht die EU Kommission auf den Klimawandel und das Artensterben zu antworten: »Es handelt sich um eine neue Wachstumsstrategie, mit der die EU zu einer fairen und wohlhabenden Gesellschaft mit einer modernen, ressourceneffizienten und wettbewerbsfähigen Wirtschaft werden soll, in der im Jahr 2050 keine Netto-Treibhausgasemissionen mehr freigesetzt werden und das Wirtschaftswachstum von der Ressourcennutzung abgekoppelt ist« (Europäische Kommission 2020: 2; vgl. Finanzierungsprogramm European Commission 2020). Zentrales Ziel herbei ist die Verbesserung der globalen Wettbewerbsfähigkeit der europäischen Konzerne auf den wachsenden Märkten für nachhaltige und grüne Technologien. Europa müsse die Wirkkraft des Binnenmarktes als Hebel nutzen, um globale Standards zu setzen.

Vordringliches Ziel der EU ist die Erhaltung und Verbesserung der Wettbewerbsposition der europäischen Konzerne. Die EU Kommission postuliert, dass sich über eine Ausweitung der Marktprozesse, beispielsweise durch das Emissionshandelssystem, und durch die Internalisierung von Umweltschäden, eine grüne Wirtschaft erreichen lässt.

Am 17. September 2020 stellte die EU Kommission den Klimazielplan für 2030 vor. Sie erhöhte das Ziel der Reduktion der Treibhausgasemission bis 2030 auf mindestens 55 Prozent gegenüber dem Niveau von 1990. Bis 2050 sollen die Treibhausgasemissionen auf Netto Null gedrückt werden, bei einem gleichzeitig kontinuierlichen Wirtschaftswachstum etwa in derselben Höhe wie seit der Jahrhundertwende. Die EU Kommission will das Risiko eines Kohlenstoff-Lock-in vermeiden und Konzerne zu Wegbereitern des Strukturwandels machen. Die Investitionen zur Einhaltung der Klimaziele würden das Wirtschaftswachstum gerade in Situationen anfeuern, wenn die Wirtschaft unterhalb der Kapazitäten laufe. Die Einnahmen aus der CO_2-Besteuerung könnten dazu beitragen, die Steuern auf Arbeit zu reduzieren, was eine positive Wirkung auf die Beschäftigung habe. Die Verbesserung der Versorgungssicherheit mit Energie würde die Importbelastungen der EU um 100 Milliarden Euro in der Periode von 2021 bis 2030 und um bis zu drei Billionen Euro bis 2050 entlasten (EU 2020: 6). Bis 2030 solle sich der Anteil der erneuerbaren Stromproduktion von 32 auf 65 Prozent erhöhen. Im Verkehrssektor solle der Anteil der erneuerbaren Energien gar von sechs auf 24 Prozent erhöht werden. Hierzu sollen rund eine Million Aufladestationen für Elektroautos bis 2030 aufgestellt werden. Bis 2050 sollen nahezu alle Autos »Nullemissionsfahrzeuge« sein (ebd.: 8, 21).

Die Ausdehnung des Emissionshandels bleibt eine zentrale Säule der EU-Politik. Bis 2030 solle der Verbrauch von Kohle gegenüber 2015 um mindestens 70 Prozent, von Öl um mindestens 30 Prozent und von Gas um mindestens 25 Prozent reduziert werden. Die erneuerbaren Energien würden stattdessen ihren Anteil beim Endverbrauch auf circa 40 Prozent steigern. Ohne die Steigerung der Kapazitäten der Kohlestoffsenken durch eine entsprechende Landnutzung und die Entwicklung von Technologien zur Kohlenstoffabscheidung und Speicherung sei das Ziel von null Emissionen nicht zu erreichen (EU 2020: 9, 10, 12, 14).

4.2 Sozial-ökologische Reformperspektive

Die auf eine sozial-ökologische Reform zielenden GND-Varianten orientieren sich mehr oder weniger deutlich am historischen Vorbild des New Deal (Adler u.a. 2019; Aronoff u.a. 2019; Chomsky/Pollin 2020; EuroMemo Group 2020; Pettifor 2020; Pollin 2020; Riexinger 2020; Sanders 2019). Alle diese GND-Varianten streben nach einem neuen postneoliberalen Akkumulationsregime. Dieses soll es möglich machen, bis 2050 die Treibhausgasemissionen bis zur Klimaneutralität und die massive soziale Ungleichheit gleichermaßen zu reduzieren.

Ziele, Maßnahmen und Leerstellen der Green New Deals

Die AutorInnen dieser GND-Vorschläge definieren ihre Ziele unterschiedlich konkret. Politisch am konkretesten ist der Plan von Bernie Sanders. Er sieht eine Reduktion der Emissionen in den USA um mindestens 71 Prozent und in den armen Ländern um 36 Prozent bis zum Jahr 2030, 100 Prozent Strom aus erneuerbaren Energiequellen und die Schaffung von 20 Millionen Jobs vor (Sanders 2019). Der von der neuen politischen Formation DiEM25 eingebrachte Green New Deal for Europe richtet sich direkt an die EU (Adler u.a. 2019). Dieser Plan, den auch Ann Pettifor unterstützt, will die Wirtschaft in Europa in einer umweltgerechten, dekarbonisierten und solidarischen Perspektive umbauen. Die detaillierten Vorschläge beinhalten ein Green Public Works Investitionsprogramm, ein umfassendes Gesetzespaket für eine Europäische Umweltunion und eine Kommission, die die EU Politik überwachen soll. Die AutorInnen betonen ausdrücklich, dass dieser Plan nur durch breiten und massiven Druck durch Basisbewegungen eine Realisierungschance hat. Die EuroMemo Group (2020) konzipiert ihre Vorschläge als indirekten Gegenvorschlag des EGD der EU Kommission. Ihre Vorschläge unterscheiden sich nicht grundsätzlich von jenen von DiEM25, argumentierten aber weniger deutlich weniger für den Aufbau einer Bewegung.

Die postkeynesianische Ökonomin Pettifor (2020) stellte im Unterschied zu andern Autorinnen die Architektur des Finanzsystems in den Vordergrund und setzt dabei ausdrücklich auf die Nationalstaaten. Diese müssten die Kontrolle über die Finanzmärkte und des Geldes erlangen. Mit ihrem durch die Arbeiten von Herman Daly inspirierten Plädoyer für eine stationäre Wirtschaft, stellt sie als einzige Fürsprecherin eines GND die Wachstumsfrage.

Auch Robert Pollin und Noam Chomsky greifen mit ihren Vorschlägen direkt in die politische Debatte ein (Pollin 2020; Chomsky/Pollin 2020). Sie wollen die Treibhausgasemissionen bis 2030 um 45 Prozent senken und CO_2-Neutralität bis 2050 erreichen. Allgemein fordern sie eine Reduktion globaler Ungleichheit. Die beiden Autoren argumentieren für das Ende des Neoliberalismus. Etwas weniger konkret, dafür politisch deutlich bewegungsorientierter, wollen Aronoff u.a. (2019) ebenfalls eine sozial-ökologische Transformation im Rahmen kapitalistischer Verhältnisse anschieben. Ganz ähnlich will Riexinger (2020) mit einen linken GND einen sozial-ökologischen Umbau der Industrie, um bis 2035 CO_2-Neutralität zu erreichen. Mit seinen Vorschlägen zielt er auf ein »linkes Hegemonieprojekt«, das ein neues Akkumulationsmodell des Kapitalismus durchsetzt.

Je nach Ziel setzen die Maßnahmen der GND-Modelle unterschiedliche Akzente, ohne sich wesentlich zu widersprechen. Allen Vorschlägen gemein ist eine konsequente Dekarbonisierung der Wirtschaft bis spätestens 2050. Alle wollen die öffentlichen Investitionen zur Förderung grüner Wirtschaftssektoren massiv steigern. Sanders verlangt, öffentliche Unternehmen für erneuerbare Energien einzurichten. Aronoff u.a. wollen die Energiekonzerne in Gesellschaftseigentum überführen. Diese AutorInnengruppe schlägt auch die umfassendste gesellschaftliche Transformation einschließlich eines Programms für die soziale Reproduktion vor. Damit meinen sie den Ausbau der Infrastruktur in Bildung, Gesundheit, Pflege, Sorge und im Umweltbereich. Pollin und Chomsky betonen, wie wichtig es ist, eine systematische Industriepolitik mit entsprechenden Förderungen und Leitplanken zu entwickeln. Ähnlich argumentiert auch die EuroMemo-Gruppe. Ziemlich bescheiden beginnt sie mit der Forderung nach einer Verbesserung des Europäischen Emissionshandelssystems und der Einführung einer europäischen CO_2-Steuer. Ähnlich der US-amerikanischen AutorInnengruppe argumentiert Riexinger für den Aufbau einer breiten sozialen Infrastruktur und eines demokratischen Sozialstaats. Er fordert höhere Löhne und gute Arbeitsbedingungen. Nur Pettifor (2020) legt mir ihrer Forderung nach einer Entmachtung des Finanzkapitals und souveräner nationaler Geldpolitik die Akzente anders.

Auch bezüglich der Finanzierung der Programme legen die AutorInnen die Schwerpunkte unterschiedlich. Das Spektrum reicht von einer Erhöhung der Steuern für Vermögende, auf hohe Einkommen, Unternehmensgewinne, grüne Anleihen, Eurobonds durch die EZB, Kreditschöpfung durch Zentralbanken und Geschäftsbanken, Kreditfinanzierung durch Geschäftsbanken,

Nutzung der Profitrücklagen von Unternehmen, Einsparungen bei den Rüstungsausgaben und Streichung der Subventionen für fossile Energieträger. Die detailliertesten Finanzierungsprogramme arbeiten Pettifor (2020) und Pollin (2020) aus.

Damit ein GND gesamtökonomisch kohärent ist, muss die gesellschaftliche Nachfrage insgesamt und in den neuen Sektoren so hoch sein, um die Investitionstätigkeit aufrechtzuerhalten. Interessanterweise beachten fast alle AutorInnen diesen Aspekt kaum. Entsprechend der postkeynesianischen Argumentation gehen sie davon aus, dass durch die Staatsausgaben und mit den Einkommen in den grünen Sektoren die gesamtgesellschaftliche Nachfrage genügend hoch sein wird. Riexinger plädiert ziemlich verschwommen für ein neues Exportmodell. Die Position der Länder in Europa und Nordamerika in der weltweiten Arbeitsteilung wird höchstens am Rande angesprochen. Das ist eine offensichtliche Leerstelle aller GND-Vorschläge.

Die Frage der Profite bleibt ebenfalls offen. Nur Pollin und Chomsky (2020) sowie Aronoff u.a. (2019) reden zumindest teilweise Klartext. Beide AutorInnengruppen betonen, dass das fossile Kapital geringere Profitraten akzeptieren muss und sie sind sich auch bewusst, dass sie hierfür ein entsprechendes politisches Kräfteverhältnis aufbauen müssen. Alle anderen sprechen dieses Thema nicht an. Wenn man aber eine neue Phase des Kapitalismus anstrebt, sind die Profite eine Grundvoraussetzung dafür, dass sich das Kapital auf irgendeinen Deal einlässt oder zumindest unter massivem gesellschaftlichen Druck geringere Profitraten akzeptiert, ohne dass es zu Kapitalflucht und zur Investitionsverweigerung schreitet.

Dass das politische Kräfteverhältnis massiv zu verändern ist, darüber sind sich alle im Klaren. Nicht überraschend sprechen Sanders (2019), Aronoff u.a. (2019) und Riexinger (2020) diesen Aspekt am klarsten aus. Sie alle sehen ihr GND-Programm explizit als Instrument zur Mobilisierung sozialer Bewegungen und der Gewerkschaften. Alle AutorInnen appellieren zugleich an den Nationalstaat beziehungsweise an die EU (EuroMemo Group 2020; Adler u.a. 2019). KeinE AutorIn schlägt in ihrem GND explizit eine mehr oder weniger weitgehende Entmachtung des Kapitals (nicht nur des Finanzkapitals wie Pettifor das tut), eine demokratische, gesellschaftliche Aneignung von strategischen Schlüsselsektoren (außerhalb des Energiesektors), ein umfassendes industrielles Um-und Rückbauprogramm und damit in der Summe dieser Schritte eine antikapitalistische Übergangsperspektive vor.

Mangelnde Kohärenz

Die sozial-ökologischen Green New Deals gehen von der Prämisse aus, dass sich unter kapitalistischen Bedingungen zugleich Vollbeschäftigung, grünes

Wachstum und Treibhausgasneutralität bis zum Jahr 2050 erreichen lassen. Das entspricht einer Konfiguration, die den Unternehmen insgesamt eine befriedigende Profitabilität und Nachfrage erlaubt, sodass sie weiterhin investieren und eine erweiterte Reproduktion sichergestellt ist. Diese Konfiguration müsste für Jahrzehnte kohärent und stabil sein, um ein neues Wachstumsmodell zu ermöglichen. Für die Realisierung dieser Perspektive sind die Arbeitsproduktivität, die Zusammensetzung der Nachfrage, die internationale Arbeitsteilung, die Energiepreise und die Verschuldung wichtige Variablen.

Wenn das Kapital bei steigenden Energiepreisen und Kosten für CO_2-Emissionen die Profitrate erhalten will, muss es die Arbeitsproduktivität steigern, ohne zugleich den Energieinput zu erhöhen. Das heißt, Rationalisierungen dürfen nicht Arbeitskräfte durch Maschinen mit einem höheren Energieverbrauch ersetzen, was keineswegs garantiert ist. Zugleich ist zu beachten, dass die letzten Jahrzehnte ohnehin von einer deutlichen Abschwächung der Zuwachsraten der Arbeitsproduktivität gekennzeichnet waren. Dafür war die Verlagerung der gesamtgesellschaftlichen Nachfrage in Richtung Dienstleistungen verantwortlich. Der Einsatz von Informations- und Kommunikationstechnologien kann diese Tendenz nicht neutralisieren. Unter diesen Bedingungen kann die Profitabilität des Kapitals nur durch eine Steigerung der Mehrwertrate, also auf Kosten der Arbeit erhalten werden (Husson 2009).

Eine weitere Möglichkeit bestünde darin, dass die Sektoren, die ökologisch verträgliche Technologien, Maschinen und Konsumgüter herstellen, eine höhere Arbeitsproduktivität aufweisen und damit die anfänglich zu begleichenden Kosten für die Einrichtungen dieser Produktionszweige kompensieren. Auf diese Weise könnten die Unternehmen die gewünschte Profitabilität erzielen, die es erlaubt, angemessene Löhne zu bezahlen, die eine nachhaltige Binnennachfrage ermöglichen. Doch diese Annahme ist unrealistisch.

Nur eine, aber nicht hinreichende Voraussetzung hierfür wäre die von Pettifor angemahnte Entmachtung des Finanzkapitals, das seit rund vier Jahrzehnten einen gewichtigen Teil des Mehrwerts in Form einer Finanzrente (Zinsen, Dividenden, auf Eigentumsmonopolen beruhende Renten) einkassiert und damit durch den Mechanismus einer Corporate Governance, die sich am Shareholder Value orientiert, zusätzlichen Druck auf die Löhne sowie auch nachhaltige Investitionen und Forschungs- und Entwicklungsausgaben ausübt.

Die durch die gegenwärtige Krise verstärkten Rationalisierungstendenzen sind im Hinblick auf die Entwicklungsdynamik in die Überlegungen einzubeziehen. Eine McKinsey-Studie schätzt, dass in der EU bis 2030 22 Prozent der Arbeitskräfte, das entspricht 53 Millionen Jobs, durch Automatisierung wegfallen können (McKinsey Global Institute 2020: 18). Diese Entwicklung steht in krassem Gegensatz zum Anliegen der Vollbeschäftigung und stellt eine ökologische Herausforderung dar, da Maschinen mit Strom angetrieben werden.

Die fossilen Industriesektoren und der Energiesektor weisen eine hohe Zentralisation des Kapitals auf. Das erlaubt den Unternehmen monopolistische Surplusprofite zu erzielen. Bemerkenswerterweise hat sich auch der Sektor der Windturbinenhersteller in wenigen Jahren beträchtlich konzentriert. Viele etablierte Konzerne aus dem Maschinenbau und besonders Turbinenhersteller wurden rasch große Akteure in diesem Markt. Doch diese Dynamiken sind zu wenig erforscht. Es bleibt empirisch zu überprüfen, in welchem Maße auch »grüne« Sektoren monopolistische Surplusprofite erzielen und damit ihre Profitrate steigern können. Sofern die Kapitalintensität in den arbeitsintensiveren grünen Sektoren geringer als in den fossilen Sektoren ist, besteht allerdings das Potenzial höherer Profitraten.

Die Einbindung in die hierarchische internationale Arbeitsteilung ist ein weiterer Aspekt, der einer stabilen nachhaltigen Konfiguration des Kapitalismus zuwiderläuft. Die Konzerne aus den Metropolenländern waren in der Lage, sich dem Druck auf ihre Profitabilität durch eine massive Ausweitung der Direktinvestitionen und Portfolioinvestitionen sowie durch eine vertikale Zerlegung ihrer Wertschöpfungsketten und die Durchsetzung hierarchischer Lieferbeziehungen zu entziehen. Auf diese Weise nutzten sie den globalen Pool verfügbarer Arbeitskräfte und konnten einen zusätzlichen Druck auf die Löhne ausüben (Durand/Gueuder 2018). Jeder GND steht in diesem Kontext vor einem grundlegenden Dilemma.

Um die Flucht in profitable Direkt- und Portfolioinvestitionen zu vermeiden, die weder ökologisch noch weniger ausbeuterisch sind, müssten die Profite aus Investitionen in heimische grüne Anlagen höher sein. Die Profitabilität in den Bereichen der erneuerbaren Energien und der auf große Energiespeicher angewiesenen Unternehmen hängt aber auch davon ab, inwiefern es gelingt, die Preise der Rohstoffe zu senken, das heißt, hierarchische imperialistische Beziehungen aufrechtzuerhalten. Das widerspräche allerdings jeder weltweit solidarischen Perspektive.

Gerade darum ist es bedenklich, dass keine der GND-Varianten eine grundsätzliche Kritik an der Orientierung der Konzerne und nationalen Regierungen auf internationale Wettbewerbsfähigkeit übt. Auch Riexinger (2020) stellt sich dem deutschen Exportmodell höchstens zaghaft entgegen. Durch ihre Orientierung auf eine nicht wachsende *steady-state*-Ökonomie und Betonung der nationalstaatlichen Versorgungsverantwortung bewegt sich Pettifor (2020) nur implizit jenseits des Diskurse der internationalen Wettbewerbsfähigkeit, was aber noch nicht einer global solidarischen Perspektive gleichkommt.

Die meisten Vorschläge für einen GND vermeiden eine klare Positionierung zugunsten der Verpflichtungen gegenüber den abhängigen und armen Ländern. Das schlösse eine deutlich überproportionale Verminderung der Treibhausgasemissionen in den imperialistischen Ländern ein. Auch die Forderung nach einer Abschaffung des Handels von Emissionszertifikaten sind im besten Falle unklar formuliert. Letztlich beinhalten alle GND-Vorschläge, obgleich in unterschiedlichem Maße, Aspekte eines »Klima-Imperialismus«.

Die gegenwärtige Krise treibt die Verschuldung der öffentlichen Haushalte, der Unternehmen und der Individuen massiv in die Höhe. Die Zunahme der Staatsverschuldung im Zuge der Krise ab 2007 und ihre nachfolgende »Sanierung« lässt erwarten, dass die Regierungen erneut zu einer harten Austeritätspolitik übergehen werden, sobald die Pandemie einigermaßen im Griff bekommen ist. Das wird den Spielraum für sozial-ökologische Reformpolitik deutlich einschränken. Dieser Spielraum könnte nur durch eine massive gesellschaftliche Mobilisierung erweitert werden. Die damit einhergehende Veränderung des politischen Kräfteverhältnisses liefe jedoch auf eine erneute Unterminierung der Profitabilität des Kapitals hinaus. Auch unter diesem Gesichtspunkt ist nicht zu erwarten, dass sich das Kapital auf irgendeine Art von GND einlassen wird, die wirklich auf Vollbeschäftigung und ökologischen Umbau zielt.

Ökologisch ungenügend

Die diskutierten Green New Deals geraten nicht nur in Widerspruch zu zentralen wirtschaftlichen Gegebenheiten. Sie genügen auch den ökologischen Anforderungen in keiner Weise. Erstens orientieren sich alle seit 2019 vorgelegten GND-Varianten am Ziel, die Erderhitzung gegenüber der vorindustriellen Zeit auf 1,5 Grad zu begrenzen. Doch die Vorschläge vermeiden es, die Rahmenbedingungen für die Erreichung des 1,5-Grad-Ziels klar zu benennen. Sie schließen weder den Einsatz von Kernenergie oder Geoengineering aus noch von negativen Emissionstechnologien, etwa Bioenergie mit CO_2-Abscheidung und -Speicherung. Letztere Technologien sind unausgereift und mit großen Risiken behaftet. Das gilt noch stärker für Geoengineering.

Würde man das für Mensch und Natur sinnvollste erste Szenario im sogenannten 1,5-Grad-Bericht des IPCC zum Ausgangspunkt für eine Strategie nehmen (IPCC 2018), allerdings unter Ausschluss zusätzlicher Kernenergie und mit Berücksichtigung des historischen Schuld der frühindustrialisierten und imperialistischen Länder, müssten die Treibhausgasemissionen in eben diesen Ländern bis zum Jahr 2030 um schätzungsweise 80 Prozent reduziert werden.

Zweitens vermeiden es die GND-Vorschläge, klar zu benennen, dass es notwendig ist, den Energieverbrauch, die materielle Produktion und den

Transportaufwand wesentlich zu verringern. Oder sie gehen davon aus, dass sich kapitalistisches Wachstum mit einer absoluten Verringerung des Energie- und Ressourcenverbrauchs vereinbaren ließe. Damit vermeiden sie es, das Problem des Rebound-Effekts anzusprechen. Insofern unterscheiden sich die FürsprecherInnen eines GND nicht grundsätzlich von den AnhängerInnen eines grünen Kapitalismus, die betonen, dass es gelungen sei, die sogenannte Ressourcen- und Energieeffizienz zu steigern. Das trifft relativ zu. Es gibt eine relative Entkoppelung von Wachstum und Ressourcenverbrauch. Wir brauchen jedoch eine absolute Entkoppelung, im globalen Maßstab. Pettifor sowie Chomsky und Pollin erkennen Herausforderung der planetaren Grenzen. Pettifor spricht sich deswegen für eine sogenannte stationäre (*steady state*) Wirtschaft aus. Da sie in der kapitalistischen Akkumulation nicht einen grundsätzlichen Wachstumszwang erkennt, stellt sie den durch die Kapitalverwertung getriebenen gesellschaftlichen Stoffwechsel mit der Natur nicht als solchen infrage.

Keiner der diskutierten Vorschläge für einen Green New Deal sieht einen umfassenden industriellen Umbau- oder gar Rückbau vor. Außer die EU verlangen alle AutorInnen zwar eine Reduktion der Rüstungsausgaben. Doch die Forderung nach einem radikalen Rückbau der Rüstungsindustrie fehlt ebenso wie Vorschläge nach einer umfassenden Konversion und schließlich Rückbau der Automobilindustrie. Ebenso wird keine grundsätzliche Kritik an der Offensive der Automobilindustrie für Elektroautos geäußert. Lediglich Riexinger (2020) erkennt die Notwendigkeit der industriellen Konversion, auch der Automobilindustrie, und formuliert Vorschläge, wie dieses Anliegen gesellschaftlich verankert werden kann. Aronoff, Battistoni, Aldana Cohen und Riofrancos (2019) benennen zu Recht die Ressourcenintensität der erneuerbaren Energien, beschränken sich aber auf eine allgemeine Kritik an den ungleichen Handelsbeziehungen.

Drittens verengen alle GND-Vorschläge – mit Ausnahme von Pettifor – die Umweltzerstörung auf den Klimawandel und nennen allenfalls noch den Verlust der Biodiversität. Das Artensterben, der aus dem Ruder gelaufene Stickstoffkreislauf und die rasante Zerstörung fruchtbaren Bodens zeigen allerdings, dass die Menschheit mehrere planetare Grenzen bereits durchbrochen hat. Die Erkenntnisse der Erdsystemforschung weisen darauf hin, dass der gesamte gesellschaftliche Stoffwechsel mit der Natur derart gestört ist, dass nur ein rascher und kompletter industrieller Um- und Rückbau die Aussicht darauf zulässt, die Erde lebensfreundlich zu erhalten. Demzufolge zieht sich die Anforderung, den gesellschaftlichen Stoffwechsel mit der Natur auf rationale Weise zu organisieren, durch alle gesellschaftlichen Bereiche, also namentlich die Produktion, Reproduktion und Zirkulation, hindurch.

5. Fazit: Möglichkeiten des Bruchs ausloten

Ein Green New Deal ist letztlich eine ökonomisch unrealistische und ökologisch ungenügende Perspektive. Die gegenwärtigen Widersprüche der kapitalistischen Produktionsweise sind so groß, dass eine sozial-ökologische Konfiguration des Kapitalismus unrealistisch erscheint. Alle GND-Vorschläge, obgleich in unterschiedlichem Maße, sehen ausdrücklich eine weitere Steigerung der Kapitalakkumulation und des Wirtschaftswachstums vor, alle entwickeln ihre Vorschläge im Rahmen der Steigerung der Wettbewerbsfähigkeit des »heimischen« Kapitals und berücksichtigen die historische ökologische Schuld der imperialistischen Länder nicht.

Erstens bestehen keine Potenziale die Produktivität in dem Maße zu steigern, dass gleichzeitig die Löhne erhöht und die gesellschaftliche Infrastruktur verbessert werden können als auch die Gewinne der Unternehmen wieder steigen. Weil dieser Spielraum nicht besteht, können radikale Strukturreformen nur durchgesetzt werden, wenn die ArbeiterInnenbewegung und die Umweltbewegung ein Kräfteverhältnis aufbauen, das es erlaubt, die Macht des Kapitals massiv einzuschränken. Dieses erforderliche Kräfteverhältnis kommt aber letztlich einer gesellschaftlichen Situation gleich, in der die Frage der politischen Macht und des Eigentums über Produktionsmittel ebenfalls gestellt werden kann. Radikale Reform und revolutionärer Bruch verschmelzen.

Zweitens müsste ein GND eine kapitalistische Konfiguration ermöglichen, in der die Profite in den neuen grünen und nicht-fossilen Sektoren der Wirtschaft höher sind als in den fossilen Sektoren. Nur unter dieser Bedingung würde das erforderliche Kapital überhaupt in diesen Sektor fließen. Es gibt keine Anzeichen dafür, dass das kurzfristig der Fall sein wird. Die Profite ließen sich auch in den nicht-fossilen Sektoren vor allem durch eine verstärkte Ausbeutung der Lohnabhängigen bewerkstelligen, sowie dadurch, dass die Weltmarktpreise für die Inputs gesenkt werden, etwa durch einen Raubbau in anderen Bereichen der Natur. Schließt man diesen Weg aus, muss der Staat die Lücke schließen und die nicht-fossilen Bereiche der Wirtschaft finanzieren und selber aufbauen. Der ökonomische und ökologische Spielraum für einen »Deal« mit dem Kapital oder fossilen Kapitalfraktionen besteht also nicht. Das heißt, es gilt ein Kräfteverhältnis aufzubauen, das es erlaubt, einen durch massive Gewinn- und Vermögenssteuern finanzierten öffentlichen Industriesektor aufzubauen, der den sozial-ökologischen Umbau mit seinen Produkten trägt. Eine derartige Strategie hätte aber mit einem Deal nur noch wenig zu tun und wäre einer ökosozialistischen Umbaustrategie ziemlich ähnlich (Zeller 2020).

Drittens vermeiden es alle GND-Vorschläge die grundsätzliche Frage anzusprechen, ob es möglich ist, den Ressourcen- und Energieverbrauch absolut zu senken bei gleichzeitigem Fortgang der kapitalistischen Akkumulationstätigkeit. Es gibt nirgendwo Anhaltspunkte, dass dies möglich ist. Jede Strategie, die beansprucht einen sozial-ökologischen Systemwechsel anzustreben, dieses Problem aber nicht anspricht, bleibt inkonsistent und ökologisch ungenügend.

Viertens ist es fraglich, ob es politisch sinnvoll ist, begrifflich am New Deal der 1930er Jahre anzuschließen. Die gegenwärtige wirtschaftliche, gesellschaftliche und ökologische Situation unterscheidet sich grundlegend. Der Begriff New Deal ist im Bewusstsein größerer Teile der Bevölkerungen in den USA und allenfalls in Großbritannien zwar durchaus positiv belegt. Aber nirgendwo sonst, auch nicht im romanischen und deutschen Sprachraum gibt es eine derartige historische Referenz.

Wer soll mit wem auf welcher Grundlage und mit welchem Ziel einen Deal abschließen? Die ökologische und gesellschaftliche Dringlichkeit im Kontext des Durchbrechens der planetaren Grenzen im Zeitalter des Anthropozäns macht den Deal-Begriff unsinnig. Es gilt nicht einen Diskurs des Kompromisses und seiner Aushandlung, sondern einen Diskurs der absoluten Dringlichkeit und des Aufbaus von gesellschaftlicher Gegenmacht zu entwickeln. Es geht also vielmehr darum, die Herrschaft des Kapitals, der herrschenden Politik und des gegenwärtigen politischen Führungspersonals zu delegitimieren.

Gerade aus politischen Erwägungen sind die Auseinandersetzungen über Green New Deals, trotz ihrer inneren Widersprüchlichkeit und unzureichenden Programmatik, fünftens, auch unter dem Gesichtspunkt des Potenzials zur Veränderung der Kräfteverhältnisse zu beurteilen. Besonders die FürsprecherInnen eines radikalen und linken GND (Aronoff u.a. 2019; Riexinger 2020) wollen zu einem strategischen Bündnis von Teilen der Gewerkschaften, der Klimabewegung, der feministischen Bewegung, städtischen Initiativen für eine Verkehrswende, ländlichen Kooperativen für eine biologische Landwirtschaft und dem antirassistischen Widerstand anregen. Das Anliegen, Einstiegsprojekte in einen sozial-ökologischen Systemwechsel zu entwickeln, teile ich vollumfänglich. Ich unterstütze auch viele ihrer programmatischen Vorschläge. In den USA zeigte sich, dass die Debatten über einen GND dazu beigetragen haben, ein gesellschaftliche Diskussion über alternative gesellschaftliche Entwicklungen zu initiieren. Es gilt also die Vorschläge für einen GND auch daran zu messen, inwiefern sie dazu beitragen, die Mobilisierungsfähigkeit der ArbeiterInnenbewegung, der Klimabewegung und anderer fortschrittlicher sozialer Bewegungen zu stärken und zu ihrer Konvergenz beizutragen. Gerade für diese Bilanz ist es allerdings noch zu früh.

Eine ökosozialistische Perspektive teilt viele Einzelforderungen der radikalen und linken Varianten eines GND, betrachtet diese allerdings als Teil einer Strategie des antikapitalistischen Bruchs, nicht des Deals mit einzelnen Kapitalfraktionen oder Teilen der Eliten. Hierbei stehen wir vor Herausforderungen, die die FürsprecherInnen eines GND nicht ansprechen: die demokratische gesellschaftliche Aneignung der Produktionsmittel, der Aufbau von unabhängigen demokratischen Strukturen, die eine gesellschaftliche Gegenmacht zum Ausdruck bringen können und schließlich die Infragestellung der Macht des Kapitals überhaupt (Zeller 2020).

Literatur

Adler, David / Wargan, Pawel / Prakash, Sona (2019): A Blueprint For Europe's Just Transition. The Green New Deal for Europe, Dec 2019, DiEM25, URL: https://report.gndforeurope.com/, Zugriff: 1.12.2020.

Adler, Frank / Schachtschneider, Ulrich (2010): Green New Deal, Suffizienz oder Ökosozialismus? Konzepte für gesellschaftliche Wege aus der Ökologie. München.

Altvater, Elmar (2011): Mit Green New Deal aus dem Wachstumsdilemma? In: Widerspruch 60: 119-132.

Angus, Ian (2020): Im Angesichts des Anthropozäns. Klima und Gesellschaft in der Krise. Münster.

Aronoff, Kate / Battistoni, Alyssa /Aldana Cohen, Daniel / Riofrancos, Thea (2019): A Planet to Win. Why We Need a Green New Deal. London.

Barbier, Edward (2010): A Global Green New Deal. Rethinking the Economic Recovery. Cambridge.

Brand, Ulrich (2009): Schillernd und technokratisch. Grüner New Deal als magic bullet in der Krise des neoliberal-imperialen Kapitalismus? In: PROKLA 156 39(3): 475-481. DOI: https://doi.org/10.32387/prokla.v39i156.426.

Brüggen, Willi (2001): Grüne New Deal. In: Haug, Wolfgang Fritz / Haug, Frigga / Jehle, Peter / Küttler, Wolfgang (Hg.): Historisch-kritisches Wörterbuch des Marxismus Band 5. Hamburg: 1062-1070.

Chesnais, François (2016): Finance Capital Today. Corporations and Banks in the Lasting Global Slump. Leiden/Boston.

Chomsky, Noam / Pollin, Robert (2020): Climate Crisis and the Global Green New Deal. London.

DIE LINKE (2020): Aktionsplan Klimagerechtigkeit 28. Januar, Aktionsplan Klimagerechtigkeit Berlin. URL: https://www.linksfraktion.de/, Zugriff: 30.11.2020.

Durand, Cédric / Gueuder, Maxime (2018): The Profit–Investment Nexus in an Era of Financialisation, Globalisation and Monopolisation: A Profit-Centred Perspective. In: Review of Political Economy 30(2): 126-153. DOI: https://doi.org/10.1080/09538259.2018.1457211.

EU (2020): Stepping up Europe's 2030 climate ambition. Investing in a climate-neutral future for the benefit of our people. Communication from the Commission to the European Parliament, the Council, the European Economic and Social Committee and the Committee of the Regions (COM (2020) 562 final), 17.9.2020. Brussels. URL: https://ec.europa.eu/, Zugriff: 1.12.2020.

EuroMemo Group (2020): A Green New Deal for Europe. Opportunities and Challenges. EuroMemorandum 2020. Wien.

Europäische Kommission (2020): Vorschlag für eine Verordnung des Europäischen Parlaments und des Rates zur Schaffung des Rahmens für die Verwirklichung der Klimaneutralität und zur Änderung der Verordnung (EU) 2018/1999 (Europäisches Klimagesetz) (2020/0036 (COD)), 4. März 2020. URL: https://eur-lex.europa.eu, Zugriff: 10.8.2020.

– (2019): The European Green Deal. Communication from the Commission to the European Parliament, the European Council, the Council, the European Economic and Social Committee and the Committee of the Regions., 11 December 2019. Brussels. URL: https://ec.europa.eu, Zugriff: 10.11.2020.
– (2020): Financing the green transition: The European Green Deal Investment Plan and Just Transition Mechanism: European Commission,. 14 Januar 2020. URL: https://ec.europa.eu, Zugriff: 1.12.2020.
Harvey, David (2003): The New Imperialism. Oxford.
– (2014): Seventeen contradictions and the End of Capitalism. London.
Husson, Michel (2009): Un capitalisme vert est-il possible? Contretemps 1 (nouvelle série) (1): 93-102.
IPCC (2018): 1,5°C globale Erwärmung. Zusammenfassung für politische Entscheidungsträger, P. Z. V. Masson-Delmotte, et.al., Intergovernmental Panel on Climate Change, G. World Meteorological Organization. Genf. URL: https://www.de-ipcc.de, Zugriff: 26.3.2020.
Kaufmann, Stephan / Müller, Tadzio (2009): Grüner Kapitalismus. Krise, Klimawandel und keine Ende des Wachstums. Berlin.
Klein, Naomi (2019): Warum nur ein Green New Deal unseren Planeten retten kann. Hamburg.
Mahnkopf, Birgit (2014): »Peak Capitalism«? Wachstumsgrenzen als Grenzen des Kapitalismus. In: WSI Mitteilungen 67(7): 505-512. DOI: https://www.doi.org/10.5771/0342-300X-2014-7-505.
McKinsey Global Institute (2020): The future of work in Europe. Automation, workforce transitions, and the shifting geography of employment, June 2020. London/Washington.
Pettifor, Ann (2020): Green New Deal. Warum wir können, was wir tun müssen. Hamburg.
Pollin, Robert (2020): An Industrial Policy Framework to Advance a Global Green New Deal. In: Oqubay, Arkebe u.a. (Hg.): The Oxford Handbook of Industrial Policy. Oxford.
Riexinger, Bernd (2020): System Change. Plädoyer für einen linken Green New Deal - Wie wir den Kampf für eine sozial- und klimagerechte Zukunft gewinnen können. Hamburg.
Rifkin, Jeremy (2019): Der globale Green New Deal: Warum die fossil befeuerte Zivilisation um 2028 kollabiert – und ein kühner ökonomischer Plan das Leben auf der Erde retten kann. Frankfurt/M.
Rockström, Johan u.a. (2009): Planetary Boundaries: Exploring the Safe Operating Space for Humanity. In: Ecology and Society 14(2): art32. URL: https://www.ecologyandsociety.org/vol14/iss2/art32/.
Sanders, Bernie (2019): The Green New Deal. URL: https://berniesanders.com, Zugriff: 1.12.2020.
Santarius, Tilman (2015): Der Rebound-Effekt. Ökonomische, psychische und soziale Herausforderungen für die Entkoppelung von Wirtschaftswachstum und Energieverbrauch. Marburg.
Steffen, Will u.a. (2015): Planetary boundaries: Guiding human development on a changing planet. In: Science 347(6223): 1259855. DOI: https://doi.org/10.1126/science.1259855.
– u.a. (2018): Trajectories of the Earth System in the Anthropocene. In: Proceedings of the National Academy of Sciences 115(33): 8252-8259.
The Green European Foundation (2009): A Green New Deal for Europe. Towards green modernisation in the face of crisis (A report by the Wuppertal Institute for Climate, Environment and Energy). Brussels.
Zeller, Christian (Hg.) (2004): Die globale Enteignungsökonomie. Münster.
– (2010): Die Natur als Anlagefeld des konzentrierten Finanzkapitals. In: Schmieder, Falko (Hg.): Die Krise der Nachhaltigkeit. Zur Kritik der politischen Ökologie. Bern/Berlin: 103-135.
– (2011): Verschiebungen der Krise im globalen Rentierregime. Ungleichgewichte und die Suche nach neuen Feldern. In: Zeitschrift für Wirtschaftsgeographie 55(1-2): 65-83. DOI: https://doi.org/10.1515/zfw.2011.0006.
– (2020): Revolution für das Klima. Warum wir eine ökosozialistische Alternative brauchen. München.

PROKLA 202 | 51. Jahrgang | Nr. 1 | März 2021 | S. 53-70
https://doi.org/10.32387/prokla.v51i202.1925

Ronja Morgenthaler • Lasse Thiele*

Den Absprung finden

Mit einem Green New Deal über den Kapitalismus hinaus?

Zusammenfassung: »Radikale« Vorschläge für einen Green New Deal (GND) versuchen, das große Mobilisierungspotenzial der Idee für eine tiefergehende sozial-ökologische Transformation zu nutzen. Sie bleiben jedoch vage in Bezug auf die Frage, wie und wo sich der Entwicklungspfad eines solchen transformativen GND von einem re-sozialdemokratisierten »grünen« Kapitalismus lösen soll. Dieser Beitrag schlägt vor, einen radikalisierten GND als möglichen Transformationsbaustein innerhalb einer an E.O. Wright angelehnten dreiteiligen Transformationsstrategie zu verstehen, die »symbiotische« Reformmaßnahmen im Zusammenspiel mit der Erweiterung von nichtkapitalistischen Freiräumen anvisiert.

Schlagwörter: Green New Deal, Degrowth, sozial-ökologische Transformation, Kapitalismus

Finding the jump

Beyond capitalism with a Green New Deal?

Abstract: »Radical« proposals for a Green New Deal (GND) attempt to harness the idea's enormous mobilization potential for a deeper social-ecological transformation. But they remain vague as to where and how the trajectory of such a transformative GND should depart from a social-democratic variant of »green« capitalism. This article proposes to understand a radicalized GND as a potential building block within a three-pronged transformation strategy inspired by E.O. Wright, envisioning an interplay between »symbiotic« reforms and the expansion of non-capitalist spaces.

Keywords: Green New Deal, degrowth, social-ecological transformation, capitalism

* **Ronja Morgenthaler** ist Politikwissenschaftlerin und arbeitet im Konzeptwerk Neue Ökonomie zu Utopie und Transformation. | **Lasse Thiele** ist Politikwissenschaftler und arbeitet im Konzeptwerk Neue Ökonomie zu Klimagerechtigkeit.

System change by Green New Deal? Die offene Transformationsfrage

Die jüngere Debatte über einen Green New Deal (GND) begann in den Krisenjahren 2007-2009 und zielte auf eine sozial-ökologische Reform des Kapitalismus (Green New Deal Group 2008; UNEP 2009). Erweitert und durchaus auch als übergreifende Plattform für linke Politik radikalisiert wurde sie im Kontext der global erstarkenden Klimabewegung seit 2018, vor allem in den USA (Klein 2018). Wie umkämpft der Begriff mittlerweile ist, verdeutlicht seine Adaption durch die EU-Kommission für ihren *European Green Deal* (EU-Kommission 2019), der deutlich in der marktorientierteren Tradition der *Green Economy* bzw. des *green growth* steht (OECD 2011; UNEP 2012).

Wie viel sozial-ökologisches Transformationspotenzial steckt angesichts dieses weiten Spektrums in einem solchen Deal? Aus Degrowth-Perspektive[1] scheint dies zunächst begrenzt, lassen GND-Vorschläge doch in der Regel die Grundstrukturen der wachstumsabhängigen kapitalistischen Ökonomie unangetastet und laufen implizit oder explizit auf das Versprechen eines »grünen« Wachstums hinaus. So löst ein GND das ökologische Grundproblem dieses Wirtschaftssystems nicht und er verspricht auch keine globale Klimagerechtigkeit: Ewiges »grünes« Wachstum, also die dauerhafte absolute Entkopplung des Wirtschaftswachstums vom Ressourcen- und Senkenverbrauch durch atemberaubende grün-technologische Innovation, kann theoretisch wie empirisch als unrealistisch verstanden werden (Parrique u.a. 2019). Wenn jedoch fortlaufende Kapitalakkumulation an eine begrenzte materielle Basis gekoppelt bleibt, ist davon auszugehen, dass auch ein durch einen GND begrünter Kapitalismus schnell an planetare Grenzen stoßen würde. Sicher scheint, dass die für Klimastabilisierung notwendige schnelle drastische Emissionsreduktion so unerreichbar bleibt.[2]

Gleichzeitig offenbart die Idee des Green New Deal ein großes politisches Mobilisierungspotenzial: Sie ist realpolitisch zunächst deutlich anschlussfähiger als die immer noch – teils zu Unrecht – primär mit Verzicht assoziierte

---

1 Der Postwachstums-Diskurs ist mindestens so divers und politisch heterogen wie derjenige um den GND. Der hier vertretene Degrowth-Standpunkt sieht dabei in Abgrenzung zu liberalen Postwachstumsströmungen eine antikapitalistische Perspektive als notwendigen – wenngleich nicht erschöpfenden – Bestandteil einer fundierten Wachstumskritik und damit auch einer plausiblen Transformationsstrategie (vgl. Schmelzer/Vetter 2019). Er teilt damit zentrale Argumente der ökomarxistischen Tradition (vgl. Burkett 2001; O'Connor 1998 sowie den Beitrag von Burkett und John Bellamy Foster zu den Fundamenten einer kritischen ökologischen Ökonomie in den Werken von Marx und Engels in *PROKLA* 159 und 160).

2 Für eine ausführliche Darstellung vgl. Thiele 2020, insb. Kap. 5 und 10.

Vorstellung einer Postwachstumsgesellschaft (vgl. Hofferberth/Schmelzer 2019; Mastini u.a. 2021). Hier bieten sich offensichtliche Anknüpfungspunkte und Gelegenheiten zur Bündnispolitik, etwa in der Energie- und Verkehrspolitik. Lässt sich also eine Synthese schaffen, durch die ein GND zum Transformationsschritt auf dem Weg in eine (postkapitalistische) Postwachstumsökonomie werden könnte?

Radikalere Konzeptionen eines Green New Deal erkennen diese Ambivalenz mehr oder weniger unumwunden an. Im Umfeld der US-amerikanischen *Democratic Socialists of America* etwa wird ein »radical Green New Deal« als riesiges Mobilisierungsprojekt und als Transitionsprogramm in eine postkapitalistische Zukunft präsentiert (Aronoff u.a. 2019). Doch die Ausführungen beziehen sich explizit nur auf erste große Reform- und Investitionsprioritäten in den 2020er-Jahren; die Frage des prinzipiell als notwendig anerkannten weiteren Transformationspfads wird ausgeklammert. Im Konzept des aus der linkssozialdemokratischen DIEM25-Bewegung initiierten »Green New Deal for Europe« wiederum finden sich zahlreiche Degrowth-Ansätze, gefordert wird hier auch: »Schluss mit dem Dogma des endlosen Wachstums« (Adler/Wargan 2019: 16). Doch die Systemfrage – wie kann neben der Wachstumsideologie auch der *materielle* Wachstumszwang einer kapitalistischen Ökonomie überwunden werden? – wird bei der folgenden Diskussion alternativer Wohlstandsindikatoren wiederum ausgelassen.

Für eine tiefergehende sozial-ökologische Transformationsperspektive müssen letztlich kapitalistische Grundstrukturen angegangen werden: Eigentums- und damit Klassenverhältnisse, Warenform, Konkurrenz und damit Akkumulationszwang. Der Verwertungskreislauf ständig wachsender Kapitalmassen, in dem jede Stockung Krisenmomente hervorruft, müsste für eine nachhaltige Transformation nicht nur unterbrochen oder umgelenkt, sondern dauerhaft unterbunden werden. Diese Frage des späteren Verlaufs einer radikalen Transformation liegt natürlich in der Praxis nicht »obenauf«. Sie erscheint uns zur Orientierung dennoch wichtig, um in der laufenden GND-Debatte einen postkapitalistischen Degrowth-Horizont zu skizzieren und strategische Prioritäten im Hier und Jetzt zu identifizieren. Dieser Artikel versucht somit, die wahrgenommene Lücke in den Transformationsstrategien »radikaler« GND-Ansätze ein Stück weiter auszufüllen, ohne dabei natürlich den – unmöglichen – Anspruch zu erheben, einen abgeschlossenen »Transformationsplan« vorzulegen. Wir nehmen dabei eine bewegungsstrategische Position ein, denken aber auch konkrete Schritte auf Policy-Ebene an, die innerhalb dieser Strategie sinnvoll zu verfolgen wären.

Aus marxistischer wie auch aus Degrowth-Perspektive wird der strategische Umgang mit der GND-Debatte seit längerem diskutiert. Dellheim/Wolf

(2009) sehen dabei ähnlich wie wir die Demokratisierung gesellschaftlicher Infrastrukturen als wesentliches Anliegen für eine transformative Zuspitzung eines GND. Hofferberth/Schmelzer (2019) möchten die Mobilisierungsstärke der GND-Idee mit einer inhaltlichen Ausrichtung auf Postwachstumspolitik verknüpfen. Mastini u.a. (2021) haben zuletzt eine produktive Synthese in Form eines »GND ohne Wachstum« angeregt. Während all diese Beiträge sich inhaltlich und strategisch mit unserem Ansatz überschneiden, befassen auch sie sich nicht explizit mit der Aufhebung des strukturellen Wachstumszwangs.

Im Folgenden stellen wir das Transformationsdilemma noch einmal zugespitzt dar und nähern uns über Erik Olin Wrights Transformationsansatz einer Antwort. Da in Transformationsdebatten mit Blick auf reale Umsetzungsperspektiven bislang »*zu viel* unklar« bleibt, wie Michael Brie (2015: 14, Herv. i.O.) betont, versuchen wir, diesen Ansatz anschließend mit Bezug auf die GND-Problematik zu konkretisieren. Dabei gilt es nicht nur, die Reformpolitik eines GND-Projekts zu radikalisieren und Degrowth-kompatibel zu ergänzen, sondern auch, erweiterte Freiräume für nichtkapitalistische Strukturen zu erkämpfen und die politische Gegenmacht zu organisieren, durch die solche Reformen ebenso wie eine tiefergehende Transformation überhaupt erst durchsetzbar würden.

Den Absprung finden: Das Green-New-Deal-Dilemma

Gehen wir also davon aus, dass soziale, ökologische und Kapitalinteressen – anders als von »grünen« Kapitalismusmodellen versprochen – nicht alle dauerhaft vereinbar sind, so dürften Kapitalinteressen in einer sozial-ökologischen Transformation *langfristig* nicht mehr zur Geltung kommen. *Kurzfristig* jedoch scheinen Reformen, die Verwertungsinteressen diametral entgegenliefen und den Akkumulationsprozess zu blockieren drohten, kaum politisch durchsetzbar zu sein. Kapital ist zu erheblichen Teilen mobil (auch wenn sich diese Mobilität prinzipiell politisch beschneiden ließe): Werden Akkumulationsmöglichkeiten durch politische Regulierung beschnitten, fließt Kapital in andere Sektoren und Regionen. Spätestens jedoch, wenn der Spielraum für Akkumulation quer durch die globale Ökonomie insgesamt rigoros begrenzt werden soll, können Kapitalflucht und -streik, politische Gegenkampagnen und klassische Korruption zu ökonomischen wie zu politischen Kriseneffekten führen, die die gesamte Gesellschaft in Mitleidenschaft ziehen.

Erste Reformschritte in einem Green New Deal wären daher politisch eher im Rahmen eines von einer breiten gesellschaftlichen Koalition getragenen ökokeynesianischen Konjunkturprogramms vorstellbar. Dadurch könnten wirtschaftliche Kriseneffekte abgewendet werden, die es konservativen Kapitalfraktionen unmittelbar ermöglichten, politisch den Abbruch des grünen »Experiments« zu erwirken. Das bedeutete aber wiederum absehbar den mit Wachstumsprozessen einhergehenden steigenden Ressourcenverbrauch – was die positiven ökologischen Effekte solcher Investitionen mindestens teilweise kompensieren, wenn nicht gar überkompensieren würde. Paradoxerweise gilt: Je weniger Kapitalverwertung in einem GND-Szenario auf globalen Externalisierungsmechanismen basieren kann, je mehr also soziale Gerechtigkeitsversprechen eingehalten werden, desto stärker ist sie auf klassische erweiterte Reproduktion angewiesen – auf umso mehr »grünes« Wachstum also, für das es langfristig keine plausible und verlässliche Grundlage gibt (Thiele 2020: 116f.).

Es stellt sich also die Frage, wann, wie und wo der Absprung zu finden wäre: Wie weit muss eine transformative GND-Strategie den GND kapitalistisch »funktionieren lassen«, um politisch erfolgreich werden zu können? Wo und wie kann und muss sich der Entwicklungspfad eines transformativen Green New Deal von einem re-sozialdemokratisierten »grünen« Kapitalismus lösen?

Wie funktioniert ein Zurückdrängen kapitalistischer Kräfte in einer sozial-ökologischen Transformation?

Wie kann nun eine Transformation der Gesellschaft gelingen, die den Kapitalismus nicht nur sozial-ökologisch erneuert, sondern tatsächlich Akkumulations- und Wachstumszwang überwindet? Dazu ließe sich erkunden, inwiefern sich die Reformmaßnahmen eines GND, die zunächst durch sozial-ökologische Investitionen, die Stärkung marktunabhängiger sozialer Infrastrukturen, »grüne« Technologien und Umverteilungsmechanismen die zerstörerischen Folgen des kapitalistischen Wachstumszwangs einzuhegen versuchen, in eine antikapitalistische Transformationsstrategie einbinden ließen.

In diesem Beitrag argumentieren wir, dass die umfassenden Reformpakete eines radikalisierten GND Transformationsbausteine im Sinne einer »doppelten Transformation« (Klein 2013) darstellen könnten, die am Bestehenden ansetzen und gleichzeitig darüber hinausweisen.[3] Transformation

3 Der durch Dieter Klein geprägte Begriff der »doppelten Transformation« bezieht sich auf die Notwendigkeit von Strategien, die eine *inner*kapitalistische Transformation über Reformmaßnahmen verfolgen, die bereits eine anschließend zu verwirklichende postkapitalistische Transformation vorzeichnen. Die Möglichkeit eines Green New Deal wurde bereits in diesem Sinne analysiert, in starker Übereinstimmung mit der hier vorgeschlagenen Stoßrichtung (Brie 2015; Klein 2013: Kap. 4).

ist damit ein vielschichtiger, ungleichzeitiger und nichtlinearer Prozess, in dem unterschiedliche Strategien ineinandergreifen. In seiner Theorie der Transformation skizziert Erik Olin Wright drei Strategieansätze: *Symbiose, Freiraum* und *Bruch* (Wright 2017: 412f.).

Der Grundgedanke *symbiotischer Strategien* ist, dass die Ermächtigung und das Erringen sozialer oder ökologischer Verbesserungen im Kompromiss mit den herrschenden Institutionen und Klassen vollzogen wird. In dieser sozialdemokratischen Tradition geht es um »Klassenkompromisse«, die auch Probleme der kapitalistischen Klasse lösen. In Anbetracht der realen Klimakatastrophe, die letztlich durch die Zerstörung der natürlichen Umwelt und damit der ausbeutbaren Ressourcen auch die Reproduktionskosten für das Kapital in die Höhe treibt, ließe sich ein solcher Klassenkompromiss politisch forcieren. Ein GND müsste dabei durch den ökologischen Umbau »grünes« Wachstum ermöglichen. Genau in dieser Verbindung von sozialen, ökologischen und Kapitalinteressen liegt also die größte Chance, aber auch der größte Fallstrick aller GND-Ansätze – denn wo in der Nachkriegszeit ein Klassenkompromiss auf Kosten von intensivierter Naturausbeutung zumindest im globalen Norden möglich war (Exner u.a. 2008: 145), fehlt dazu heute der ökologische Spielraum.

Freiraumstrategien setzen auf die Entwicklung von Alternativen und neuen gesellschaftlichen Verhältnissen, die eine postkapitalistische Gesellschaft im Kleinen vorwegnehmen. Sie entwickeln sich »in den Zwischenräumen und Rissen innerhalb einer herrschenden Machtstruktur« (Wright 2017: 437). Das Ziel von Freiraumstrategien und »Nowtopias« ist es, die Spaltung von Produktion und Reproduktion zu überwinden. In einer anarchistischen Tradition geht es dabei um den Auf- und Ausbau von Gemeingütern jenseits des Staates, um Commons, die ein gutes Leben der Menschen ermöglichen.[4] Dabei stehen diese Projekte immer in einem Spannungsverhältnis mit dem existierenden System, da sie innerhalb dessen ihr transformatives Potenzial behaupten müssen (vgl. Helfrich/Bollier 2014: 22). Freiraumstrategien können auf zwei Weisen über den Kapitalismus hinausweisen: »[E]rstens, indem sie die Bedingungen verändern, unter denen schließlich ein Bruch vollzogen werden könnte, zweitens, indem sie allmählich Umfang und Tiefgang ihrer Aktivitäten erweitern, sodass kapitalistische Zwänge aufhören, ihnen verbindliche Grenzen aufzuerlegen« (Wright 2017: 443). Im besten Falle werden

4 Die historische Zerstörung dieser Gemeingüter in der sogenannten ursprünglichen Akkumulation, der »Scheidungsprozess von Produzent und Produktionsmittel« (Marx, MEW 23: 742), ermöglichte das Entstehen von Privateigentum und markiert den Ursprung der kapitalistischen Produktionsweise.

so resiliente Strukturen geschaffen, die skalierbar sind und als reale Alternativen kapitalistische Institutionen langfristig ersetzen können.

Nach Wright setzen neue Institutionen jenseits des Kapitalismus »einen deutlichen Bruch innerhalb der bestehenden Institutionen und Gesellschaftsstrukturen [voraus]« (ebd.: 414). Um diesen *Bruch* zu forcieren, geht es auf der strategischen Ebene zunächst um einen Kampf um Hegemonie, durch zivilgesellschaftliche Ermächtigung und den Aufbau von Gegenmacht. In den außerparlamentarischen Massenmobilisierungen sozialer Bewegungen scheinen solche bruchartigen Momente auf, wenn zum Beispiel mit den Protesten der *Black-Lives-Matter*-Bewegung die Auflösung polizeilicher Institutionen gefordert wird oder mit Blockaden von fossilen Industrien die Enteignung von Großkonzernen. Diese Formen schließen an Traditionen des revolutionären Sozialismus an und greifen staatliche Strukturen und die Institutionen des Kapitals, mit dem Ziel ihrer Beseitigung, bisweilen offen an.

Diese dritte Dimension wird nicht nur in der GND-Debatte, sondern auch in Degrowth-Transformationsstrategien, die sich auf Wright beziehen, zuweilen vernachlässigt (vgl. Petridis 2016; D'Alisa/Kallis 2020). Zuletzt wurde etwa von einigen Autor*innen zurecht eine gründlichere materialistisch-staatstheoretische Fundierung der Degrowth-Debatte ins Auge gefasst (Koch 2020; D'Alisa/Kallis 2020). Auffällig ist dabei aber, dass die Bruchstrategie nahezu vollständig unter den Tisch fällt: In D'Alisas und Kallis' (2020) exemplarischer Diskussion des Maximaleinkommens als einer gegenhegemonialen Policy – durchsetzbar durch eine Mischung aus symbiotischer Reformpolitik und vorbildhaften zivilgesellschaftlichen und alternativökonomischen Initiativen – rücken vor lauter (begrüßenswerter) Konzentration auf Staatstheorie plötzlich ökonomische Verhältnisse ganz in den Hintergrund. Bei Koch (2020) wird die von der materialistischen Staatstheorie betonte »relative Autonomie« der politischen gegenüber der ökonomischen Sphäre implizit zur vollständigen Autonomie. Wie in der GND-Debatte zeigt sich an dieser Stelle also auch in Teilen der Postwachstumsbewegung das Fehlen einer Transformationsperspektive, die den Bruch mit ökonomischen Wachstumszwängen in letzter Konsequenz einbeziehen würde. D'Alisa/Kallis (2020) subsumieren politische (Gegen-)Mobilisierungen unter »symbiotische« Strategien; sie zielen also offenbar auf den parlamentarischen Normalbetrieb liberaler Demokratien ab, innerhalb dessen hegemoniale Verschiebungen anvisiert werden.

Ähnlich wie Schmelzer/Vetter (2019) gehen wir jedoch davon aus, dass ein Transformationsprozess nicht ohne bruchartige Momente auskommt, auch wenn er sich nicht über ein einmaliges, alle Heilsversprechen einlösendes revolutionäres Ereignis definiert. Die Eigentumsordnung lässt sich so wenig über den parlamentarischen Normalbetrieb umkrempeln, wie sie sich über ein organisches Wachstum von Freiräumen verdrängen lässt. Gerade wenn eine Transformation *politisch* nur als schrittweise Zurückdrängung des Kapitalismus vorstellbar ist, würde dies *ökonomisch* und *juristisch* derart tiefe Widersprüche in einem expansiven System produzieren, dass immer wieder mit eskalativen politischen Auseinandersetzungen im Sinne eines gramscianischen »Bewegungskrieges« zu rechnen wäre.

Bruch ist hier ein doppelsinniger Begriff: Er steckt schon in jeder durch soziale Bewegungen bewusst eingegangenen *Konfrontation* mit kapitalistischen Grundprinzipien. Für eine Transformation müssen sich Brüche aber natürlich auch in *Ereignissen* materialisieren. Reformen sind dabei nicht per se Ausdruck einer »bloß« symbiotischen Strategie. Sie können durchaus Bruchpotenzial haben: Die großflächige Enteignung von Wohnungskonzernen zugunsten einer demokratischen Verwaltung öffentlichen Wohnraums, wie es beispielsweise die Initiative »Deutsche Wohnen & Co. enteignen« fordert, würde zwar wie andere Reformen über die Institutionen des bürgerlichen Rechtsstaats festgeschrieben. Sie nimmt aber ihren Ursprung in der Zivilgesellschaft, setzt eine tiefgehende Konfrontation mit dem herrschenden Block voraus und bedeutete zumindest eine teilweise »Umkrempelung« der Eigentumsordnung in einem sehr grundlegenden Sektor – hin zu einer klar postkapitalistischen, demokratischeren Vergesellschaftungsweise.[5]

Dafür muss Gegenmacht organisiert werden, die zwar durchaus ständig in parlamentarische Prozesse hineinwirken müsste (und gleichzeitig die soziale Basis für Freiraumprojekte kontinuierlich erweitern würde), diese aber nicht als abgeschlossenen Zielhorizont versteht. Letztlich könnte ein Green New Deal eben nur dann zum Sprungbrett in den Postkapitalismus werden, wenn starke Bewegungen auch bereit sind (immer wieder) zu springen. Selbst wenn das aus der Gegenwartsperspektive utopisch klingen mag, ist es für das Zusammenspiel der drei Dimensionen von Beginn an zentral: Erst durch die systematische Organisation von Gegenmacht, die auch utopische Ansprüche geltend macht, können kurzfristigere symbiotische und Freiraumstrategien in relevantem Maße wirksam werden. Ohne solchen Rückenwind drohen sie als reformpolitisches Klein-Klein respektive harmlose Nischenexperimente zu enden.

Drei verschiedene Taktiken gegenüber Herrschaftsstrukturen stehen hier also im Raum: Kompromisse schließen, ihnen ausweichen oder sie bekämpfen. Mit Wright gehen wir davon aus, dass alle drei Taktiken zur Anwendung

5 Das unterscheidet sie von eher symbiotischen Reformschritten wie etwa einer Mietpreisbremse, die eine »Überhitzung« des Wohnungsmarktes abdämpfen und damit (system)stabilisierend wirken soll.

kommen müssen – und das nicht isoliert voneinander, sondern produktiv ineinandergreifend. Wie das im Kontext eines Green New Deal aussehen könnte, möchten wir im Folgenden skizzieren.

Symbiotisches – Investitionsziele für einen Green New Deal plus?

Zuerst blicken wir auf den »symbiotischen« Teil der Strategie. Hier geht es darum, Einfluss zu nehmen auf realpolitische Reformprozesse, also auf die staatlichen Maßnahmen, die, entsprechende parlamentarische Mehrheiten vorausgesetzt, einen Green New Deal – oder ein vergleichbares sozial-ökologisches Reformprojekt – einleiten würden. Wir gehen, wie zuvor beschrieben, davon aus, dass ein erheblicher Teil eines solchen Maßnahmenkatalogs aus einem Investitionspaket bestehen würde, auf das wir hier exemplarisch eingehen möchten. Da es mithilfe eines breiten politischen Bündnisses geschnürt werden müsste, sollten sich auch einige Kapitalfraktionen davon etwas versprechen können.

Welche Möglichkeiten gäbe es also, aus einer radikalen, Degrowth-inspirierten Position hier Investitionsschwerpunkte so zu beeinflussen, dass sie zu den Grundlagen einer tiefergreifenden Transformation beitrügen, und den Green New Deal durch eine institutionell abgesicherte Verschiebung politökonomischer Kräfteverhältnisse über den Charakter einer »passiven Revolution« in Gramscis Sinne hinaus zu bewegen?

Unstrittige Eckpfeiler eines Green New Deal sind die Bereiche Erneuerbare Energien, öffentliche Verkehrsinfrastruktur und Wohnen: Erneuerbare sollen Fossile ersetzen, öffentlicher Personenverkehr soll erhebliche Teile des motorisierten Individualverkehrs verdrängen, ökologischer Wohnungsbau und sozialverträgliche energetische Gebäudesanierung sollen weite Teile des Wohnsektors möglichst energieneutral gestalten. Zurecht betonen Aronoff u.a. (2019), dass die Grundversorgungssektoren dafür eines »letzten Stimulus« in Form massiver öffentlicher Investitionen bedürften.[6] Möglichkeiten zur transformativen Verschiebung in diesen Bereichen ergeben sich, wenn sie mit Freiraumansätzen zusammengedacht werden (siehe nächster Abschnitt).

Zentrale Aufgabe eines Transformationsprojekts müsste darüber hinaus sein, Sorgearbeit ins Zentrum des Wirtschaftens zu rücken, damit aufzuwerten und gerecht zu verteilen. Wenngleich dies der kapitalistischen Verwer-

6 Wie Aronoff u.a. (2019: Kap. 4) zurecht hervorheben, ist in all diesen Bereichen eine Verknüpfung mit progressiver Rohstoffpolitik zentral, um den globalen Externalisierungsmustern eines »grünen« Kapitalismus wirksam zu begegnen. An dieser Stelle bietet im deutschen Kontext beispielsweise die Auseinandersetzung um das geplante Lieferkettengesetz einen spannenden Anknüpfungspunkt.

tungslogik zuwiderläuft, sollten im Rahmen eines GND-Investitionspakets zunächst Spielräume für die Förderung (bezahlter) reproduktiver Bereiche wie Gesundheit und Erziehung existieren. Die Personalnot in Krankenhäusern, Pflegeheimen, Kitas und Schulen zu beenden – bei gleichzeitiger struktureller Verbesserung der Arbeitsbedingungen für alle Beschäftigten auch über den bloßen Personalschlüssel hinaus – sollte ein Schlüsselversprechen einer GND-Plattform sein, das unmittelbar in der Gesellschaft spürbare positive Auswirkungen, sinkende Arbeitslosenzahlen und kurzfristig eintretende Konjunktureffekte mit sich brächte. Gleichzeitig würde die Ausgangsposition für eine tiefere Transformation hin zu einer sorgezentrierten Ökonomie verbessert.

Nicht umsonst lassen sich diese Reformen als »symbiotische« Strategien fassen: Während sie regelmäßig auf erhebliche Widerstände aus »führenden« Industrien stoßen, würden sie in breiten Wirtschaftssektoren mittelfristig für volle Auftragsbücher sorgen, insbesondere im Handwerk und im gesamten Bausektor. Auch Maßnahmen im Gesundheits- und Bildungsbereich würden zahlreiche Arbeitsplätze schaffen. All dies könnte kurzfristig konjunkturstimulierend wirken und so dazu beitragen, unmittelbare kapitalistische Krisenerscheinungen nach gängigen Indikatoren zu vermeiden. Damit zeichnet sich zumindest das materielle Potenzial für eine breite Koalition gesellschaftlicher Kräfte ab, das die entsprechenden Reformen in den Bereich des mehrheitspolitisch Möglichen rückt. Das Kalkül bestünde also darin, durch massive öffentliche Investitionen in ohnehin weithin als notwendig anerkannte Grundinfrastrukturen in dieser kritischen ersten Phase eines Transformationsprozesses das Gespenst eines Kapitalstreiks im Bann zu halten.

Zwei Haken einer solchen symbiotischen Investitionsoffensive bleiben allerdings: Zum einen basierte ihre politökonomische »Verdaulichkeit« zunächst auf dem Aufbau einer »Ökonomie der Zusätzlichkeit« (vgl. Thiele 2020: 270f.), die die existierenden, nicht nachhaltigen Infrastrukturen der kapitalistischen Wachstumsökonomie ergänzte. Je weniger energieintensive Industrien von einem GND in der Frühphase betroffen wären, desto größer wohl dessen politische Durchsetzungschancen – desto geringer jedoch gleichzeitig sein ökologischer Effekt und die durch ihn bewirkte Verschiebung polit-ökonomischer Kräfteverhältnisse. Diese Entwicklung müsste daher mittelfristig mit einem – auch schon reformpolitisch anzugehenden, aber ungleich schwierigeren – umfassenden Rückbau ökologisch schädlicher Infrastrukturen und Industriezweige gekoppelt werden.

Zum anderen deuten sich Bruchmomente bereits in den Auseinandersetzungen um die *Finanzierung* dieser Vorhaben an: Die Umwidmung gesellschaftlicher Ressourcen in der angedeuteten Größenordnung setzt eine erhebliche materielle Umverteilung voraus. Nur begrenzt sollte aus transformativer Sicht der Deal nach keynesianischem Muster schuldenfinanziert werden. Der Schuldendienst bedeutete letztlich eine schleichende Umverteilung von unten nach oben und würde mittelfristig nur staatliche Wachstumszwänge weiter verstärken: Statt vorhandenes Kapital nur über Anlagemöglichkeiten anzulocken und öffentliche sozial-ökologische Investitionen so indirekt einem stärkeren Renditedruck auszusetzen, muss darauf auch direkt zugegriffen werden. Es braucht also Steuern und Abgaben auf Vermögen, Land und hohe Einkommen, die für sich genommen heftige politische Auseinandersetzungen bedingen.

Freiräume – Platz schaffen für »Nowtopias«

Wie könnten Freiraumstrategien in einem Transformationsprozess mit dem Reformprogramm eines GND verschränkt werden, damit resiliente Strukturen entstehen, die skalierbar sind und das Potenzial haben, kapitalistische Institutionen langfristig abzulösen? Entscheidend sind wiederum die »Infrastrukturen des alltäglichen Lebens« (vgl. Foundational Economy Collective 2019). Diese müssen langfristig den Markt- und Verwertungslogiken entzogen werden, um so neue »solidarische Beziehungsweisen« (Adamzcak 2017) zwischen den Menschen, jenseits von Markt, Staat und Privateigentum zu ermöglichen. Aktuelle Beispiele von »Nowtopias« finden sich in Projekten wie Wohnungsgenossenschaften, Kommunen, solidarischen Landwirtschaften, Energiegenossenschaften oder Stadtteilgesundheitszentren. Alle diese Formen eint, dass sie community-basiert wirtschaften, Elemente demokratischer Selbstverwaltung praktizieren und Care ins Zentrum ihrer Tätigkeit stellen (vgl. Wichterich 2017). Diese Projekte zu fördern und zu vervielfältigen, könnte ein zusätzlich erkämpfter Teil eines GND-Reformpakets sein. Der Staat würde also nicht »ignoriert«, sondern »eingespannt« – nicht um die Entwicklung solcher Freiräume »von unten« zu ersetzen, sondern um die durch Marktzwänge erschwerten Rahmenbedingungen für ihr Gedeihen zu verbessern.

Gerade bei den im vorherigen Abschnitt diskutierten Sektoren Energie, Mobilität, Wohnen und Gesundheit geht es also jenseits der quantitativen Größenordnung von Investitionspaketen aus Transformationsperspektive darum, den Zugang zu und die Kontrolle über diese gesellschaftlichen Infrastrukturen zu demokratisieren. Im Wohnbereich etwa kann es nicht nur um einen CO_2-ärmeren Gebäudebestand gehen, sondern um einen möglichst marktunabhängigen Zugang zu bezahlbarem Wohnraum. Diese Faktoren sind entscheidend für eine längerfristige Verschiebung politökonomischer Kräfteverhältnisse, wie auch für die kurzfristige politische Mobilisierungskraft eines solchen Projekts, durch die schließlich auch die ökologischen Vorteile erst in vollem Umfang realisierbar werden.

Zentral ist dafür zunächst die Rekommunalisierung von kritischen Infrastrukturen, insbesondere Wohnraum, Wasser- und Energieversorgung sowie Land. Kommunal erworbenes Land etwa könnte dann in einem öffentlichen Konzeptvergabeverfahren selbstverwalteten Kollektiven zur Verfügung gestellt, rekommunalisierter Wohnraum in genossenschaftliches Gemeineigentum überführt und so selbstverwaltetes Wohnen in der Breite ermöglicht werden. Bürgerenergiegenossenschaften könnten ebenfalls von Investitionen profitieren und in Zusammenarbeit mit Wohnungsgenossenschaften eine dezentrale und ökologische Versorgung mit Energie für diese Mieter*innengemeinschaften gewährleisten. Indem die Privatisierung der Krankenhausträger zurückgenommen würde und medizinische Leistungen nicht mehr an Fallpauschalen hingen, könnten Stadtteilgesundheitszentren, die nicht leistungsbezogen wirtschaften, ihre Arbeit ausbauen. So könnten Zentren entstehen, in denen Gesundheitsarbeiter*innen multiprofessionell auf Augenhöhe zusammenarbeiten, Prävention und Selbstorganisierung der Menschen im Zentrum stehen (vgl. Schubert 2020; Kuhnhenn u.a. 2020).

Auch Produktionsgenossenschaften könnten prinzipiell durch öffentliche Subventionen oder Kreditgarantien und Richtlinien für öffentliche Beschaffung in der Breite gefördert werden, etwa in der solidarischen Landwirtschaft. Diese könnte von allgemeinen Maßnahmen für kleinbäuerliche Betriebe – wie der Kopplung von Subventionen an den Arbeitszeitbedarf statt an bewirtschaftete Flächen oder die Unterstützung bei (außer)familiärer Hofnachfolge – profitieren (vgl. ÖBV 2020). Sie könnten aber durch Abnahmeverträge mit lokalen öffentlichen Einrichtungen oder bevorzugte Flächenvergabe auch gezielt gefördert werden.

Insgesamt zielt der Ausbau von Freiräumen und »Nowtopias« auf Resilienz durch Regionalisierung. Die Produktion von Lebensmitteln und Energie, das Bereitstellen von Gesundheitsdiensten und gutem Wohnraum findet auf lokaler Ebene statt. Vervielfältigen sich diese Formen, können sie sich in einem polyzentrischen Netzwerk verschränken, wie Elinor Ostrom das Wirtschaften und Regieren jenseits von Markt und Staat nennt (vgl. Ostrom 2009). Wichtig bleibt dabei die Frage, welche Infrastrukturen besser in öffentlichem, welche in genossenschaftlichem Besitz sein sollten oder welche Zwischenformen von Gemeinbesitz (etwa kommunaler Wohnraum mit weitgehender Mieter*innen-Mitbestimmung) denkbar sind, um wirklich effektiven Zugang und Mitspracherechte für alle sicherzustellen. Je weiter

Kommunen, Gemeinden oder Städte den Ausbau dieser Netzwerke vorantreiben, desto mehr können auch durch thematische Räte neue demokratische Strukturen entstehen, in denen die jeweiligen Akteur*innen über ihre Belange entscheiden.

Durch diese Entwicklungen gilt es, die Schicksalsgemeinschaft zwischen dem Kapital und der von ihm abhängigen Bevölkerung schrittweise aufzulösen. Nur wo die alltägliche Reproduktion in erheblichem Maße durch eine Kombination aus (wohlfahrts)staatlichen Mechanismen und als Commons organisierten alternativen Wirtschaftsstrukturen abgesichert ist, verlieren kapitalistische Rezessionen für die Mehrheit der Bevölkerung ihren existenzbedrohenden Charakter. Gegenhegemonie braucht diese materielle Verankerung im Alltagsleben, um in schwierigen Transformationsprozessen wirksam zu werden.

Gemeingüter entstehen allerdings nicht von selbst, und auch Policy-Maßnahmen können die Gründung alternativ-ökonomischer Projekte bestenfalls vereinfachen. Menschen müssen sich zusammenschließen und diese Strukturen aufbauen. Akteur*innen in den verschiedenen Bereichen müssen inspiriert werden, ihre Fähigkeiten in den Aufbau von Freiräumen einzubringen. Das geschieht nicht ohne einen gesellschaftlichen Diskurs, eine gemeinsame Analyse der Gegenwart und eine breite Mobilisierung – also nicht ohne Gegenmacht.

Bruchartiges – Gegenmacht und Eigentumskämpfe

Wie und wo kann sich eine Gegenmacht konstituieren? Zumindest für die ökonomische Dimension eines solchen Transformationsprozesses zeichnen sich Eigentumskämpfe quer durch die Gesellschaft als zentrale inhaltliche Schauplätze ab. Zusätzlich zur Gewinnung von Resilienz gegenüber kapitalistischen Kriseneffekten geht es hier auch darum, die sozial und ökologisch zerstörerische Dynamik endlos wachsender Kapitalmassen insgesamt zurückzudrängen.

Kapitalwerte in verschiedenen Branchen, wie auch »freischwebendes« Finanzkapital, müssten dafür schrittweise mit verschiedenen Mitteln unter Überwindung diverser politischer und juristischer Hürden angeeignet oder entwertet werden. Das kann mitunter indirekt durch Regulation geschehen: Die Kapitalisierung etwa fossiler Energiekonzerne hängt von der Verwertungsperspektive ihrer verbuchten Reserven ab. Müssen diese im Boden bleiben, implodiert ihr fiktiver Wert. An anderen Stellen geht es aber um schlichte Materie: Boden, Produktionsanlagen. In allen Bereichen müssten solche Vergesellschaftungen mehrheitlich *ohne* vollumfängliche Kompensation durchgesetzt werden, um den Verwertungsdruck nicht nur von einer Branche in andere zu verschieben. Wo schon die populäre Rekommunalisierung einzelner Bereiche der Daseinsvorsorge durch juristische Hürden enorm erschwert wird, würden solche Kämpfe »gegen den Strich« der kapitalistischen institutionellen Logik schnell zu bruchartigen Momenten führen. Ein anschauliches Beispiel für mögliche Organisationsstrategien in der schrittweisen Entwicklung von Gegenmacht und für die Beharrungskräfte des herrschenden Blocks bietet die Dynamik um die erwähnte Berliner Kampagne »Deutsche Wohnen & Co. enteignen«.

In einem denkbaren Transformationspfad würde so über eine Reihe von Bruchmomenten (mit unvorhersehbarem Zusammenspiel von staatlichen und außerstaatlichen Akteur*innen) der Spielraum für private Kapitalverwertung auf immer kleinere und immer stärker regulierte (Rand-)Bereiche der Ökonomie verengt. Ab einer nicht exakt bestimmbaren Schwelle könnte dann von einer kapitalistischen *Produktionsweise* nicht mehr die Rede sein.

Da sich diese Brucherereignisse im Detail schwerlich vorwegnehmen lassen und angesichts der gegenwärtigen Kräfteverhältnisse auch nicht sehr nahe zu liegen scheinen, möchten wir uns nun auf die unmittelbar wichtige Frage nach Gegenmacht, nach der *sozialen Basis* solcher Transformationskämpfe konzentrieren: *Wer* könnte warum diese bruchhaften Konfrontationen eingehen? Hier liegt, wie eingangs angedeutet, die wohl größte Schwäche der Degrowth-Idee und die vergleichsweise größte Stärke des GND. Während sich Teile der Postwachstums-/Degrowth-Bewegung nach wie vor auf Versprechungen eines qualitativ anderen Wohlstands konzentrieren, die sich vor allem an akademische Mittelschichten richten, praktizieren gerade die US-amerikanischen Mobilisierungen für einen GND eine intersektionalere Politik. Auch im deutschen Kontext eröffnen sich wertvolle Perspektiven, wenn einmal die Frage in den Vordergrund gestellt wird, wer eigentlich bei einer solchen Transformation auch *materiell* etwas zu gewinnen hätte.

Darunter fielen (post)migrantische Organisationen, in denen Menschen zusammenkommen, für die das Wohlstandsversprechen der Wachstumsgesellschaft nie wirklich galt.[7] Gleichzeitig – und dabei sollten wir die Überschneidungen mit (post)migrantischen Gruppen mitdenken – bieten sich Anknüpfungspunkte in den Arbeitskämpfen von Beschäftigten in vielen Sektoren. Beispielhaft ist die jüngste Zusammenarbeit von Klimagruppen mit Beschäf-

7 Die politische Entrechtung weiter Teile migrantischer Communities durch fehlendes Wahlrecht und unsicheren Aufenthaltsstatus erschwert natürlich ihr Wirken als transformative Akteur*innen. Allianzen zwischen mehrheitlich *Weißen* und (post)migrantischen Gruppen werden indes immer wieder dadurch geschwächt, dass sich in der Zusammenarbeit rassistische Verhaltensmuster reproduzieren (vgl. Nowshin 2020).

tigten im ÖPNV wie auch im Gesundheitssektor (Joswig 2020). Letztere wurde vor allem durch die Corona-Krise katalysiert, die die Widersprüche der Gegenwartsgesellschaft umso sichtbarer machte: »Kohle für Krankenhäuser statt Kraftwerke«, wie auf Flugblättern gefordert, ist ebenso plakativ wie intuitiv nachvollziehbar. Lange wurden Just-Transition-Bemühungen auf den zähen Widerstand von Gewerkschaften in fossilen Industrien konzentriert, während viel mehr Beschäftigte in Branchen arbeiten, in denen sie von einer solchen Prioritätenverschiebung profitieren würden.

Reichlich potenzielle Verbündete gäbe es von den unmittelbar für eine sorgeorientierte, sozial-ökologische Wirtschaft relevanten Sektoren – Gesundheit und Pflege, Bildung und Erziehung, Landwirtschaft und Lebensmittelverarbeitung – bis hin zum Niedriglohnsektor, also all den Lieferdiensten sowie Logistik- und Callcentern des sich digitalisierenden Kapitalismus. Die ließen sich auch unter all denen finden, die unter der ungerechten Verteilung unbezahlter Sorgearbeit leiden. Allgemeine (Erwerbs-)Arbeitszeitverkürzung und die gerechte Umverteilung von Arbeit wären verbindende transformative Forderungen. Viele dieser Gruppen wären dabei vielleicht effektiver jenseits des Arbeitsplatzes für Transformationsprojekte zu gewinnen. Dafür bräuchte es etwa konsequentere Community-Organizing-Strategien, um niedrigschwelliges Engagement in explizit politischen Initiativen auch für Menschen mit geringen zeitlichen und finanziellen Ressourcen praktisch zu erleichtern. Zudem forcieren ökologische Krisen derzeit selbst in den Zentren der globalen Ökonomie einen vielleicht präzedenzlosen »objektiven« Generationenkonflikt – je jünger die Altersklasse, desto existentieller das Eigeninteresse an ambitionierten Transformationsprojekten. Hier formiert sich möglicherweise bereits eine Gegenmacht mit langem Atem.

Schluss

Für die Einbettung der gegenwärtigen Dynamik eines GND-Projektes in eine postkapitalistische Transformationsstrategie bräuchte es, so unser Argument, das Zusammenspiel symbiotischer, freiraumorientierter und bruchartiger Strategien. Ein Green New Deal im Sinne eines umfassenden reformpolitischen Maßnahmenpakets bildet dabei nicht den Zielhorizont, sondern müsste als Transformationsbaustein im Sinne einer »doppelten Transformation« genutzt werden, um die ersten Schritte einer dauerhaften, fortlaufenden Verschiebung politökonomischer Kräfteverhältnisse institutionell abzusichern und die Ausgangsposition für den weiteren Transformationsprozess zu verbessern. Dabei gilt es vor allem, eine Demokratisierung der Kontrolle über und des Zugangs zu Infrastrukturen der Daseinsvorsorge zu erkämpfen, in deren ökologische Modernisierung im Zuge eines GND absehbar große öffentliche Investitionen fließen würden. Teil dieser Demokratisierung wäre jenseits klassischer »Verstaatlichung« von Infrastrukturen vor allem die Schaffung verbesserter Rahmenbedingungen für kollektiv organisierte Freiräume, also Commons, innerhalb derer nach und nach resiliente, solidarische, von den Verwertungskreisläufen des globalen Kapitals möglichst autonome Alternativstrukturen ausgebaut werden können.

Zentral sowohl für das Gelingen dieser ersten Schritte als auch für eine tiefergehende Transformation, in der es zunehmend auf unmittelbare Eigentumskämpfe ankommen wird, ist der dauerhafte Aufbau von Gegenmacht. Das schließt nicht nur eine tiefgreifende Veränderung des Alltagsverstands ein, also die kulturelle Hegemonie einer entstehenden Postwachstumsgesellschaft, sondern ebenso einen zivilgesellschaftlichen Organisierungsgrad, der wirkmächtige Massenmobilisierungen über längere Zeiträume ermöglicht. Wie anderswo sehen wir dafür im deutschen Kontext ein großes Potenzial an gesellschaftlichen Gruppen, die an einer solchen Transformation auch ein materielles Interesse hätten.

Mit diesen Impulsen möchten wir die weitere strategische Debatte über einen Systemwandel, einschließlich der hier angerissenen Vergesellschaftungsansätze, gerade innerhalb der Bewegungen anregen, die für einen Green New Deal oder auch für Degrowth kämpfen. In diesem Beitrag mussten wir dabei platzbedingt immer wieder den Fokus verengen und etwa Investitionspolitik zulasten anderer Regulationsformen privilegieren, bei Freiraumstrategien Sozialstaatsfragen außen vor lassen, die komplexe Frage von Gegenmacht unzulässigerweise stark auf Eigentumskämpfe reduzieren und nicht zuletzt die Transformation des Staates selbst ausklammern. Zu diskutieren bleibt auch, welche Schritte auf welchen politischen und geografischen Ebenen anzugehen wären: Der implizite nationale Fokus vieler unserer Ansätze ist so politisch, ökologisch und juristisch unbefriedigend, wie er kurzfristig institutionell alternativlos erscheint. Schließlich wäre weiter zu debattieren, inwiefern der Green-New-Deal-Begriff selbst angesichts des Kompromisses, den er schon enthält, besser der Gegenseite zu überlassen ist – oder strategisch von emanzipatorischen Bewegungen angeeignet werden sollte.

Literatur

Adamczak, Bini (2017): Beziehungsweise Revolution. 1917, 1968 und kommende. Berlin.

Adler, David / Wargan, Pawel (2019): 10 Säulen des Green New Deals für Europa. URL: https://www.gndforeurope.com, Zugriff: 22.10.2020.

Aronoff, Kate u.a. (2019): A Planet to Win: Why We Need a Green New Deal. London-New York.

Brie, Michael (2015): Beiträge zur kritischen Transformationsforschung – ein erster Überblick über den Diskussionsstand. In: Brie, Michael: Mit Realutopien den Kapitalismus transformieren? Beiträge zur kritischen Transformationsforschung 2. Hamburg: 7-29.
Burkett, Paul (2001): Marxism and Natural Limits: A Rejoinder. In: Historical Materialism, 8(1): 333-354.
D'Alisa, Giacomo / Kallis, Giorgos (2020): Degrowth and the State. In: Ecological Economics 169: 106486. DOI: https://doi.org/10.1016/j.ecolecon.2019.106486.
Dellheim, Judith / Wolf, Frieder O. (2009): Die Green New Deals – Positionen von links. In: Standpunkte (Rosa-Luxemburg-Stiftung), Nr. 11.
EU-Kommission (2019): The European Green Deal. URL: https://ec.europa.eu/, Zugriff: 24.8.2020
Exner, Andreas u.a. (2008): Die Grenzen des Kapitalismus: Wie wir am Wachstum scheitern. Wien.
Foundational Economy Collective (2019): Die Ökonomie des Alltagslebens: Für eine neue Infrastrukturpolitik. Berlin.
Green New Deal Group (2008): A Green New Deal. London.
Helfrich, Silke / Bollier, David (2014): Commons als transformative Kraft. In: Helfrich, Silke / Heinrich-Böll-Stiftung (Hg.): Commons. Für eine neue Politik jenseits von Markt und Staat. Bielefeld: 15-23.
Hofferberth, Elena / Schmelzer, Matthias (2019): Green New Deal versus Degrowth. Gekoppelt wird ein Schuh draus. In: Politische Ökologie 159: 31-37.
Joswig, Gareth (2020): Geld für Gesundheit statt Flieger. In: taz (29.5.2020). URL: https://taz.de/!5686724/, Zugriff: 31.5.2020.
Klein, Dieter (2013): Das Morgen tanzt im Heute. Transformation im Kapitalismus und über ihn hinaus. Hamburg.
Klein, Naomi (2018): The Game-Changing Promise of a Green New Deal. In: The Intercept (27.11.2018). URL: https://theintercept.com/, Zugriff: 19.12.2018.
Koch, Max (2020): The state in the transformation to a sustainable postgrowth economy. In: Environmental Politics 29(1): 115133. DOI: https://doi.org/10.1080/09644016.2019.1684738.
Kuhnhenn, Kai u.a. (2020): Zukunft für alle. Eine Vision für 2048: gerecht. ökologisch. machbar. München.
Marx, Karl (1867/1890): Das Kapital. Kritik der politischen Ökonomie. Erster Band. In: Marx-Engels-Werke [MEW], Bd. 23. Berlin 1968.
Mastini, Riccardo u.a. (2021): A Green New Deal without growth? In: Ecological Economics 179: 106832. DOI: https://doi.org/10.1016/j.ecolecon.2020.106832.
Nowshin, Tonny (2020): Grüner Rassismus. In: taz (18.6.2020). URL: https://taz.de/!5689986/, Zugriff: 28. 6.2020.
O'Connor, James (1998): The Second Contradiction of Capitalism. In: Ders.: Natural Causes. Essays in Ecological Marxism. New York/London: 158-177.
OECD (2011): Towards Green Growth. URL: http://www.oecd.org, Zugriff: 16.10.2018.
Ostrom, Elinor (2009): Beyond Markets and States: Polycentric Governance of Complex Economic systems, Nobel Prize Lecture (8.12.2009). URL: https://www.nobelprize.org, Zugriff: 8.10.2020.
ÖBV (2020): Positionspapier zur Agrarpolitik nach 2020 der Österreichischen Berg- und Kleinbäuer_innen Vereinigung. URL: https://www.viacampesina.at/, Zugriff: 16.11.2020.
Parrique, Timothée u.a. (2019): Decoupling Debunked. Evidence and arguments against green growth as a sole strategy for sustainability. Brüssel.
Petridis, Panos (2016, September): Strategies for purposive degrowth transformations. Nowtopias and non-reformist reform, 5th International Degrowth Conference, Budapest. URL: https://www.researchgate.net/, Zugriff: 9.11.2020.
Schmelzer, Matthias / Vetter, Andrea (2019): Degrowth/Postwachstum zur Einführung, 2. Aufl. Hamburg.

Schubert, Kirsten (2020): Kollektiv organisieren, präventiv behandeln. URL: https://www.poliklinik-syndikat.org/, Zugriff: 14.10.2020.

Thiele, Lasse (2020): The Prospects of »Green« Capitalism: Systemic Accumulation and Cost Re-Externalizations in the Green Economy, Dissertation, Freie Universität Berlin. DOI: https://doi.org/10.17169/REFUBIUM-27677.

UNEP (2009): A Global Green New Deal: Policy Brief. URL: http://www.greengrowthknowledge.org, Zugriff: 23.10.2018.

– (2011): Towards a Green Economy: Pathways to Sustainable Development and Poverty Eradication. URL: https://www.unep.org/greeneconomy/, Zugriff: 22.11.2019.

Wichterich, Christa (2017): Viele Orte überall: Care-Logik in alternativen Projekten und Potentiale von Gegenmacht. In: Feministische Studien 35(2): 259-275. DOI: https://doi.org/10.1515/fs-2017-0029.

Wright, Erik O. (2017): Reale Utopien. Wege aus dem Kapitalismus. Berlin.

PROKLA 202 | 51. Jahrgang | Nr. 1 | März 2021 | S. 71-94
https://doi.org/10.32387/prokla.v51i202.1930

Ingo Stützle*

Money makes the world go green?

Eine Kritik der Modern Monetary Theory als geldtheoretisches Konzept

Zusammenfassung: In den letzten Jahren ist ein geldtheoretisches Konzept prominent geworden, das für sich beansprucht, mit den Irrtümern der ökonomischen Orthodoxie zu brechen und eine Antwort auf die Frage zu geben, wie etwa ein Green New Deal finanziert werden kann: Modern Monetary Theory (MMT). Der Beitrag diskutiert vor dem Hintergrund der marxschen Theorie die geld- und kapitalismustheoretischen Prämissen von der MMT. Entgegen ihrer Bezeichnung ist die MMT weder modern noch spielt bei ihr Geld für das Verständnis der kapitalistischen Ökonomie eine zentrale Rolle, was zu analytischen, politischen und strategischen Fehlschlüssen führt.

Schlagwörter: Geldtheorie, Staatsfinanzen, Modern Monetary Theory, MMT, Green New Deal

Money makes the world go green?

A critique of Modern Monetary Theory as a concept in monetary theory

Abstract: In recent years, a concept in monetary theory has become prominent that claims to break with the fallacies of economic orthodoxy and to give an answer to the question of how to finance, say, a Green New Deal: Modern Monetary Theory (MMT). Against the background of Marxian theory, the article discusses the monetary and capitalism-theoretical premises of MMT. Contrary to its label, MMT is neither modern nor does money play a central role in its understanding of the capitalist economy, which leads to analytical, political, and strategic fallacies.

Keywords: Monetary theory, public finance, Modern Monetary Theory, MMT, Green New Deal

* **Ingo Stützle** ist Mitglied der PROKLA-Redaktion.

»Das Geld hat nur ein Gesicht, das des Unternehmers.« (Negri 1979: 45)

1. Einleitung

Mit der Konjunktur des Projekts Green New Deal (GND) und angesichts der wirtschaftlichen Folgen der COVID-19-Pandemie ist ein geldtheoretisches Konzept prominent geworden: Modern Monetary Theory (MMT). Die dem Postkeynesianismus zuzuordnende Strömung geht davon aus, dass es den Zentralbanken möglich ist, die Wirtschaft mittels Geldschöpfung mit der notwendigen Liquidität zu versorgen, um nicht nur Vollbeschäftigung zu ermöglichen, sondern auch einen ökologischen Umbau. Angesichts der herrschenden Kräfteverhältnisse, die radikale Gesellschaftsveränderung eher utopisch wirken lassen, wirkt das MMT-Konzept besonders attraktiv, da es für sich in Anspruch nimmt, das »Finanzierungsproblem« gelöst zu haben. So schreiben Yeva Nersisyan und L. Randall Wray (2019) in ihrem Beitrag, der diskutiert, wie ein GND zu finanzieren sei, dass die Finanzen des Staates nicht mit denen eines privaten Haushalts oder eines Unternehmens zu vergleichen seien. Aus einer MMT-Perspektive nutze die Regierung vielmehr das Geldsystem selbst, um »reale Ressourcen« zu mobilisieren. Und weiter:

> »Bezahlbarkeit ist für eine souveräne Regierung nie eine wichtige Frage – die relevante Frage betrifft die Ressourcenverfügbarkeit und ihre Aneignung. Es besteht daher eine natürliche Allianz zwischen der MMT und dem GND. Wenn es uns gelingt, technologisch machbare Projekte zu identifizieren, mit denen die Ziele des GND erreicht werden können [...], dann können wir die Finanzierung der Programme ermöglichen.« (Ebd.: 2)[1]

Im Folgenden soll die MMT kritisch aus einer an Marx orientierten Ökonomiekritik diskutiert werden. Da diese grundlegend andere Fragen aufwirft als die (post-)keynesianische Kritik an der MMT, wird letztere nicht berücksichtigt. Dies würde den Rahmen des Beitrags sprengen. Der vorliegende Beitrag argumentiert, dass die MMT zwar wichtige Fragen aufwirft, aber weder einen adäquaten Begriff von Geld noch von Kapitalismus hat, was mitunter zu Fehlschlüssen führt. Zunächst sollen die Grundzüge der MMT dargestellt und ausführlicher ihre zugrundeliegenden Prämissen diskutiert werden.

1 Dieses und alle weiteren im Original englischen Zitate sind übersetzt.

2. Die Grundzüge der MMT

Üblicherweise wird angenommen, der Staat finanziere sich im Wesentlichen durch Steuern. Aus diesen Einnahmen bestreitet er seine Ausgaben. Darüber hinaus nimmt er für weitere Ausgaben Schulden auf. Grundsätzliche Aufgabe der Zentralbank ist die Bereitstellung des Geldes für diesen Kreislauf: die nationale Währung. Die MMT stellt die Zusammenhänge der Staatsfinanzen fundamental anders dar. Wie das Zitat von Nersisyan/Wray (2019: 2) andeutet, dient bei ihr das Geld dem Staat wesentlich zur Mobilisierung von Arbeit und Ressourcen. Dafür müsse er weder Steuern ein-, noch Kredite aufnehmen, denn schließlich sei es der Staat selbst – die Zentralbank –, der das Geld herausgibt und damit auf die Welt bringt. Das von der Zentralbank für staatliche Ausgaben zur Verfügung gestellte Geld sei erst die Bedingung dafür, dass es in der Gesellschaft, in der Privatwirtschaft überhaupt Geld gebe, mit dem Waren ver- und gekauft werden können. Der Staat »hat« laut der MMT also bereits das Geld, er muss es sich nicht erst noch durch Steuern besorgen, letztere dienen anderen Zwecken. Die MMT-Vertreterin Stephanie Kelton referiert in diesem Zusammenhang eine Konversation mit dem MMT-Ökonomen Warren Mosler: Steuern seien nicht dazu da, den Staat zu finanzieren, sondern »Menschen dazu zu bringen, für den Staat zu arbeiten und Dinge zu produzieren«: Militär, Gerichtswesen, öffentliche Parks etc. pp. (Mosler nach Kelton 2020: loc. 28). Kelton resümiert die Argumentation: »Am Ende des Tages will eine währungsausgebende Regierung etwas Reales, nicht etwas Monetäres. Es sind nicht unsere Steuergelder, die die Regierung will. Es ist unsere Zeit. Um uns dazu zu bringen, Dinge für den Staat zu produzieren, erfindet die Regierung Steuern oder andere Arten von Zahlungsverpflichtungen.« (Ebd.: loc. 30) Der Staat gibt demnach Geld aus, das vorher gar nicht da war, indem die Zentralbank einfach das Konto der Regierung anpasst, Geld zur Verfügung stellt, aus dem Nichts. Für die MMT ist das kein Kredit. Das Geld, der Regierung von der Zentralbank zur Verfügung gestellt, kommt durch öffentliche Ausgaben überhaupt erst in die Wirtschaft – ohne Staatsverschuldung und ohne Steuern. Mit dieser Geldschöpfung schafft der Staat – als Einheit aus Zentralbank und Regierung – überhaupt erst die Voraussetzung dafür, Geld als Steuern wieder »einziehen« zu können. Diese sind für die MMT deshalb gar keine Form der Finanzierung von Staatsausgaben, sondern wesentlich eine Form der Inflationsregulierung, weil sie Kaufkraft einschränken können (Mosler 2010: loc. 41).

Eine der zentralen Schlussfolgerungen für die MMT ist: Ein Staat, der seine eigene Währung herausgibt, kann nicht insolvent gehen, weswegen Staatsschulden im Prinzip kein Problem sind. Positiv formuliert: Er ist es, der als politisch sinnvoll erachtete Projekte realisieren kann, etwa einen GND oder

Vollbeschäftigung oder die Bekämpfung einer Krise. Dies mag die aktuelle Attraktivität der MMT erklären.

MMT beansprucht für sich, rein deskriptiv zu sein. Diese Position wird mitunter sogar dahingehend zugespitzt, die MMT enthalte gar keine wirtschaftspolitischen Vorschläge (Ehnts 2017: 100), sondern beschreibe nur Zusammenhänge (Hockett/James 2020: 12; Kelton 2020: loc. 7). Die folgenden Ausführungen sollen zeigen, dass dem nicht so ist und die Aussagen vielmehr auf theoretischen Prämissen beruhen, die eingehender diskutiert werden müssen.

3. Geld- und kapitalismustheoretische Prämissen der MMT

Die MMT soll im Folgenden nicht entlang ihrer *dogmenhistorischen Bezugspunkte* (u.a. Mitchell Innes, Keynes, Knapp, Lerner, Minsky) dargestellt werden, sondern es werden die MMT zugrunde liegenden Prämissen referiert.[2] Diese verschränken sich zu einem Begründungszusammenhang.

Alles Geld ist Kredit

Dass Geld seinem Wesen nach Kredit ist, ist eine der zentralen geldtheoretischen Prämissen von der MMT. Im Anschluss an Hyman P. Minsky geht diese davon aus, dass Geld entsteht, sobald jemand einen Schuldschein ausstellt, also eine Zahlung verspricht, und dieser Schuldschein wiederum von Dritten als Geld akzeptiert wird (Wray 1998; 2014). »Dritte« deshalb, weil die ersten beiden involvierten Beteiligten Schuldner und Gläubiger sind. »Geld ist demnach Kredit und nichts als Kredit. B's Schulden bei A sind A's Geld und wenn B seine Schulden bezahlt, verschwindet A's Geld.« So Mitchell Innes (1913: 402), der zugespitzt schlussfolgert: »Das ist die ganze Theorie des Geldes.« (Ebd.) Die Voraussetzung dafür, dass diese Konstellation von Zahlungsversprechen funktioniert, ist die Kreditwürdigkeit der in der Schuld stehenden Person. Stabil ist sie demnach nicht. Wenn Dritte das Zahlungsversprechen nicht als Bezahlung akzeptieren, funktioniert diese Form des Geldes nicht gesamtgesellschaftlich – das aber muss sie, will sie Geld sein. Eine Antwort auf dieses »Netzwerkproblem« findet die MMT theorieimmanent mit der Prämisse zum Zusammenhang von Steuern und Geld: Da der Staat Steuern in seinem Geld verlangt, zwingt er dazu, sein Geld zu nutzen und zu akzeptieren (siehe unten). Gesetzt das Netzwerk funktioniert und die Dritten haben auch Zahlungsverpflichtungen gegenüber dem ursprünglichen Schuldner offen, können diese gegeneinander aufgerechnet werden – die Zahlungsverpflichtung entsteht, fungiert als Geld und verschwindet wieder im Nichts.

2 Ich greife hier die Systematisierung von Ganßmann (2015b) auf, die ich um den Punkt der Bilanzen erweitert habe.

Die kredittheoretische Argumentation ist attraktiv, weil sie nicht gezwungen ist, zu erklären, wie sich das Geld von einer Metallbasis abgelöst hat. Eine schuldrechtliche Konzeption des Geldes kann auf einen vermeintlich intrinsischen Wert des Geldes verzichten. Es ist demnach nur konsequent, wenn Macleod (1892 nach Ganßmann 2015b: 42) als wichtigster dogmenhistorischer Vorläufer dieser Kredittheorie des Geldes behauptet: »Gold- und Silbergeld kann daher zu Recht als metallischer Kredit bezeichnet werden.« Aber wenn selbst Gold und Silber nichts anderes als ein Zahlungsversprechen darstellen, führt dies zu der Frage, worauf es einen Anspruch verbrieft? Geoffrey Ingham (2004: 12) schlussfolgert: »Im allergrundsätzlichsten Sinn werden dem Geldbesitzer Güter geschuldet.« Auch wenn Ingham nicht der MMT zuzuordnen ist, sondern nur einer Kredittheorie des Geldes, so macht er deutlich, dass diese nur einen Sinn im Rahmen einer »Anweisungstheorie des Geldes« macht, die mitunter auch Georg Simmel und Georg Friedrich Knapp vertreten: Wer Geld besitzt, hat ein Recht auf Güter, auf Teile des Sozialprodukts, er verzichtet aber auf dieses Recht und gibt der Gesellschaft derart einen Kredit.[3] Dass die Anweisungstheorie des Geldes der MMT zugrunde liegt, schimmert zwischen den Zeilen durch, wenn Geld mit einem Eintrittsticket (für den Superbowl, ein Fußballspiel oder einen Kinobesuch) verglichen wird, das nach Einlösung weggeschmissen werden kann (vgl. Höfgen 2020: 53, 69; Mosler 2010: loc. 25). Geld habe keinen eigenen Wert, ermittele ihn vielmehr und das Geldsystem sei nicht mehr als eine Anzeigetafel (Mosler) oder ein Punktesystem (Ehnts). Auf die Fragen, was da genau ermittelt wird und warum es dafür Geld braucht, die die MMT gar nicht stellt, wird zurückzukommen sein.

Vom Geld als Rechengeld kommt die MMT in ihren Ausführungen zum Geld als Zahlungsmittel, das vor allem als Tauschmittel fungiert. An ihre kredittheoretische Argumentation schließt ein Theorem an, das besonders prominent in die Diskussion eingebracht wird: Geschäftsbanken schaffen Giralgeld aus dem Nichts und sind nicht von Einlagen (der Bankkunden) abhängig (wie die *loanable-funds*-Theorie argumentiert) oder durch diese begrenzt.[4]

Geld ist immer staatliches Geld, Geld ist Währung

Wie kann im Rahmen der MMT die Schwierigkeit gelöst werden, dass ein Netzwerk an Zahlungsversprechen nur dann stabil – und damit ein funktionierendes Geldsystem – ist, wenn diese akzeptiert werden, weil von einer ausgeprägten Bonität des Schuldners ausgegangen wird? Hier kommt der

3 Vgl. ausführlicher zur Anweisungstheorie des Geldes Spahn 2007.

4 Da dies im Grundsatz nicht bestritten wird, soll hier nicht weiter darauf eingegangen werden. Vgl. hierzu Kaufmann/Muzzupappa (2020: 49ff.).

Staat ins Spiel, den alle kennen und anerkennen (müssen). Die MMT stellt sich hier in die Tradition von Georg Friedrich Knapp, der mit seinem 1905 erschienenen Buch *Staatliche Theorie des Geldes* den Chartalismus begründete (vgl. auch Lerner 1947). Geld sei, so Knapp, was der Staat als Geld akzeptiert bzw. umgekehrt: rechtlich setzt. Deshalb schlussfolgert L. Randall Wray, einer der prominentesten Vertreter der MMT: »Es ist demnach unmöglich, die Geldtheorie von der Staatstheorie zu trennen.« (Wray 2000: 50)

Die Frage nach dem Ursprung des Geldes wird demnach mit dem Staat beantwortet. Der Staat gibt Geld aus, das qua Rechtsordnung als solches gilt. Als Steuerzahlungen fließt es wieder zurück zum Staat. Die staatliche Setzung und Ausgabe gleicht deshalb formal dem Kreditschöpfungsprozess, bei dem ein Zahlungsversprechen (Steuergutschrift) entsteht, als Geld zirkuliert, zu seinem Ausgangspunkt zurückkehrt und wieder verschwindet (Mosler 2010: loc. 11).

Aber die MMT behauptet mehr: Weil es erst der Staat ist, der eine Währung ausgibt, muss er sich gar kein Geld bei Banken leihen, schließlich ist vor dessen Ausgabe gar keines da. Deshalb argumentiert die MMT umgekehrt: Erst wenn der Staat Ausgaben getätigt und Geld in Umlauf gebracht hat, verfügt das Publikum über Geld, das als Zirkulationsmittel fungieren oder eben verliehen werden kann. Die zentrale Schlussfolgerung ist, dass der Staat erst Geld ausgeben muss, bevor Geld überhaupt da ist. Das ausgegebene Geld geht den Steuern und Krediten voraus. Aber in welchem Sinn ist Geld dann noch ein Kredit und wie organisiert der Staat, dass dieser als Geld akzeptiert wird? Damit wären wir bei der dritten Prämisse von der MMT.

Geld und Geldsystem gründen in Steuern

Die MMT bezeichnet Geld auch als Steuergutschrift – und dieser Kniff löst die konzeptionelle Schwierigkeit, die die Kredittheorie des Geldes mit sich bringt. Bereits bei Lerner heißt es:

> »Der moderne Staat kann alles, was er will, als Geld allgemein akzeptierbar machen und damit seinen Wert unabhängig von jeder noch so formalen Verbindung mit Gold [...] begründen. Es ist wahr, dass eine einfache Erklärung, dass dies und jenes Geld ist, nicht ausreicht [...]. Aber wenn der Staat bereit ist, das vorgeschlagene Geld zur Zahlung von Steuern und anderen Verpflichtungen gegenüber sich selbst zu akzeptieren, ist der Trick geschafft. Jeder, der Verpflichtungen gegenüber dem Staat hat, wird bereit sein, es zu akzeptieren.« (Lerner 1947: 313)

Die Steuerpflicht ist nötig, »um die Bürger dazu zu zwingen, der Regierung Dinge zu liefern, um die Währung zu erhalten« (Wray 1998: 15). Diese Konzeption hat gesellschaftstheoretische Implikationen, die durchaus ausgesprochen werden. »Der Staat versetzt als erstes seine Untertanen oder Bürger (je nach dem) in die Lage von Schuldnern, die Steuern schulden, bevor er die Gelddinge ausgibt, die für Steuerzahlungen akzeptiert werden. Das ist die Methode, die von allen modernen Nationen benutzt wird, um Ressourcen zum Staatssektor zu lenken.« (Wray/Bell 2004: 12)

Vor dem Hintergrund der bisherigen Ausführungen macht die MMT hinsichtlich des Zusammenhangs von Staatsschulden, Steuern und Zentralbankgeld zwei wesentliche Aussagen. Steuern als Schulden gegenüber dem Staat organisieren die Akzeptanz des Geldes, das der Staat ausgibt, indem er sich zuerst »Reales« und Dienstleistungen aneignet. Der Staat gibt demnach zuerst Geld aus, das akzeptiert werden muss, und mit dem die Steuern bezahlt werden müssen (Ehnts 2017: 90). Gegenwärtig würde ein Umweg gewählt: Die Zentralbank leiht den Geschäftsbanken Geld, die es wiederum dem Staat leihen würden (ebd.: 92).

MMT als beschreibende Theorie von Bilanzen

Geld als *money of account* und eine Kredittheorie des Geldes verdichten sich zu einem weiteren Kennzeichen der MMT: der Analyse saldenmechanischer Zusammenhänge aufgrund von Bilanzen (Ehnts 2017: 89). Wray führt aus: Das »›Geld‹, das von einer Bank geschaffen wird, ist nichts anderes als ein Kredit in der Bilanz einer anderen Bank.« (Wray 2000: 57) All das geschieht in den Bilanzen der Banken (ebd.). Die Bilanzen präsentieren *ex-post*-Zustände, sie dokumentieren und ermöglichen es nachzuvollziehen, welche Wirtschaftsaktivitäten getätigt wurden. Sie haben den Vorteil, dass sie immer die beiden Seiten einer Transaktion sichtbar machen, das heißt, einem Soll steht stets ein Haben gegenüber, einer Schuld- eine Forderungsposition. Diese Bilanzpositionen verteilen und verschränken sich über Privathaushalte, Unternehmen bis hin zum Staat und liefern so ein Bild der ökonomischen Zusammenhänge – deshalb versteht sich die MMT als »beschreibend«. Die Grenze, was beschreibend, was begründend, erklärend ist, ist jedoch fließend. Denn welche ökonomischen Kräfte wirken, bringt die Saldenmechanik nicht zum Ausdruck. Zur Illustration: Keynes geht in seiner *Allgemeinen Theorie* wie die Neoklassik davon aus, dass die Summe der Investitionen dem Sparvolumen entsprechen muss (I = S). Diese Gleichung beschreibt funktionale Zusammenhänge, und genau das wird in der MMT unterstrichen. Doch sind diese nicht identisch mit kausalen Wirkungen. Führt eine große Ersparnis zu großen Investitionen, wie das neoklassische Paradigma behauptet? Oder führen große Investitionen zu einer Steigerung des Volkseinkommens, aus dem dann mehr gespart wird, wie Keynes' argumentiert? Ein weiteres Beispiel, ein prominentes der MMT: Indem Banken einen Kredit vergeben, entsteht gleichzeitig eine Einlage. Eine Spareinlage ist nicht die Voraussetzung dafür, dass eine Bank einen Kredit vergeben kann. So weit, so richtig, nur: Warum entsteht ein solches Kreditverhältnis, was ist Ursache und was Wirkung, was seine Wirkungsweise? Eine Analyse von Bilanzen kommt somit nicht umhin anzugeben, aus welchen *Gründen* sich die Positionen verändern. Sie muss sich auf das Terrain der Ökonomie*theorie* begeben, was bei der MMT mal mehr, mal weniger gern auf sich genommen wird.

An der Spitze des Gleichungssystems steht bei der MMT quasi der Staat mit seiner Zentralbank, der mittels Geldschöpfung und Verlängerung seiner Bilanzen und den oben beschriebenen Mechanismen, wie er sich Ressourcen aneignet, die gesellschaftliche Gesamtnachfrage steuern kann. Dies begründet die Staatszentrierung der MMT.[5] Weil die Bilanzen von Zentralbank und Regierung im Rahmen der MMT konsolidiert betrachtet werden, ist nicht der *lender of last resort* (die Zentralbank) Zentrum ihrer wirtschaftspolitischen Konzeption, sondern der Staat mit einer *job guarantee*: Als *employer of last resort* soll er für Vollbeschäftigung sorgen, wenn Menschen auf dem privaten Arbeitsmarkt keinen Job mehr finden und somit kein Einkommen haben (Wray 1998: 192ff.).

4. Kritik der MMT-Prämissen und -Schlussfolgerungen

Die referierten MMT-Thesen basieren, wie gezeigt, auf theoretisch weitreichenden Prämissen. Über diese wird nur unzureichend Rechenschaft abgelegt. Mitunter wird der Erklärungsanspruch der MMT eingeschränkt, beispielsweise wenn Ehnts behauptet, es gehe nicht um das Treffen von »Aussagen«, die »immer und überall richtig sind« (2017: 101), sondern nur darum, »eine konkrete Beschreibung der Funktionsweise einzelner Systeme« zu bieten. So beziehe sich die MMT ausschließlich auf das sogenannte Fiatgeld, d.h. auf Geld, das keinen eigenen Wert hat oder etwa durch Gold gedeckt bzw. bei dem die Geldversorgung durch Edelmetall limitiert ist. Wie William Mitchell (2015: 387f., 393f.) herausstellt, heißt das, dass die MMT erst ab dem 1971 für sich Geltung beansprucht, dem Jahr der Aufhebung der Goldbindung des US-Dollars. Doch dieser beschränkte Erklärungsanspruch wird erstens nur sehr selten explizit kommuniziert. Zweitens werden trotz dieser Einschränkung allgemeine und überhistorische geldtheoretische sowie wirtschaftsgeschichtliche Aussagen getroffen. Diese widersprechen nicht nur dem eingeschränkten Erklärungsanspruch, sondern legen auch den widersprüchlichen Charakter der Theorie offen, denn um die Evidenz der eigenen Theorie zu untermauern, werden meist historische Argumente angeführt. Das heißt, einerseits soll die

5 Nicht ohne Grund heißt das Buch von Mitchell/Fazi (2017): *Reclaiming the State.*

MMT nur für das Post-Bretton-Woods-Geldsystem gelten, gleichzeitig werden Aussagen über das Geld und Steuern der letzten 4.000 Jahre getroffen – und damit die eigene Theorie begründet. Dabei zeigt die Geschichte oft ein widersprüchliches und der MMT widersprechendes Bild.[6]

Bei aller proklamierten Selbstbeschränkung der MMT basieren ihre Erklärungen zur Funktionsweise von Geld, Steuern und Schulden auf bestimmten Konzepten von Geld bzw. dem Kapitalismus überhaupt. Sie muss sich deshalb daran messen lassen, ob diese tragen. Im Folgenden soll eine an der marxschen Ökonomietheorie orientierte Kritik skizziert werden, die auch die zutreffenden Punkte der MMT benennt.

Geld im Kapitalismus

Wie der ökonomische Mainstream, so sieht auch die MMT im Geld schlicht eine nützliche Sache, ein Mittel zur Abwicklung von Aneignung und Tausch – eine geniale Erfindung. Diese Kennzeichnung beruht auf einem Gedankenexperiment: Vorgestellt wird eine auf Privateigentum und Tausch basierende Wirtschaft ohne Geld, und anschließend wird konstatiert, dass diese Gesellschaft mit Geld viel besser funktioniert (siehe unten das Biber-Beispiel von Kelton). Da sich die MMT nicht weiter mit den Voraussetzungen dieser Wirtschaft beschäftigt, unterschätzt sie das Geld und seine Bedeutung. Denn im Kapitalismus ist es nicht einfach ein hilfreiches Mittel, sondern konstitutiv, es ist im Wortsinne »systemisch«. Was heißt das?

Im Kapitalismus wird die Produktion nicht gesellschaftlich geplant. Produktion und Verteilung übernehmen private Unternehmen. Ihr Ziel ist die Erzielung eines Profits, also die Vergrößerung einer investierten Summe, kurz: die Verwertung ihres Kapitals. Ob ein Unternehmen dieses Ziel erreicht, entscheidet sich auf dem Markt, also erst nach der Produktion. Im Erfolgsfalle verwandelt sich die angebotene Ware in Geld, womit sich der investierte Kapitalvorschuss erfolgreich verwertet und das Unternehmen sein Ziel erreicht hätte. Wenn nicht, dann nicht.

Damit ist Geld im Kapitalismus Ausdruck einer spezifischen gesellschaftlichen Arbeitsteilung und Maßstab der Verwertung. Vermittelt über das Geld beziehen sich Privatarbeiten im Nachhinein aufeinander als Teile der gesellschaftlichen Gesamtarbeit. Deshalb ist kapitalistische Warenproduktion immer auch Geldwirtschaft – und vorkapitalistische Gesellschaften sind es nicht. Das Geld ist die Instanz, die die Vergesellschaftung *ex post* herstellt und die Bedingungen sanktioniert, unter denen gearbeitet wurde, die also nicht nur

6 Vgl. etwa Sitta von Reden (2007: 124) zum Verhältnis von Währung und Steuern in der griechischen Antike und Teilen des römischen Imperiums.

anzeigt, ob die geleistete Arbeit überhaupt notwendig war, sondern auch, ob sie der Konkurrenz zum Beispiel hinsichtlich ihrer Produktivität gerecht wurde. Geld ist demnach gegenständlicher Ausdruck einer spezifischen gesellschaftlichen Beziehung, nämlich der voneinander ebenso getrennten wie abhängigen Privatarbeiten, die im Tausch ihre Arbeitsprodukte als Waren aufeinander beziehen. Es herrschen unpersönliche Abhängigkeitsverhältnisse, die sachlich vermittelt sind – über Geld.

Alle Waren beziehen sich als Tauschwerte aufeinander; die Verwertung des Werts ist das Ziel der Produktion. Und weil sich alle Waren auf das Geld beziehen, ist Geld überhaupt Geld (und nicht, weil es dank seiner stofflichen Eigenschaft Wert hätte, was Gold zugeschrieben wird) und hat die »Form unmittelbarer Austauschbarkeit mit allen andren Waren« (MEW 23: 82) – für Geld kann man alles kaufen.[7] Diese Bestimmung findet sich darin wieder, dass die Einheit der Geldfunktionen von »Wertmaß/Maßstab der Preise« *und* »Zirkulationsmittel« Geld zu Geld macht. Erst damit ist Geld eine wirklich selbstständige, der gesamten Warenwelt gegenüberstehende Gestalt des Werts. Erst mit dieser Bestimmung kann es Schatz- (bei Keynes: Vorsichtskasse), Zahlungsmittel- und Weltgeldfunktion übernehmen. Mit dem Geld als Zahlungsmittel[8] realisiert eine Ware ihren Wert als Zahlungs*versprechen*. Dieses Zahlungsversprechen (Kreditverhältnis) wiederum kann selbst die Funktion des Zirkulationsmittels ausüben – damit ist es aber kein Geld, sondern bloß ein Versprechen auf wirkliche Zahlung. Die Skizze zeigt: Kredit ist kein Geld.[9]

Bereits bei der Funktion »Maßstab der Preise« ist der Staat involviert, da es einen »legalen Taufnamen« (MEW 13: 63) braucht, den er im Zuge der Münzung festsetzt. Dass der Staat konstitutiv für das moderne Geld ist, das keiner Deckung etwa durch Gold bedarf, ist ein wichtiger Punkt, den die MMT macht. Mit Marx lässt sich das hingegen viel besser begründen, weil auch Gold nicht allein aufgrund seiner stofflichen Eigenschaft als Geld galt, sondern weil es gesellschaftlich als solches gesetzt wurde. Und zur »gesellschaftlichen Tat« (MEW 23: 101), in der in einem »gesellschaftlichen Pro-

7 Erst an dieser Stelle setzt die dem Alltagsverstand entlehnte Anweisungstheorie des Geldes an, der auch die MMT anhängt: Weil man mit Geld alles kaufen kann, erscheint es so, als verbriefe Geld den Anspruch auf einen Anteil am Sozialprodukt.

8 Was im heutigen Sprachgebrauch als Zahlungsmittel gilt, ist für Marx Zirkulationsmittel. Von Zahlungsmittel spricht Marx immer dann, wenn nachträglich gezahlt wird, bei Zahlungsversprechen.

9 Mit dieser Skizze aus dem ersten Band des *Kapital* ist das Geld noch nicht umfassend bestimmt, sondern nur soweit die Geldfunktionen aus den »prozessierenden Beziehungen der Waren aufeinander« im Austausch der einfachen Warenzirkulation entspringen. Die Zirkulation von Ware und Geld als Kapital sind im dritten Kapitel des ersten Bandes des *Kapital* ebenso wenig behandelt wie die Beziehungen zwischen Geld und Zins, Geld und Wechselkurs.

zess« etwas zu Geld wird, gehören eben nicht allein die Warenbesitzenden, sondern auch der Staat (als Steuerstaat).

Damit etwas zu Geld wird, müssen alle Geldfunktion zusammenkommen, die in vorkapitalistischen Gesellschaften nicht existierten oder auf diverse andere Gegenstände verteilt und mitunter in fundamental andere gesellschaftliche Verhältnisse und Beziehungen eingebettet waren. In der Aufzählung der Geldfunktionen, die Marx als »formelle Gebrauchswerte« des Geldes bezeichnet, unterscheidet sich Marx kaum von anderen Theorien, wohl aber in der Art und Weise, wie sie eingeführt werden. Die erste Funktion, Geld als »Maß der Werte« (MEW 23: 109ff.), ist die Bedingung dafür, dass die anderen Funktionen überhaupt übernommen werden können. Deshalb führt Marx diese Geldfunktion als erste an und betont: »Die Waren werden nicht durch das Geld kommensurabel.« (MEW 23: 109) Vielmehr, so Marx, könne Geld nur als Wertmaß fungieren, weil die Waren sich bereits als Werte aufeinander beziehen und vergleichen. Es bedarf jedoch des Geldes als gemeinschaftliches Maß. Was hierfür infrage kommt, bestimmt sich jedoch nicht am Material des Geldes selbst, sondern daran, dass sich die Waren gemeinschaftlich auf Geld beziehen, beziehen müssen. Demnach war – und das ist ein zentraler Unterschied zur MMT – Gold nicht Geld, weil es »intrinsischen Wert« hatte, sondern eben weil es als Geld fungierte.

Die grundlegende Funktion des Geldes als »Maß der Werte« ist in der gängigen Wirtschaftstheorie nie Thema, obwohl Geld als soziale Recheneinheit oder soziale Tatsache bezeichnet wird, ohne zu klären, welche soziale Qualität hier gemeint ist. Die MMT erklärt nicht, warum sich alle Waren als Werte aufeinander beziehen, warum es dafür Geld braucht und warum man für Geld alles kaufen kann – dies wird schlicht vorausgesetzt (Mitchell u.a. 2019: 484). Es wird lediglich ein Motiv genannt, warum alle Geld haben wollen: weil man damit Steuern bezahlen könne und der Staat es zum allgemeinen Zahlungsmittel erkläre.

Warum Geld bei kapitalistischer Warenproduktion nicht nur nützlich, sondern überhaupt notwendig ist, bleibt im Rahmen von der MMT ausgeblendet. Die MMT stellt nicht die Frage, warum die Privatarbeiten und die gesellschaftliche Organisierung und Verteilung der Arbeitszeit die Form des Geldes annehmen. Was meint es, wenn man von Geld als »sozialer Recheneinheit« (Höfgen 2020: 31) spricht? Während die MMT diese Frage gar nicht erst aufwirft, aber in diversen Ausführungen nahelegt, dass es den Warentausch eben erleichtert (Geld als »nützliche Erfindung«, so etwa Höfgen 2020: 21), kommt Marx zu einem ganz anderen Schluss, der sich von der MMT-Geldkonzeption fundamental unterscheidet: Bei Marx ist Geld Ausgangs- und Endpunkt der Bewegung, bei der MMT bloßes Schmiermittel.

Die fundamentale Differenz zeigt sich weiter darin, dass die MMT Kredit als den allgemeinen Begriff konzipiert, während das Geld zu einer besonderen Form des Kredits erklärt wird – als Steuergutschrift. Hier drängt sich Marx' Kritik am oben zitierten Macleod auf, der »trotz seines doktrinären Definitionsdünkels so sehr die elementarischsten ökonomischen Verhältnisse [verkenne], dass er das Geld überhaupt entspringen lässt aus seiner entwickeltsten Form, der des Zahlungsmittels.« (MEW 13, 120 Fn.) In der Frage kann sich die MMT auch nicht auf Keynes beziehen, für den das »staatliche Repräsentativgeld« kein Zahlungsversprechen darstellt: »Es würde zu falschen Analogien verführen, wollte man Repräsentativgeld [...] noch immer als eine Schuld ansehen.« (Keynes 1931: 5)[10]

Mit der Betonung des Kredits steht die MMT in einer langen Tradition (von Law über Keynes zu Minsky), die zurecht die »immanent doppelseitigen Charaktere« (Marx) des Kreditsystems herausstellt, nämlich Triebfeder wirtschaftlicher Dynamik und gleichzeitig potenzielles Schwindelsystem zu sein. Diesen Charakter zu verstehen, muss aber über das Geld als grundlegendes Verhältnis führen, das ein Kreditverhältnis erst ermöglicht. Ein »absolut stabiles Finanzsystem«, so behauptet etwa Ehnts (2015: 39), sei nur »ohne Kredit« möglich (was wiederum kein Finanzsystem mehr sei). Doch dies trifft nicht zu. Die Krisenhaftigkeit beginnt nicht erst mit dem Kredit, sondern bereits bei der Warenproduktion und der Notwendigkeit von Geld. Denn die Instabilität des gesellschaftlichen Zusammenhangs liegt schon darin, dass die Privatarbeiten erst im Nachhinein, nach der Produktion, mittels des Geldes als gesellschaftlich notwendige anerkannt werden – oder nicht. Da im Moment der Produktion ein Unternehmen nicht weiß, ob es seine Waren auch verkaufen wird, gleichzeitig aber davon ausgeht, handelt es sich bereits bei der Warenproduktion um Spekulation, die durch den Kredit lediglich erweitert wird.

Auch hier ist die MMT den geldreformistischen Vorstellungen des 19. Jahrhunderts nicht unähnlich, die Warenproduktion beibehalten, aber die Krisenanfälligkeit durch eine Reform des Geld- und Kreditsystems begegnen wollten. Das zeigt auch ein Beispiel von Kelton:

> »Ich zeige bei meinen Vorträgen gern das Bild eines Bibers mit seinem Damm und frage: ›Wo hatte der Biber das Geld her, um den Damm zu bauen?‹ Dann lachen alle. Daraufhin sage ich: ›Er hat sich wahrscheinlich einfach gedacht: Da drüben gibt es Äste und Stöcke, die hole ich mir jetzt und baue meinen Damm. Und da sind wir Menschen, die Krone der Schöpfung. Wir haben Be-

10 Dass in der deutschen Übersetzung »money proper« als »Bargeld« übersetzt wird, ist irreführend. Es geht vielmehr darum, dass es wirkliches, echtes Geld ist.

ton, wir haben Arbeitskräfte, und wir sitzen herum und fragen uns, wo wir das Geld herbekommen. Ich frage Sie: Wer ist hier verrückt?‹«[11]

Warum brauchen Menschen im Gegensatz zu Bibern Geld? Für die MMT ist es ein schlichtes Instrument zur Allokation von Ressourcen, also zur Verteilung von Arbeit zwecks Herstellung von Gütern. Marx dagegen hält fest: Die im Kapitalismus nachträgliche vergesellschaftete Privatarbeit erschöpft sich nicht in der Produktion von Gütern, diese sind lediglich Mittel zur Verwertung des Werts, der im Geld seine selbstständige Gestalt hat – es ist Maßstab der Verwertung. Die voneinander getrennten Privatarbeiten sind als Kapitalverhältnis organisiert, Kapital beutet Arbeitskraft aus, um Profit zu machen. Investiertes Geld muss sich rentieren, aus G muss G' werden, und Produktion, die kein G' macht, wird nicht als Teil der gesellschaftlichen Gesamtarbeit anerkannt.[12] Diese Prozesse muss das Geld organisieren, sonst ist es kein Geld und wird nicht als Geld akzeptiert.

Für die MMT ist Geld – ganz im Sinne der Anweisungstheorie des Geldes – allein Zugriffsmittel auf Ressourcen, das der Staat freihändig schaffen kann. Formal stimmt das – der Staat kann Zahlungsmittel herstellen. Nur erschöpft sich darin die MMT-Definition des Geldes, und die Souveränität des Staates erhält besonderes Gewicht (siehe unten zur Geldfunktion Weltgeld). Ob und inwieweit diese staatlichen Zahlungsmittel aber Geld sind, wie weit ihre Zugriffsmacht (»Kaufkraft«) reicht, was dieses Aneignungsrecht gilt, das bestimmt der Staat ebenso wenig wie die Frage, ob sie als Kapital fungieren. Eine Zentralbank kann zwar eine Währung herausgeben. Doch was diese Währung kann, welche Macht sie als Zugriffsmittel hat, das entscheidet sich in der kapitalistischen Privatwirtschaft – und letztlich kommt es darauf an, ob das Geld als Mittel der Verwertung fungieren kann oder nicht. Kurzum: Formal ist der Staat beim Gelddrucken souverän, materiell nicht. Er kann Anweisungen ausgeben, aber damit keinen Wert schaffen, keine Verwertung garantieren. Er kann sich nur die Resultate aneignen.

Der Steuerstaat

So unklar bei der MMT bleibt, warum im Kapitalismus die Arbeitsteilung die Form von Ware und Geld annimmt, welche Spezifik der kapitalistische Cha-

11 »Geld lässt sich beliebig vermehren« – Interview mit Stephanie Kelton, DIE ZEIT, 4.4.2019: 22.

12 Das ist es auch, was etwa Arbeiten in einem Privathaushalt, für einen zivilgesellschaftlichen Verein oder im öffentlichen Dienst von warenproduzierender Arbeit unterscheidet. Hier wir vorher abgestimmt, welche Arbeit gesellschaftlich notwendig ist, und beschlossen, wie was organisiert werden soll, bzw. bei der Reproduktionsarbeit aufgrund patriarchaler Strukturen entlang der Geschlechterverhältnisse nahegelegt.

rakter der Produktion für die Bestimmung des Geldes mit sich bringt, so unklar bleibt auch, warum der Staat sich nicht einfach das, was er braucht, in Naturalform aneignet – ganz ohne Geld, wenn er eigentlich nur etwas »Reales« will (so Kelton 2020: loc. 30). Wenn Geld bloß eine verbriefte Form des Zugriffsrechts auf Ressourcen und Arbeit darstellt, dann stellt sich die Frage, warum sich dieser Zugriff in Form des Geldes vollzieht. Die Ausführungen der MMT lesen sich häufig wie die Beschreibung einer Tributgesellschaft, die nichts mit kapitalistischen Verhältnissen gemein hat – um fremde Arbeit aneignen zu können, erfindet der Staat Steuern.

Die kapitalistische Ökonomie, Markt und Konkurrenz beruhen auf Voraussetzungen, die sie nicht selbst schaffen können: Dazu zählen unter anderem Teile der Infrastruktur und des Bildungssystems, soziale Absicherung, Polizei, Militär, das Verhältnis zu anderen Staaten sowie das Rechts- und auch das Geldsystem. Um diese Voraussetzungen zu schaffen, benötigt der Staat Geld. Laut der MMT organisiert er dies durch Ausgabe von Geld, zu dessen allgemeinen Akzeptanz er über Steuerforderung zwingt und das er über Steuerzahlungen wieder »einzieht«. Doch wie ausgeführt kann der Staat zwar Zahlungsmittel schaffen, aber was diese vermögen, das entscheidet sich im Privatsektor entlang der Frage, ob sie sich als Mittel der Verwertung bewähren, ob das Geld als Geld akzeptiert wird. Daher schafft der Staat nicht das Geld, gibt es aus und zieht es über Steuern wieder ein, sondern er stellt das Geld der Gesellschaft bereit und bedient sich zu seiner Finanzierung am Geschäftsgang des Privatsektors. Da er zumeist nicht selbst als Unternehmen unmittelbar an der Wertschöpfung beteiligt ist – das zeichnet den Steuerstaat etwa im Gegensatz zum Domänenstaat aus – erhebt er Steuern. Sie stellen das »zentrale Bindeglied zwischen ›öffentlicher‹ und ›privater‹ Wirtschaft, zwischen ›Ökonomie‹ und ›Politik‹« dar (Krätke 2009: 122).

Politik und Ökonomie sind unterschiedliche gesellschaftliche Logiken, nach denen die gesellschaftliche Gesamtarbeit verteilt wird. Die Frage, ob Steuern erhoben werden müssen, ist nicht allein eine Frage, ob Staatsausgaben finanziert werden müssen, etwas, was die MMT abstreitet. Steuern bringen – verkürzt formuliert – ein gesellschaftliches Machtverhältnis zum Ausdruck, was eine Gesellschaft in Form von Warenproduktion und was als öffentliches Gut bereitstellt. Beide Logiken gesellschaftlicher Produktion sind Teil des gesellschaftlichen Reproduktionsprozesses.[13] Soll dieser funktionieren, müssen die Akteure sich der jeweiligen gesellschaftlichen Logik dieser Formen unterwerfen – oder gesellschaftlich dafür eintreten, dass für

13 Dazu zählt zudem die im Haushalt getätigte Reproduktionsarbeit sowie die im zivilgesellschaftlichen Bereich eingebrachte Arbeit.

bestimmte Bereiche eine andere herrscht. Was als Warenproduktion oder als öffentliches Gut bereitgestellt wird oder dem Privathaushalt anheimfallen soll, ist eine gesellschaftliche Frage, eine Machtfrage. Der Vorschlag, Geld einfach zu drucken, glaubt, sich darüber hinwegsetzen zu können. Aber Geld ist eben nicht einfach eine Anweisung auf einen Teil des Sozialprodukts, sondern es ist die Form, in der im Nachhinein der gesellschaftliche Charakter von Privatarbeiten anerkannt wird. Diese Formbestimmung des Geldes kann der Staat nicht einfach aufheben, indem er Geld ausgibt und sich Ressourcen aneignet. Vielmehr muss der Privatwirtschaft Organisationsleistung für die Gesellschaft abgerungen werden. Deshalb sind hier die gesellschaftliche Kräfteverhältnisse zentral, die darüber bestimmen, was konkurrenz- und profitförmig in Form privater Warenproduktion organisiert wird und was von Staats wegen als Bereitstellung öffentlicher Güter. Bei der Warenproduktion anerkennt das Geld *ex post* den gesellschaftlichen Charakter der Arbeit an. Bei öffentlichen Gütern wird sie politisch-gesellschaftlich *ex ante* festgelegt. Es muss gesellschaftlich durchgesetzt werden, welche Arbeiten als unmittelbar gesellschaftliche gelten sollen. Dafür müssen politische Mehrheiten gegen die herrschenden Macht- und Kräfteverhältnisse organisiert werden – und Steuern sind dann die spezifische Form, wie Mittel zur Finanzierung öffentlicher Güter beschafft werden, in einer Gesellschaft, in der Geld Mittel der Verwertung ist. Wie Geld nicht einfach eine »pfiffige Erfindung« ist, so wenig sind es die Steuern. Sie sind Form und gesellschaftlicher Ausdruck dafür, wie die gesellschaftliche Arbeit organisiert ist. Die Verfügungsmacht über fremde Arbeit wurde dem Kapital entrissen, ihr Zweck nicht mehr Profit.

Steuern in diesem Sinne sind auch ein relativ modernes Phänomen. Steuern in vorkapitalistischen Gesellschaften waren ein Teil der gesellschaftlichen Verhältnisse, die wesentlich durch persönliche Herrschaftsbeziehungen geprägt waren, die sich in der Regel dadurch auszeichneten, dass ökonomische Ausbeutung und politische Herrschaftsausübung zusammenfielen. »Gerade weil die politischen und ökonomischen Ordnungen in einer Kette *persönlicher* Verpflichtungen und Abgabeauflagen *vereinigt* waren, gab es für den Monarchen außerhalb der Hierarchie mittelbarer Souveränitäten niemals eine rechtliche Grundlage dafür, *allgemeine* Steuern zur Sanierung des Staatshaushalts erheben zu können.« (Anderson 1979: 55, Herv.: ISt) Steuern wie wir sie heute kennen, sind demnach kein überhistorisches Phänomen, sondern historisch eine Ausnahme und eine spezifisch kapitalistische Form. Erst der regelmäßige und unpersönliche Charakter macht Steuern zu Steuern. Ein weiteres Charakteristikum ist das der fehlenden konkreten Gegenleistung. Auch das war in vorkapitalistischen Gesellschaften anders, weil Steuern ein Teil der persönlichen Verpflichtungsbeziehungen waren.

Steuern sind weiter weder im schuldrechtlichen noch im ökonomischen Sinn Kredit und Geld ist keine Steuergutschrift. Steuern stellen eine Zahlungsverpflichtung dar, und zwar gegenüber dem Fiskus und nicht gegenüber der Zentralbank: »Eine Steuer ist ein einklagbarer Anspruch des Staates auf einen Teil der privaten Einnahmen, und ihre Zahlung durch den privaten Sektor ist eine Begleichung dieser erzwungenen Verpflichtung. Steuern sind Zahlungsverpflichtungen, aber sie sind keine ›Schulden‹, genauso wenig wie das Schutzgeld, das Gastronomen an die Mafia zahlen, eine Schuld ist: Ihnen wird nichts im Gegenzug versprochen, außer einer vorübergehenden Aussetzung der Bedrohung« (Shaikh 2016: 678).

Staatschulden: systemrelevant für das Geld- und Finanzsystem

Mit der Steuererhebung befindet sich der Staat in einem Widerspruch: die Verwertung des Werts ist die Grundlage der staatlichen Finanzen; diesem Prozess entzieht der Staat gleichzeitig die Mittel, indem er Steuern erhebt. Er muss daher seine Ausgaben so organisieren, dass sie der Verwertung dienlich sind und so seine Steuerbasis vergrößern. Zu ihrer Finanzierung greifen Regierungen daher auch auf Kredite zurück. Sie verzichten auf die Enteignung (Steuer) und leihen sich stattdessen das Geld. Der vom Staat aufgenommene Kredit fungiert weder als Kapital, noch wird er durch Anteile an einem Profit finanziert. Bedient wird der öffentliche Kredit aus Steuereinnahmen. Die Staatsschuld setzt also den Steuerstaat und die »moderne Fiskalität« (Marx) voraus. Erst die Steuer als gesetzlich gesicherter, dauerhafter Zugriff auf den Reichtum der Gesellschaft ermöglicht, dass die Verschuldung zu einer normalen, dauerhaften Finanzierungsquelle des Staates wird. Als Steuerstaat ist er kreditwürdig und der öffentliche Kredit die Vorwegnahme künftiger Steuereinnahmen. Damit werden die Zinsen aber auch der ganzen Gesellschaft aufgebürdet, da sie die Quelle der zukünftigen Steuern ist, wobei die Verteilung der Steuerlast wiederum Gegenstand von Kämpfen ist.

Wenn die MMT die Staatsfinanzierung mit der Geldausgabe und den Steuern als nachträglichem Wiedereinziehen des Geldes beschreibt, stellt sie den Zusammenhang verdreht dar. Historisch war es durchaus so, dass Staatsschulden bzw. vom Staat ausgegebenes Papiergeld mit Zwangskurs der Etablierung eines funktionsfähigen Steuerwesens vorausging. Logisch, das heißt im Rahmen der Funktionsweise der kapitalistischen Produktionsweise, verhält es sich gerade umgekehrt: das Steuerwesen ermöglicht es, dass die Staatsschuld eine normale Form der Staatsfinanzen sind. Hier führt selbst eine MMT-Kronzeugin, die Historikerin Christine Desan, ein schönes Beispiel an: Mit dem *Case of the Bankers* aus dem Jahr 1696 wurden die Rechte der öffentlichen Gläubiger gestärkt, nachdem die Bank of England bereits eine Antwort auf die enormen Staatsschulden war. Mit diesem Gesetz wurden die Ansprüche gegenüber dem Staat mit dem Anspruch auf die Steuereinnahmen abgesichert (Desan 2014: 281ff.). Genau das sollte die Form werden, in der Steuerstaat und Staatsverschuldung als Dauerarrangement funktionieren – durchaus mit diversen institutionellen Veränderungen.

Die Verschuldung bringt nicht nur den Vorteil mit sich, dass der Steuerstaat der Gesellschaft keine liquiden Mittel entzieht, die Nachfrage oder Investitionen bedeuten könnten. Die Staatsschulden bieten als Wertpapiere für das Finanzkapital und andere Gläubiger zudem eine sichere Geldanlage und können von den Geschäftsbanken bei den Zentralbanken als Sicherheiten gegen frisches Geld hinterlegt werden. Staatsschulden sind also auch elementares Moment des zweistufigen Bankensystems aus Geschäfts- und Zentralbank. Aber nicht nur das. Staatsanleihen sind eine tragende Säule der Weltfinanzmärkte. Würden die Staaten tatsächlich sparen und irgendwann keine Schulden mehr machen, so bekämen die Finanzmärkte ein großes Problem. Denn bei all ihrer riskanten Spekulation kennen die Finanzanleger einen »sicheren Hafen«: Staatsanleihen, auf deren Wertbeständigkeit sie sich verlassen: »Moderne Finanzsysteme sind auf Staatsanleihen angewiesen« – so der DIW-Wochenbericht (44/2011: 9).[14] Staatsschulden sind also etwas mehr als bloß ein »Problem«, sondern systemrelevant für die Funktionsfähigkeit der Finanzmärkte und dafür, wie Zentralbanken im Rahmen eines zweistufigen Bankensystem Geld schöpfen.

Wie schafft die Zentralbank Geld?

Für die MMT ist die Zentralbank schlicht Teil des Staates, eine Unterabteilung der Regierung. Dies ist nur zum Teil zutreffend. Warum? Ziel der Geldpolitik einer Zentralbank ist, die Wirtschaft *insgesamt* mit Geld zu versorgen. Dabei bewegt sie sich zwischen zwei Polen. Auf der einen Seite wird Geldpolitik als Teil der Wirtschaftspolitik und Geld als politisches Steuerungsmedium konzipiert. Hier ist die MMT zu verorten. Dabei wird – wie oben ausgeführt – die Eigenlogik des Geldes als Kapital unterbelichtet. Auf der anderen Seite soll, gerade weil das Geld mit der Zentralbank politisch-institutionell verfasst ist, die Geldpolitik möglichst neutral, d.h. unpolitisch sein. Das Mittel ist hierbei die Konzeption einer unabhängigen Zentralbank, deren vorrangiges Ziel es ist, die Geldwertstabilität zu sichern. Diese Position (prominent vom Monetarismus vertreten) klammert aus, dass die formal unabhängigen Zentralban-

14 So sah sich der IWF vor dem Hintergrund der massiv rückgängigen US-Verschuldung ab Ende der 1990er Jahre und dem sinkenden Angebot von US-Staatsanleihen gezwungen, die destabilisierenden Auswirkungen auf die internationalen Finanzmärkte zu untersuchen (Schinasi u.a. 2001).

ken real von verschiedenen politischen wie ökonomischen Faktoren abhängig sind und ihre Geldpolitik alles andere als unpolitisch ist. Die eminente Bedeutung der Zentralbanken zeigte sich gerade in der Krise.

Geld ist zwar kein Kredit, doch kommt es in Form einer Kreditoperation in die Welt. Die Zentralbank macht sich das Kreditgeschäft der Banken zunutze, um die Wirtschaft mit Liquidität zu versorgen. Nicht »die« Menschen werden mittels Steuern dazu gezwungen, das Zentralbankgeld zu akzeptieren, sondern die Banken sind gezwungen, sich ständig mit neuer Liquidität zu versorgen, um als Banken agieren zu können – und als solche stehen sie an der Spitze der Hierarchie der Märkte. Das war vor dem Ende von Bretton Woods so, als die Zahlungsversprechen noch vorherrschend Wechsel waren (im Rahmen der Diskontpolitik), und ist jetzt so, wenn die Geschäftsbanken für Anleihen Zentralbankgeld bekommen (Offenmarktpolitik).

Bedeutsam für die Betrachtung ist die Hierarchie der Märkte, denn es ist kein Zufall, dass die Geldpolitik bei den Geschäftsbanken ansetzt, und es ist auch keine perfide Privilegierung des Finanzkapitals, wie es gern dargestellt wird. Es liegt vielmehr in der Natur der Sache: Die zentrale Stellung des Geldes bringt für den Geld- und Kapitalmarkt eine dominierende Rolle gegenüber anderen Märkten mit sich, die eine Hierarchie der Märkte begründet.[15] Die Kosten für Kredite (Zins) und die zu erwartende Renditen bestimmen das Volumen, das auf dem Geld- und Kapitalmarkt für Investitionen mobilisiert wird. Diese Investitionen stellen schließlich den Umfang der für die Produktion mobilisierten Produktionsmittel und Arbeitskräfte dar.

Steuerstaat, Staatsverschuldung und die moderne Zentralbankpraxis konstituieren derart einen Kreislauf, bei dem die Geldschöpfung der Zentralbank keines anstoßenden »Ursprungs« bedarf, wie die MMT nahelegt, sondern auf Grundlage des kapitalistischen Verwertungszusammenhangs möglich ist: Die Zentralbank nutzt die Hierarchie der Märkte, um sicher zu stellen, dass die Wirtschaft mit ausreichend Liquidität versorgt ist, um ihrem Geschäft nachzugehen. Gleichzeitig hat sie das Geld- und Kreditsystem als Ganzes im Blick und muss garantieren, dass es funktioniert. Banken und Unternehmen hätten natürlich gern – wie eigentlich alle – immer unendlichen Zugang zu Liquidität, was jedoch dem Prinzip der nachträglichen Vergesellschaftung im Kapitalismus widerspricht.[16] Steht Geld unbegrenzt zur Verfügung, dann wird diese kapitalistische Funktionsweise gestört – das gleiche gilt, wenn zu

15 Eine vor allem von Keynes herausgestellte Idee, die bereits bei Marx zu finden ist; vgl. MEW 25: 620, 451; MEW 42: 201.

16 In der Krise wird Liquidität deshalb auch zur Verfügung gestellt oder finden auch Industrieobligationen, Bankschuldverschreibungen oder Kredite an Unternehmen, die nicht verbrieft sind, bei der Offenmarktpolitik Anwendung.

wenig zur Verfügung steht, weshalb das Geldsystem eines Goldstandards im Prinzip dysfunktional ist.[17]

Die Geschichte des Geldes ist wesentlich eine des Streits darüber, was es ist, und wie Vertrauen in die Geldordnung organisiert werden kann (Ganßmann 2015a). Vertrauen bedeutet, dass ausreichend Liquidität zur Verfügung steht, aber auch, dass Geld knapp sein muss, um als Geld akzeptiert zu sein. Dieser Widerspruch wird seit Jahrhunderten in unterschiedlichsten (institutionellen) Arrangements bearbeitet – und geldtheoretisch begleitet. Während der Monetarismus in seinen diversen Spielarten dem einen Extrem zuzuordnen ist, findet sich die MMT auf der anderen Seite. Der Monetarismus sieht in der Möglichkeit der Zentralbanken, Geld zu drucken, eine Gefahr, die MMT eine Chance.

Es ist zwar richtig, dass eine Zentralbank demnach *de facto* unbegrenzt zahlungsfähig ist, denn wer Geld »drucken« kann, kann nicht pleitegehen – solange die Währung akzeptiert wird. Hierbei geht es nicht einfach um den gern eingebrachten Vorwurf, es drohe Inflation. Denn der Punkt ist viel fundamentaler: Geld sucht vermittelt über das Kreditsystem nach Verwertungsmöglichkeiten. Herrscht kein Vertrauen in eine Währung, fließt es in einen anderen Währungsraum. Geld ist eben keine Steuergutschrift, sondern im Kapitalismus wesentlich potenzielles Kapital – es muss sich verwerten. Der Staat kann zwar Geld »drucken«. Aber das, was eine kapitalistische Wirtschaft ausmacht, ist erstens eine warenproduzierende Privatwirtschaft, die sich der staatlichen Kontrolle entzieht und zweitens – wie im Folgenden deutlich wird – ein global integriertes Kreditsystem, das das Geld auf die Währungsräume verteilt, wo Verwertung möglich ist. Auch hier liegt bei der MMT konzeptionell einiges im Argen.

Hierarchie der Währungen: keine Souveränität über die eigene Währung

Das Geldsystem funktioniert, solange der skizzierte Kreislauf funktioniert. Dieser begründet wesentlich auch die Hierarchie der Währungen: Solange dank Steuern die Staatsanleihen eine sichere Anlage sind, solange das Wirtschaftswachstum bzw. die Steuern Zinszahlungen garantieren (nicht Tilgung!), können Schulden steigen. Voraussetzungen sind hier also Zinsniveau und Wirtschaftswachstum (als Index für Steuereinnahmen). Solange dieser Prozess funktioniert, kann eine Zentralbank auch die Staatsanleihen eines Staates ewig in ihren Büchern behalten, sogar abschreiben oder gegen (zukünftige) Zentralbankgewinne verrechnen (vgl. u.a. Troost/Hersel 2013; Wendl 2020). Dieser Prozess ist auch der Grund, warum Staatsanleihen *einer*

---

17 Auch das deutet Marx bereits an, wenn er ausführt, dass Gold eine Bremse sei und sich das Geld davon emanzipieren müsse. Ausgeführt hat er das ebenso wenig wie er seine Prämisse einer Geldware fallen gelassen hat.

Währung – des Weltgeldes – an der Spitze stehen. Der Kreislauf dieser Währung funktioniert, der anderer Währungen hingegen weniger bis gar nicht, und periphere Währungen müssen sich im Rahmen von *curreny boards* an eine andere koppeln, um akzeptiert zu werden.

Der Weltmarkt ist durch eine Währungshierarchie gekennzeichnet, mit dem Weltgeld an der Spitze (derzeit US-Dollar, bis 1914 das britische Pfund). Im Rahmen der MMT gibt es diese Hierarchie nicht, sondern nur Währungssouveränität, die jedoch einen anderen Inhalt hat (Lapavitsas/Aguila 2020: 13). Statt ökonomischer Zwänge und Zusammenhänge stehen formale Anforderung bei der Bestimmung im Vordergrund (vgl. Wray 2019). Im Rahmen der MMT existiert deshalb nur ein »Spektrum monetärer Souveränität«, wobei auch hier der US-Dollar im Zentrum steht. Andere Staaten hätten auch einen höheren Grad an Währungssouveränität, etwa Japan, das Vereinigte Königreich, Australien oder Kanada. Nur für diese Staaten gelte, dass sie »souverän« über Geld verfügen können.[18] Die Behauptung der MMT, Zentralbanken könnten nicht zahlungsunfähig werden, schränkt sie also zugleich radikal ein, ohne über die ökonomischen Gründe Rechenschaft abzulegen – so auch nicht bei der Funktion des Geldes, Weltgeld zu sein.

In der MMT-Literatur ist nur selten von den Geldfunktionen die Rede, zu denen auch die Funktion gehört, als Weltgeld zu fungieren. Im Vordergrund steht das Geld als Rechnungseinheit (Höfgen 2020: 32). Schon gar nicht werden die Funktionen – wie etwa bei Marx – aus der Begründung des Geldes entwickelt. Mitchell u.a. (2019: 484) gehen eher summarisch darauf ein. Neben der Geldfunktion als Rechnungseinheit ist Geld in der MMT wesentlich die souveräne Macht des Staates. Diese ist eigentlich die einzige im MMT-Rahmen begründete Funktion. Geld sei für den Staat nicht neutral, »da die Währungssouveränität von entscheidender Bedeutung ist, um sicherzustellen, dass der Staat nicht in finanzielle Zwänge gerät.« (Ebd.) Demnach bestimmt allein das Geldmonopol diese Geldfunktion – losgelöst von den ökonomischen Weltmarktverhältnissen, die eine Währung zum Weltgeld machen.

MMT: Staatliche Theorie des Geldes ohne Staatstheorie

Vor dem Hintergrund »Währungssouveränität« wird nochmals deutlich, welche zentrale Rolle dem Staat in der MMT zukommt, wobei gerade die Währungshierarchie die Frage aufwirft, ob die institutionelle Trennung von Zentralbank und Regierung einfach vom Tisch gewischt werden kann oder nicht vielmehr einen politökonomischen Grund hat. Denn die institutionel-

18 Die Eurostaaten können dies nicht aufgrund der spezifischen Konstruktion der Eurozone (Höfgen 2020: 85ff.; Mitchell 2015).

le Trennung von Zentralbank und Regierung ist eine Verarbeitungsform des Widerspruchs, dass Geld liquide, aber nicht zu liquide sein darf, der deutlicher zutage tritt, sobald es keine Begrenzung durch Gold mehr gibt. Die Sicherung des Geld- und Kreditsystem als Ganzes steht im Zentrum der Zentralbankpolitik, die diese gegen Partikularinteressen durchsetzen muss – gegen Geschäftsbanken, die, indem sie der Profitlogik folgen, es ebenso gefährden wie die Regierung, die an der Verwertungslogik des Kapitals und den gesellschaftlichen Kräfteverhältnissen vorbei ihre Politik finanziert wissen will. Es ist nicht einfach dem Monetarismus geschuldet oder ein Zufall, dass sich die Verselbstständigung der Zentralbanken, ihre zunehmende Autonomie sowie die Etablierung der Offenmarktpolitik als vorherrschendes geldpolitisches Instrument ausgerechnet, wenn auch mit etwas Zeitverzögerung, mit dem Ende von Bretton Woods Bahn brachen. Es bedurfte einer neuen institutionellen Absicherung des Geldsystems, der analytisch nachgegangen werden muss.

Mit der von der MMT unterstellten Identität von Finanzministerium und Zentralbank bleibt der Staat hingegen eine *black box*, die nicht weiter analysiert wird.[19] Obwohl eine Staatstheorie – etwa von Wray – eingeklagt wird, ist keine zu finden oder erschöpft sich auf einen Hinweis auf Knapps staatliche Theorie des Geldes. Gerade bei den Staatsfinanzen ist eine Staatstheorie und -kritik jedoch dringlich und eine ambitionierte Aufgabe, verschränken sich hier doch staatliche und ökonomische Logik in spezifischer Weise.

Die Ministerien einer Regierung, bürokratische und politische Institutionen sowie die Zentralbank sind Apparate, die unterschiedlichste Aufgaben erfüllen müssen. Sie stehen mitunter im Widerspruch zueinander und immer wieder finden sich neue Arrangements, die auf neue und alte Anforderungen reagieren, gesellschaftliche Kräfteverhältnisse zum Ausdruck bringen und diese zugleich verarbeiten. Für das Finanzministerium und die Zentralbank eine formale Einheit zu unterstellen, bei der das separate Konto »lediglich« buchhalterische Gründe habe, bedeutet, sich der Aufgabe zu entledigen, gesellschaftliche Kräfteverhältnisse und Widersprüche im Verwertungsprozess des Kapitals zu reflektieren. Das Kapitalismus-Verständnis und die Veränderungsvorschläge lesen sich folglich wie die Gebrauchsanleitung einer Ikea-Küche (vgl. Nuss 2010).

19 Selbst im Buch von Mitchell/Fazi (2017) mit dem programmatischen Titel *Reclaiming the State* sind staatstheoretische Aussagen mehr als spärlich. Der Staat ist kaum mehr als ein Instrument, das man den Unternehmen, die ihn für ihre Zwecke eingespannt haben, entreißen müsse. Das Buch endet mit dem Plädoyer, dass die politische Linke den Begriff und das Konzept »nationaler Souveränität« nicht den Rechten überlassen sollte. Die Hoffnung auf politische Gestaltungsspielräume aufgrund von »nationaler Souveränität« markiert eine politisch-konzeptionelle Schnittmenge zwischen der MMT und z.B. Wolfgang Streeck oder Sahra Wagenknecht und Oskar Lafontaine und blendet die Eigenlogik kapitalistischer Staatlichkeit aus.

5. Schluss

Teile der MMT-Literatur verfolgen durchaus ein kapitalismustheoretisches Anliegen. So ist die Rede von Lohnsklaverei (Mitchell u.a. 2019: 44) und davon, dass der Kapitalismus gegenüber dem Feudalismus eine soziale Revolution markierte (ebd.: 45). Oder man begreift den Kapitalismus als System, bei dem der Zweck der Produktion, der Profit, die Differenz zu anderen Gesellschaftsformationen macht, in denen es bereits Geld und Märkte gegeben habe (ebd.: 45) – und erwähnt hierbei auch Marx (ebd.: 39). Die Skizze zeigt jedoch, dass die MMT den Kapitalismus und seinen monetären Charakter alles andere als auf den Begriff bringt. Die Prämissen werden kaum diskutiert, obwohl sie theorie- und sozialgeschichtlich viel diskutiert wurden – und mehr als umstritten sind. Was den Kapitalismus charakterisiert, geht in der MMT verloren, die Theorie ist weder modern, noch bringt sie den monetären Charakter des Kapitalismus auf den Begriff. Die fehlende Diskussion der Prämissen führt viele MMT-Publikationen dahin, diese in Form von Anekdoten oder historischen Beispielen zu plausibilisieren.[20] Aber hier findet eher eine Selbstvergewisserung statt, als dass die Sozialgeschichte dafür genutzt wird, die eigenen Thesen zu überprüfen oder deutlich zu machen, dass der Kapitalismus sehr spezifische Formen aufweist.

Darüber hinaus wird eine Leerstelle sichtbar: Warum stellen sich Zusammenhänge, die laut der MMT offensichtlich sind, im Alltagsbewusstsein anders dar? Die MMT-Literatur bringt immer wieder Beispiele, in denen selbst Hochrangige aus Politik und Verwaltung etwas anderes machen als sie glauben zu tun – ohne das zu bemerken. Niemand würde, in einer Einkaufspassage gefragt, was Geld ist, antworten: ein »Steuergutschein«. Während Marx sich die Mühe macht zu begründen, warum sich die Verhältnisse für den Alltagsverstand anders darstellen, als sie sind (Fetisch, Verkehrung, trinitarische Formel etc.), sucht man bei der MMT derartige Erklärungen vergeblich, die Menschen verfallen schlicht Irrtümern. Was sich durch viele ihrer Publikationen durchzieht, ist daher eine Art »Erweckungspathos«: einmal die Zusammenhänge erkannt, ergebe alles plötzlich einen Sinn.

Viele Mythen, die von der MMT zu recht kritisiert werden, etwa bei Kelton (2020) oder Mosler (2010), bedürfen nicht der geldtheoretischen Prämissen der MMT: dass ein Staat nicht mehr ausgeben könne, als er einnimmt; dass

20 So glauben Mosler (2010: loc. 36) und Höfgen (2020: 122) ihr Konzept des steuergetriebenen Geldsystems begründen zu können, indem sie auf eine Hüttensteuer verweisen, die die britische Kolonialmacht einem von beiden Autoren nicht näher spezifizierten afrikanischen Land oktroyiert hat. Dass es sich etwa im Kongo gerade umgekehrt verhielt, die Benutzung von Geld verboten war und die Steuer in unbezahlter Arbeit entrichten werden musste, wird nicht zur Kenntnis genommen (hierzu Gerstenberger 2017: 142).

das Staatsbudget einem Privathaushalt gleiche; dass zu viel Geld unweigerlich zu Inflation führe; dass Staatsschulden zukünftige Generationen belasteten etc. Dasselbe gilt für anderweitig notwendige Kritik, wie etwa die an der Schuldenbremse. Dass die MMT die Kritik daran stark darauf verengt, dass die Finanzierung kein Problem sei, vereinfacht die gesellschaftlichen und politischen Auseinandersetzungen nicht, sondern verkompliziert sie – weil sie nicht darüber aufklärt, wie zentral gesellschaftliche Machtverhältnisse sind, die sich etwa in der Steuerpolitik ausdrücken: »Sparen ist Herrschen.« (Esser/Fach 1983: 434) Darüber aufzuklären ist zentral, auch und gerade angesichts der Austeritätspolitik, die nach der Pandemie droht, und der Tatsache, dass ein sozial-ökologisches Transformationsprojekt finanziert bzw. gegen die herrschenden Macht- und Interessensverhältnisse durchgesetzt werden muss.

Keynes' Schlusssatz in seiner *Allgemeinen Theorie* lautet: »Aber früher oder später sind es Ideen, nicht Interessengruppen, die für Gut oder Böse gefährlich sind«. (Keynes 1936: 324, korr. Übers.) Dirk Ehnts (2020) zitiert diesen Satz zustimmend. Dieses Selbstverständnis macht die MMT angesichts der herrschenden Kräfteverhältnisse attraktiv, aber Ideen konnten sich leider noch nie an den Machtverhältnissen vorbeimogeln.

Literatur

Anderson, Perry (1979): Die Entstehung des absolutistischen Staates. Frankfurt/M.

Desan, Christine (2014): Making Money: Coin, Currency, and the Coming of Capitalism. Oxford. DOI: https://doi.org/10.1093/acprof:oso/9780198709572.001.0001.

DIW-Wochenbericht: Eurokrise: Nicht die Nerven verlieren. DIW-Wochenbericht, Nr. 44. Berlin.

Ehnts, Dirk (2015): Geld und Kredit: Eine €-päische Perspektive. Marburg.

– (2017): »Modern Monetary Theory« und Europäische Makroökonomie. In: Berliner Debatte INITIAL (28)3: 89-102.

– (2020): Welche Rolle die MMT bei der Finanzierung des ökologischen Umbaus der Wirtschaft leisten kann. URL: https://theorieblog.attac.de/, Zugriff am: 23.12.2020.

Ganßmann, Heiner (2015a): Geld als Fiktion? Warum Geld kein Kredit ist und das Publikum so schwer von seiner Stabilität zu überzeugen ist. In: PROKLA 179 (45)2: 199-216. DOI: https://doi.org/10.32387/prokla.v45i179.217.

– (2015b): Modern Money Theory – eine Kritik. In: Z. Zeitschrift für marxistische Erneuerung (26)102: 41-51.

Gerstenberger, Heide (2017): Markt und Gewalt. Die Funktionsweise des historischen Kapitalismus. Münster.

Hockett, Robert / James, Aaron (2020): Money from Nothing. Or, Why We Should Stop Worrying About Debt and Learn to Love the Federal Reserve. New York-London.

Höfgen, Maurice (2020): Mythos Geldknappheit. Modern Monetary Theory oder warum es am Geld nicht scheitern muss. Stuttgart.

Ingham, Geoffrey (2004): The Nature of Money. Cambridge/UK.

Esser, Josef / Fach, Wolfgang (1983): Sparen und Herrschen. Über den Zusammenhang von fiskalischer Knappheit und autoritärer Politik. In: Hartwich, Hans-Hermann (Hg.): Gesellschaftliche Probleme als Anstoß und Folge von Politik. Opladen: 433-446.

Kaufmann, Stephan / Muzzupappa, Antonella (2020): Crash Kurs Krise. Wie die Finanzmärkte funktionieren. Eine kritische Einführung. Berlin.

Kelton, Stephanie (2020): The Deficit Myth. Modern Monetary Theory and How to Build a Better Economy. New York (epub).

Keynes, John Maynard (1931): Vom Gelde. Berlin 1983.

– (1936): Allgemeine Theorie der Beschäftigung, des Zinses und des Geldes. Berlin 2002.

Krätke, Michael R. (2009): Kritik der öffentlichen Finanzen. Die Finanzkrise des Staates erneut betrachtet. In: PROKLA 154 (39)1: 119-139. DOI: https://doi.org/10.32387/prokla.v39i154.445.

Lapavitsas, Costas / Aguila, Nicolás (2020): Modern monetary theory on money, sovereignty, and policy: A marxist critique with reference to the Eurozone and Greece. In: The Japanese Political Economy: 1-27. DOI: http://doi.org/10.1080/2329194X.2020.1855593.

Lerner, Abba P. (1947): Money as a Creature of the State. In: American Economic Review (37)2: 312-317.

Marx, Karl / Engels, Friedrich Werke [MEW], herausgegeben von der Rosa-Luxemburg-Stiftung. Berlin 1956ff.

Mitchell Innes, Alfred (1913): What is Money. In: The Banking Law Journal (30)5: 377-408.

Mitchell, William (2015): Dystopie Eurozone. Gruppendenken und Leugnung im großen Stil. Berlin 2017.

– / Fazi, Thomas (2017): Reclaiming the State. A Progressive Vision of Sovereignty for a Post-Neoliberal World. London.

– / Wray, L. Randall / Watts, Martin J. (2019): Macroeconomics. London.

Mosler, Warren (2010): Die sieben unschuldigen, aber tödlichen Betrügereien der Wirtschaftspolitik. Berlin 2017 (epub).

Negri, Antonio (1979): Über das Kapital hinaus. Berlin 2019.

Nersisyan, Yeva / Wray, L. Randall (2019): How to Pay for the Green New Deal. In: Working Paper des Levy Economics Institute of Bard College, No. 931 (May 2019).

Nuss, Sabine (2010): Der Gebrauchsanleitungs-Kapitalismus. In: LUXEMBURG 2/2010: 28-33.

Reden, Sitta von (2007): Wie Geld die Welt verändert hat. In: Bergsdorf, Wolfgang / Ettrich, Frank / Kill, Heinrich H., u.a. (Hg.): Am Gelde hängt, zum Gelde drängt... Ringvorlesung der Universität Erfurt in Zusammenarbeit mit der Fachhochschule Erfurt. Erfurt: 117-131.

Schinasi, Garry J. / Kramer, Charles F. / Smith, R. Todd (2001): Financial Implications of the Shrinking Supply of U.S. Treasury Securities, IMF Working Paper 01/61. Washington/DC.

Shaikh, Anwar (2016): Capitalism. Competition, Conflict, Crises. Oxford.

Spahn, Heinz-Peter (2007): Money as a Social Bookkeeping Device. From Mercantilism to General Equilibrium Theory. In: Marcuzzo, Maria Cristina / Giacomin, Alberto (Hg.): Money and Markets. London: 150-165.

Troost, Axel / Hersel, Philipp (2013): Was passiert, wenn die EZB Verluste macht? Die Gefahren für die SteuerzahlerInnen und Inflation sind erfreulich begrenzt!, URL: https://www.alternative-wirtschaftspolitik.de/de/article/342.axel-troost-und-philipp-hersel.html, Zugriff am: 16.12.2020.

Wendl, Michael (2020): Müssen Staatsanleihen zurückgezahlt werden? Über Vorurteile und Mythen. In: Sozialismus11/2020: 53-56.

Wray, L. Randall (1998): Modernes Geld verstehen. Der Schlüssel zu Vollbeschäftigung und Preisstabilität. Berlin 2018.

– (2000): Modern money. In: Smithin, John (Hg.): What is Money? London-New York: 42-66.

– (2014): From the State Theory of Money to Modern Money Theory: An Alternative to Economic Orthodoxy. In: Levy Economics Institute Working Paper No. 792.

– (2019): Alternative paths to modern money theory. In: Real-World Economics Review89: 5-22.

– / Bell, Stephanie (2004): Introduction. In: Wray, L. Randall (Hg.): Credit and State Theories of Money. The Contributions of A. Mitchell Innes. Cheltenham: 1-13.

PROKLA 202 | 51. Jahrgang | Nr. 1 | März 2021 | S. 95-114
https://doi.org/10.32387/prokla.v51i202.1934

Meike Spitzner*

Für emanzipative Suffizienz-Perspektiven

Green New Deal statt nachhaltiger Bewältigung der Versorgungsökonomie-Krise und Verkehrsvermeidung?

Zusammenfassung: Die Transformation des Wirtschaftens, wie sie der Green New Deal vorsieht, steht vor einem vierfachen Risiko: Dies bezieht sich auf die Transformationstiefe, den wissenschaftlichen und politischen Androzentrismus, die Gender-Mainstreaming-Gebote und die nötige Effektivität und Akzeptabilität der Transformation. Die hier dargelegte These ist, dass es unverzichtbar ist, im Transformations-Konzept selbst die strukturellen Ursachen von Ungleichheiten geschlechtergerechtigkeitswirksam zu adressieren. Wie am Beispiel der Verkehrswende gezeigt wird, ist dies die Voraussetzung dafür, ökonomisch-sozial-ökologische Zusammenhänge zu erkennen und die Klima-, Ressourcen- und ökonomischen Krisen entsprechend politisieren zu können.

Schlagwörter: Green New Deal, Suffizienzpolitik, Androzentrismus, Verkehrswende

For emancipative sufficiency perspectives

Green New Deal instead of a sustainable overcoming of the care economy crisis and transport avoidance?

Abstract: The transformation of economies, as envisaged by the Green New Deal, faces a fourfold risk: this relates to the depth of transformation, scientific and political androcentrism, gender mainstreaming imperatives, and the necessary effectiveness and acceptability of transformation. The argument presented here is that it is indispensable to address the structural causes of inequalities in the transformation concept itself in a gender-responsive way. As shown by the example of the transport transformation, this is the prerequisite for recognizing economic-social-ecological interrelationships and being able to politicize the climate, resource and economic crises accordingly.

Keywords: Green New Deal, sufficiency policy, androcentrism, transport transformation

1 **Meike Spitzner** ist Senior Researcher im Forschungsbereich Mobilität und Verkehrspolitik sowie Koordinatorin »Gender« der Abteilung Energie-, Verkehrs- und Klimapolitik des Wuppertal Instituts.

Unter dem Green New Deal (GND) versammeln sich unterschiedliche Konzepte einer nachhaltigen ökologischen Transformation des Wirtschaftens. Die in der Zeit der großen Finanzkrise in den Jahren ab 2008 entwickelten Ansätze zielten auf »eine ökonomische und soziale Transformation« (Giegold/Mack 2012: 40) und resultierten aus einer als dreifach erkannten Krise: Finanzkrise, Klimawandel und dem absehbaren Ende der globalen Ölreserven (Green New Deal Group 2008). Dagegen ist das Spektrum aktueller GND-Ansätze breiter. Der sozialistische GND der britischen Bewegung um Corbyn und Labour geht weiter und adressiert (i) soziale Ungleichheit im Sinne einer »Klassen-Frage«, (ii) ökonomisch-sozial-ökologische Problemdynamiken insbesondere in den Bereichen Energie und Verkehr (Labour o.J./2020a) sowie (iii) den gemeinsamen Ursprung der Krisen. Für Corbyn und Labour ist der GND »ein Plan, der anerkennt, dass wirtschaftliche, soziale und Klimagerechtigkeit untrennbar miteinander verbunden sind« (Labour o.J./2020b). Gegenüber diesem und anderen GND-Ansätzen (vgl. etwa Thie 2020 sowie Zeller und Smith in diesem Heft), knüpft der 2019 vorgelegte Green Deal der Europäischen Kommission (EC-GD, Europäische Kommission, 2019) eher an überholte Konzepte ökologischer Modernisierung an.

Der vorliegende Beitrag zeigt, auf welche zentralen ökologischen, Ressourcen- und ökonomischen Krisenlagen sowie Wirkungszusammenhänge sich GND-Konzepte beziehen müssen, um ihrem Anspruch zu genügen, die nachhaltige ökologische Transformation des Wirtschaftens politisch zu adressieren. Dies erfolgt auf der empirischen Basis zentraler analytischer Erkenntnisse der nichtandrozentrischen Nachhaltigkeits- sowie interdisziplinär angelegten feministischen Forschung. Ausgangspunkt sind vier Risiken, die genderhierarchische Konstruktionen für Gesellschaft und Politik produzieren und die an den Verkehrswende-Vorstellungen des EC-GD veranschaulicht werden. Der Beitrag identifiziert die Voraussetzungen für GND-Konzepte, die es ermöglichen, die vier grundlegenden Risiken zu vermeiden. Er zeigt abschließend eine »emanzipative Suffizienz«-Politik und entsprechend umsetzbare Instrumente auf, insbesondere in Hinsicht auf (GND-)Politiken zur Verkehrsvermeidung.

Im Mittelpunkt steht der EC-GD. Er beschwört zwar die Verkehrswende und ähnelt darin der »Energie- und Transportrevolution«, wie sie von der Green New Deal Group (2008: 3) vorgeschlagen wurde. Dabei diskutiert er aber vor allem Effizienzsteigerungen im Güter- und Luftverkehr, die Automatisierung und Digitalisierung »multimodaler Mobilität« und beschränkt sich ansonsten auf eine »Antriebswende« zu (teils hybrider) Elektromobilität.

Das vierfache Risiko eines androzentrischen Zugangs zur ökonomischen Krise und zur Klimakrise

Eine genderreflektierte Betrachtung zeigt, dass GND-Konzepte wie der EC-GD sich im Hinblick auf die ökonomischen Krisen, die gesellschaftlich nutzbaren Ressourcen und den Klimawandel auf basal genderhierarchische Konstruktionen stützen. Daraus resultieren vier brisante Risiken, nämlich: a) tiefgreifende gesellschaftliche Ungerechtigkeitsstrukturen zu verschärfen, b) die gesellschaftlichen und ökonomischen Realitäten nicht erkennen und adressieren zu können, c) geltenden Normsetzungen nicht zu entsprechen und d) weder in ökonomischer noch in klimapolitischer Hinsicht die substanziell notwendigen Wirksamkeiten zu entfalten.[1]

a) Transformations-Herausforderungen von Nachhaltigkeit

Die *Commission for Sustainable Development* der Vereinten Nationen (CSD 2001) hat als Minimalkonsens für Nachhaltigkeit eine Verschränkung zwischen ökonomischen, sozialen, institutionellen und ökologischen Nachhaltigkeitsdimensionen herausgestellt. Davon können exemplarisch die beiden am tiefsten greifenden benannt werden: erstens der durch industrialisierte Staaten verursachte globale Klimawandel und zweitens die nahezu ungebrochene Reproduktion gesellschaftlicher Ungerechtigkeitsstrukturen sowie Brüche demokratischer Verfassungsversprechen, die Ungleichheit bezogen auf Chancen, Lasten und Risiken der Geschlechter mit sich bringen.[2] Von diesen Ungleichheitsbedingungen sind besonders die hierarchische Definitions- und Gestaltungsmacht qua Gender herauszuheben, der Androzentrismus, der sich in fast alle akademische Disziplinen sowie in technologische und politische Handlungsfelder eingeschrieben hat.

b) Genderbedingter Mangel an Sachlichkeit

Androzentrismus meint eine Denk-, Sicht- und Orientierungsweise politischer, wirtschaftlicher, wissenschaftlicher und gesellschaftlicher Sachverhalte, die Männer und Männlichkeit (im Sinne von Gender: Maskulinität) als Maßstab und Norm erachtet. Die ihm zugrundeliegenden gesellschaftlichen Konstrukte von Männlichkeit entsprechen dabei keineswegs den männlichen Lebensrealitäten. Ebenso wenig wollen viele Männer den propagierten Maskulinitätsmodellen entsprechen. Lebensbedingungen, (ökonomische) Praxis

1 Diese Risiken eines GND benennt selbst ein Strategiepapier der Grünen-Fraktion im Europäischen Parlament; vgl. Kuhl 2012: 6.

2 Das Bundesministerium für Familie, Senioren, Frauen und Jugend (BMFSFJ) (2017) benennt und quantifiziert hier etwa das *Gender Care Gap*, die ungleiche Verteilung der Haus- und Versorgungsarbeit in Deutschland.

und Perspektiven von nicht-maskulinen Menschen, insbesondere Frauen, sowie »Weiblichkeit« werden dagegen als »Besonderheit«, als Abweichung von der Norm erachtet:

> »Androzentrismus kann als eine gesellschaftliche, wissenschaftliche oder politische Fixierung auf das ›Männliche‹ begriffen werden. Durch die damit verbundenen Machtansprüche ist er eine spezifische Form von Sexismus, in der das Weibliche nicht direkt als minderwertig bezeichnet wird […]. Vielmehr wird das mit ›Weiblichkeit‹ konnotierte durch Androzentrismus indirekt disqualifiziert: Es wird marginalisiert, als ›für das Eigentliche‹ (des Sachzusammenhangs, des Politikgegenstands o.ä.) bzw. ›für das Ganze‹ (der Politik für den demokratischen Souverän, des Politikbereichs o.ä.) unmaßgeblich abgewertet, männlichen (Wert-) Maßstäben unterworfen und für definierbar gehalten in von diesen abgeleiteten Kategorien. Androzentrismus besitzt damit eine struktureffiziente indirekte geschlechterhierarchisierende gesellschaftliche Wirksamkeit.« (Spitzner u.a. 2020: 50)

Diese basale Ungleichheitsorientierung ist, weil sie so implizit ist, in fachlichen Kontexten oft schwer erkennbar. »Da die Gleichsetzung von Mensch mit Mann und von Männlichkeit mit Normalität in fast allen Sachkontexten, Institutionen und Politikfeldern unthematisiert und unproblematisiert praktiziert wird, dabei zugleich jedoch ein Anspruch auf ›wissenschaftliche Objektivität‹ und ›allgemeine Nützlichkeit‹ behauptet wird, wirkt Androzentrismus subtiler geschlechterhierarchisierend, und ist sehr oft eine – auch von Frauen – tief verinnerlichte ›Selbstverständlichkeit‹. Daher bewirkt Androzentrismus eine verzerrte Sicht, bei der der durchdringende Mangel an Genderneutralität der vermeintlich ›normalen Sichtweise‹ nur schwer zu erkennen« (ebd.), zugleich dennoch als »Schaffung von Wissenssystemen ein entscheidender Schlüssel dafür ist, Strukturen ungleicher Machtverteilung durchzusetzen und zu verfestigen« (Muchhala 2020 in Bezug auf einen globalen GND).

Ein Beispiel dafür ist die versorgungsökonomische Mobilität, die der Androzentrismus systematisch unsichtbar macht. Eine grundlegende Untersuchung (Spitzner/Beik 1995) hat dieser verzerrenden Sichtweise die haushaltlichen Wirklichkeiten entgegengestellt und deren verkehrliche Bedeutung, auch in ihrer Größenordnung, transparent gemacht. Bis heute jedoch verweigern die öffentlichen Statistiken die Umstellung auf nichtandrozentrische Daten. Es brauchte 25 Jahre, bis erstmals wieder repräsentative Daten, von privater Seite aktualisiert, vorgelegt werden konnten (siehe Abbildung nächste Seite).

Weiter unten soll darauf eingegangen werden, inwieweit die basale gesellschaftliche Ökonomie beim GND androzentrisch marginalisiert, als un-

Überwindung genderbedingt verzerrter Datengrundlagen (Rekonzeptualisierung von bisher androzentrischen Datenerhebungen)

Gegenüberstellung: Androzentrische gegenüber einer Datenerhebung, die die gegenderte Ökonomie transparent macht

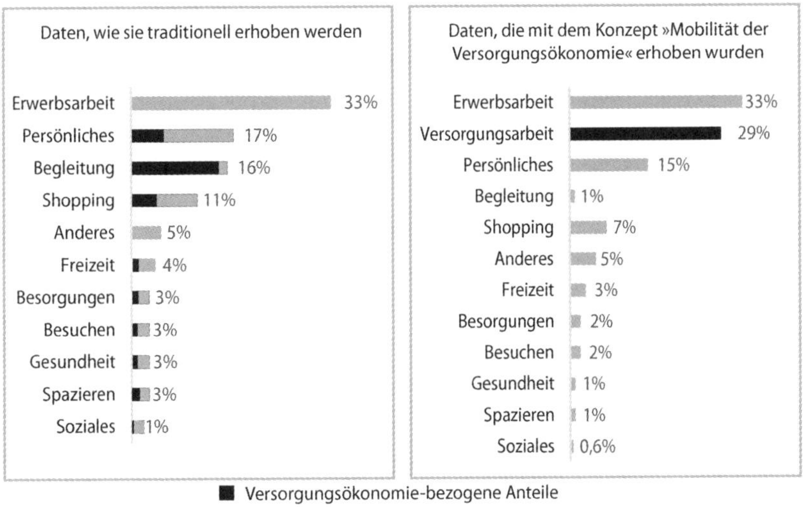

Alle Wege nach Wegezwecken, 30-45jährige Bevölkerung, Madrid 2014; Quelle: Grafische Darstellung nach Sánchez de Madariaga/Zucchini (2019), Konzept »Mobilität der Versorgungsökonomie« nach Spitzner/Beik (1995)

maßgeblich für die vom GND bearbeiteten Fragen ökonomischer Transformation systematisch ausgeblendet und maskulinen Wertmaßstäben unterworfen wird. Das trifft zuvorderst die unbezahlte Versorgungsökonomie, die innerhalb und zwischen Haushalten geleistet wird, sowie den bezahlten Care-Sektor, der trotz seiner Bedeutung systematisch abgewertet wird.

Dabei geht es darum, inwieweit in den GND-Konzepten, selbst wenn sie einen »gerechten« Übergang gestalten wollen, ein ökonomischer Androzentrismus festzustellen ist. Es wird zu fragen sein, inwieweit dieser zugleich die gesellschaftlichen und ökonomischen Realitäten verkennt, von denen jedoch ausgegangen werden muss, soll die Krise von Wirtschaften, Klima und Ökologie bewältigt werden.

c) Transformation unter Missachtung geltender gesetzlicher Vorgaben

Zunächst ist es hinsichtlich der Androzentrismus-Problematiken, der *inhaltlichen* Aspekte der Fachpolitiken und der übergreifenden Strategiepolitiken wichtig, zur Kenntnis zu nehmen, dass sich seit zwei Dekaden national wie international die Geschlechtergleichstellungs-Politiken wesentlich weiterentwickelt haben. Seitdem *Gender-Mainstreaming*-(GM)-Gebote in der EU und in Deutschland verankert wurden, wird die Behauptung vermeintlicher Genderneutralität ohne deren Nachweis immer noch politisch praktiziert, ist aber nicht mehr erlaubt. Es besteht das Risiko, dass eine große Transformation auf der Basis aufbaut, dass geltende gesetzliche Regelungen von Rechtsstaaten gebrochen werden. GM verlangt von allen Fachpolitiken aktive positive fachliche Beiträge der Beförderung von Geschlechtergerechtigkeit.[3] Dies gilt auch für die Klimapolitik. Der letzte UN-Weltklimagipfel im Dezember 2019 mündete in einem konkreten »Erweiterten Gender-Aktionsplan«, der die Wissensbestände, Inhalte und Ausrichtung der Klimapolitiken umfasst (vgl. Obergassel u.a. 2020).

d) Notwendige Wirksamkeiten
Konkret nachgewiesen ist für klimarelevante Sektoren wie den Verkehr, dass androzentrische Politikansätze die Wirklichkeiten von Mobilität systematisch aus dem Blick verlieren und sich so Möglichkeiten hin zu Nachhaltigkeit, Klimaschutz und Minderung der Ressourcenvernutzung selbst verbauen.[4] Inzwischen fragt das Umweltbundesamt danach, wie gerade *aufgrund* des Adressierens struktureller Ursachen der Ungleichheiten in einem transformatorischen Verständnis »genderresponsive« klimapolitische Maßnahmen wichtige Beiträge zu Erhöhung nicht nur der Akzeptanz, sondern auch der Wirksamkeit der Klimapolitik leisten. »Genderresponsiv« meint, Vorschläge zur Beseitigung von Ungleichheitsverhältnissen zu machen und die Politik entsprechend genderverantwortlich auszurichten.[5]

Anstehende Transformationsprozesse

In der nichtandrozentrisch-genderreflektierten Nachhaltigkeits- und in der feministischen Umweltforschung sowie in der feministisch-ökologischen politischen Auseinandersetzung werden die ökonomischen, sozialen und ökologischen Transformationsprobleme seit langem integriert thematisiert. Sie

3 Zusammenfassung der gesetzlichen und untergesetzlichen Regelungen in Spitzner u.a. 2020 sowie GenderKompetenzZentrum 2010.
4 Erstmals wissenschaftlich herausgearbeitet in dem heute über Researchgate wieder verfügbaren »alten« Grundlagenwerk Spitzner/Beik 1995; vgl. auch Spitzner u.a. 2020.
5 Dieser Begriff ist innerhalb der UN, auch der Verhandlungen unter dem Regime der Klima-Rahmenkonvention, seit längerem gebräuchlich; für den Begriff im Deutschen vgl. die Definition in Spitzner u.a.: 49.

machen Vorschläge für eine Veränderung des Wirtschaftens, die im Folgenden dargelegt werden. In den meisten GND-Konzepten werden sie ignoriert.

Für die feministisch-ökologische Analyse kapitalistischer und wachstumsökonomischer Krisen steht der Zusammenhang zwischen der Krise der gesellschaftlichen Reproduktion und der Krise des gesellschaftlichen Verhältnisses zu Natur und Umwelt im Mittelpunkt (vgl. Braidotti u.a. 1994; Spitzner/Beik 1995; Young 1998; Wichterich 2012; Spitzner/Buchmüller 2016). Der Kern der Kritik ist, dass die Arbeit von Frauen durch die Gesellschaft angeeignet und ausgebeutet wird, als wäre sie eine unendlich verfügbare, voraussetzungslos »nachwachsende« und unentgeltliche Ressource. Die Ausbeutung von Natur und Care-Arbeit ist die Grundlage des Wachstums in jeder Marktwirtschaft. Damit wird jedoch die Ressourcenbasis nicht nur der Erde, sondern auch der Care-Ökonomie höher belastet (vgl. Floro 2012). Die »Krise der Care-Ökonomie« stellt also eine vergeschlechtlichte ökonomisch-ökologisch-soziale Krise dar.

Die schädlichen Auswirkungen einer auf Profitmaximierung basierenden Wirtschaft auf Menschen und Natur bleiben kostenfrei, die Handlungsfolgen werden ökologisch und sozial externalisiert. Nicht nur beeinträchtigen die entsprechende Verknappung und ungerechte globale Verteilung lebenswichtiger Ressourcen wie Luft, Wasser und Nahrung die regenerativen menschlichen Grundlagen. Sie überlasten auch die für die soziale Reproduktion Verantwortlichen, da das Versorgen seiner Natur nach *zeitintensiv* ist. Hier greifen androzentrische Annahmen über Ökonomie nicht: Care-Arbeit ist nur eingeschränkt räumlich und zeitlich flexibilisierbar, Personal nur begrenzt substituierbar. Effizienzsteigerung und Rationalisierung der Versorgungsarbeit sind deshalb kaum möglich (vgl. Davies 1999). Eine Wachstumswirtschaft, die Care-Arbeit als Ressource ausbeuten sowie ihre Handlungsfolgen externalisieren darf, untergräbt damit die gesellschaftlichen Kapazitäten für die soziale Reproduktion. Sie bewirkt zudem die Unterversorgung von Menschen, die auf sie angewiesen sind. Die ökologische Krise und die Krise der sozialen Reproduktion werden so als zwei Prozesse begreifbar, die untrennbar miteinander verbunden sind.

Bisher ist die Rede von sozialer Reproduktion und Care-Ökonomie insgesamt. Care-Ökonomie umfasst hier die Versorgungsökonomie und den Care-Sektor. Die Versorgungsökonomie ist das genderspezifisch externalisierte Wirtschaften und Haushalten im Rahmen der Versorgungsarbeit. Sie wird innerhalb und zwischen Haushalten alltäglich geleistet (ist ökonomische Praxis) und folgt einer bedürftigkeitsorientierten Logik (ökonomische Rationalität). Seitens der androzentrischen Ökonomik wird diese Versorgungsökonomie als nicht-existent bewertet, sie gehört nicht zur Ökonomie und wird deshalb aus der gesellschaftlichen Finanzierung ausgeschlossen. Der Care-Sektor umfasst die weitgehend unterbezahlten und von Frauen dominierten versorgungsrelevanten Beschäftigungen, etwa personenbezogene Dienstleistungen der Krankenpflege. Frauen tragen in der Versorgungsökonomie und im Care-Sektor allerdings nicht nur die Verantwortung für die Bedarfe und Bedürftigen, sie tragen auch die Finanzierung – in der Schweiz etwa 148 Milliarden Franken im Jahr (Madörin 2019). Und sie tragen zudem die Mehrkosten, die durch die ökologische Krise entstehen.

Ökonomisch-sozial-ökologische Krise der Versorgungsökonomie – am Beispiel Verkehr

Die Krise der Versorgungsökonomie besteht in dem dialektischen Zusammenhang zwischen rationaler und materialisierter infra-/struktureller, politischer und ökonomischer Ausblendung, Abwertung, Nichtbedienung und Externalisierung versorgungsökonomisch relevanter Aufgaben sowie der Generierung ökologischer Probleme. Letztere weisen dabei ihrerseits genderhierarchische Strukturierungen auf. Von dieser Krise gehen Dynamiken aus, die sowohl für das Klima als auch für die Gleichstellung fatal sind – und die genau deshalb eine Klima- *und* gendertransformative Gegensteuerung notwendig, sinnvoll und effektiv machen.

Dies zeigt sich am Beispiel der Verkehrserzeugung. Sie resultiert aus einer personellen (qua Maskulinität), institutionellen (Nicht-Wahrnehmung von Daseinsvorsorge), zeitlichen (technisch nicht beschleunigbare Aufgaben), ökonomischen (Rückzug des Staats aus sozial orientierter Regulation) und infrastrukturellen Externalisierung versorgungsökonomischer Rationalität und Verantwortungswahrnehmung. Wenn z.B. ein Infrastruktursystem nicht systematisch für seine Gebrauchsfähigkeit für alle Menschen, also für sehr diverse Lebenslagen, verantwortliche Sorge trägt, setzt es Menschen Risiken aus und lässt sie plötzlich zu »Bedürftigen« werden[6], was wiederum im Bereich der Versorgungsökonomie aufgefangen werden muss. Als Folge zeitigen typische im »Privaten« verfügbare Anpassungsstrategien gleichzeitige Auswirkungen: genderhierarchisierende Lebenslagen in Haushalten, eine Fortschreibung der politischen und ökonomischen Externalisierung (»Privatisierung«) von Reproduktions- und Versorgungsarbeitsaufwand sowie ein Zuwachs des ökologisch problematischen Verkehrsaufwands, eine Verlage-

6 Damit erweisen sich solche Infrastruktursysteme als »diskriminatorische Regime« (Crenshaw n. Großmann 2017: 63); vgl. auch die Erkenntnisse aus der Forschung zu Intersektionalität.

rung des Verkehrs auf ökologisch problematische Verkehrsmittel und sozial problematische Mobilitätsrestriktionen in der Gesellschaft.

Die versorgungsökonomische Überlast mündet in – zugleich genderhierarchische Verschärfungen und Verkehrsabhängigkeiten erzeugenden – »Lösungen« wie »globale Sorgeketten«[7] (Hochschild 2000) und Stadt-Stadtrand-Beziehungen, die sich auch verkehrlich niederschlagen (z.B. in der Problematik des Fernbusverkehrs).

Auch Kuhl (2012: 25) stellt fest, dass die Bereiche marktwirtschaftlicher (private gewerbliche Wirtschaft) und nicht-marktwirtschaftlicher Art (öffentlicher Sektor, private Haushalte) in einer Wechselbeziehung zueinanderstehen und voneinander abhängig sind. Entsprechend würden Veränderungen in dem einen Bereich, wie z.B. Einsparungen oder zusätzliche Ausgaben, unweigerlich Auswirkungen auf den anderen Bereich haben. So fielen bei Deregulierungen im Marktsektor im nicht-marktwirtschaftlichen Bereich Kosten an. Dies gelte insbesondere für die private Haushaltsökonomie, die auf einer nichtmonetären Grundlage mit dem Faktor Zeit Produkte herstellt und Dienstleistungen erbringt. Auch Kuhl verweist auf das Ergebnis einer »zeitlichen Verarmung«: Das Zeitkontingent für die Familienarbeit verknappt sich, sodass sich entsprechend die privaten Kapazitäten für Investitionen in Pflege, Betreuung und Bildung für Erwachsene sowie für abhängige Familienmitglieder (z.B. Kinder) verringern (ebd.: 25).

Am Beispiel der Privatisierung der Deutschen Bahn zeigt sich, wie zum einen Teile der öffentlichen (vorrangig kommunalen, aber eben auch Bundes-) Daseinsvorsorge und gemeinwohl-relevanten Aufgaben an privatwirtschaftliche Akteure übergeben werden. Für deren Dienste müssen die BürgerInnen nun als »KundInnen« zahlen, wodurch sie auf »KonsumentInnen« reduziert werden. Zum anderen werden ehemals vergesellschaftete Aufgaben (im Verkehr insbes. die von der EU als »gemeinwirtschaftlicher Verkehr« bezeichnete) in die privaten Haushalte und damit an die VersorgungsarbeiterInnen und/oder ins Ehrenamt (zurück)verlagert (vgl. Spitzner 2005). Letzteres bezeichnet man als »Feminisierung der Umweltverantwortung«,[8] auf welche

7 Frauen aus Osteuropa oder Ländern des globalen Südens schließen die Care-Lücke in reicheren Regionen für eine (Visums-)Dauer in Form bezahlter Care-Arbeit, um mit Rücküberweisungen den Familien zu Hause einen sicheren oder höheren Lebensstandard und Bildung zu finanzieren, während ihre eigenen Versorgungspflichten zu Hause wiederum häufig von anderen Frauen übernommen werden; Frauen, die in reicheren Haushalten putzen, können sich eine Wohnung aber nur am Stadtrand leisten.

8 Bereits in den 1990er-Jahren haben Monika Weiland und Irmgard Schultz (1991; vgl. auch Schultz 1993) und Christa Wichterich (1992) die »Feminisierung der Umweltverantwortung« als zentrale Problematik androzentrisch marktzentrierter Umweltpolitiken herausgearbeitet.

als zentrale Problematik androzentrisch marktzentrierter Umweltpolitiken auch im Zusammenhang von Suffizienz noch zurückzukommen sein wird.

Statt dass Verkehrspolitik Maßstäbe anhand ihrer Mobilitätsorientierungen bildet, werden Versorgende, vor allem Frauen, durch strukturelle Bedingungen als Individuen dazu getrieben, selbst ökologisch destruktiv zu agieren: Die maskulin gegenderte Motorisierung sowie die maskulin genderspezifische Affinität zu Pkw, hochmotorisierten Verkehrsmitteln, Hochgeschwindigkeit haben lange nichts mehr mit den Orientierungen und Praxen der Menschen zu tun, die Versorgungsverantwortung übernommen haben. Frauen wurden in Zukunftsbetrachtungen Ende der 1990er Jahre noch eine »mäßige Mobilität« sowie soziale und naturale, zeitliche und Raum-Bindungen zugeschrieben (vgl. Miegel 1997). Statt einer Politik der »Emanzipation vom Auto« insbesondere von nicht versorgend Tätigen und der hochmotorisierten Männer soll laut EC-GD die Förderung von Elektro-Automobilität im Vordergrund stehen.[9]

Die tendenzielle Nötigung zur Rationalisierung im Sinne von Technologisierung (z.B. Auto-Anschaffung, Haushaltsgeräte) und zur Kommodifizierung der Versorgungsarbeit (z.B. transport- und energie-intensive Fertiggerichte, Wäschetrockner u.a.) entsteht angesichts dessen, dass politisch keine Verantwortung für die Bedingungen einer sozial und ökonomisch nachhaltigen Versorgungsökonomie übernommen wird. Politiken, die absichern, dass alle Haushalte die Güter und Dienstleistungen des täglichen Bedarfs in ihrer Nähe bekommen können, existieren nicht. Erreichbarkeitsplanungen bezogen auf die Haushalte, Care- und Versorgungsökonomie liegen bis heute nicht den Nahverkehrsplänen zugrunde. So steigt die Transport- und Energieintensität auch der Versorgungsökonomie, und damit auch ihre Emissionen und ihr Ressourcenbedarf.

Mehr Verkehr in Form von Umweg-Erfordernissen, Bewältigen der für versorgungsarme Quartiere und Siedlungen gewachsenen Entfernungen, Bring- und Begleitverkehr ist das, was eine die Bedürftigkeiten des Menschen und die Rationalität der Versorgungsökonomie nicht begreifende und nicht bedienende (öffentliche Nah-) Verkehrspolitik und -planung generiert. Nahverkehrs-Takte werden bis heute nicht auf Teilzeit-Erwerbsarbeit abgestimmt, nicht auf die Schichtzeiten des Krankenhauspersonals, Gehwegbreiten nicht am Nebeneinandergehen, Lastentragen und an den motorischen Bedürfnissen von Kindern orientiert. Warum gibt es Marktbusse nicht als

9 In Deutschland kam es bereits zu einer klimapolitisch begründeten, aus Steuermitteln finanzierten, als »Umweltbonus« eingeführten Kaufprämie für Privathaushalts-Elektro-Pkw im Klimaschutzpaket 2019.

Regelangebot in ländlichen Gemeinden? Warum werden (als zeitpolitisches Beispiel, das im Greater London Council als Verkehrsmaßnahme umgekehrt wurde) Lichtsignalphasen systematisch zulasten derer, die Wind und Wetter ausgesetzt sind, geschaltet?

Strukturelle maskuline Gewalt im öffentlichen Raum und öffentlichen Verkehr ist ein uraltes und bekanntes Risiko. Dieses verschärft sich noch dann und dort, wo ihr Raum gegeben wird, etwa durch Verkehrsgestaltungen oder wenn diese potenzielle Gewalt nicht durch soziale Belebtheit »im Zaum« gehalten wird (bei Dunkelheit, an gering bewohnten Orten, Unterführungen, abgelegenen oder unterirdischen Haltestellen etc.). Diese genderbasierte Bedrohung insbesondere von Mädchen und Frauen wird bis heute nicht politisch an der Wurzel angegangen. In GND-Ansätzen ist sie kein Thema.[10] Bewegungsfreiheit sicherzustellen, ein Kern politischer Verkehrsverantwortung, wird den Haushalten und BürgerInnen als private Aufgabe zugeschoben. Diesen bleiben angesichts ihrer begrenzten Gestaltungsmacht nur wenige Möglichkeiten, dem mobilitätsbeschränkenden strukturellen maskulinen Gewaltrisiko zu entgehen: »freiwilliger« Mobilitätsverzicht, (vermögensabhängig nur verfügbares) Ausweichen zum segregierten Wohnstandort, vor allem aber (versorgungsökonomische) Begleit-Transportdienste und: Automotorisierung. Der Anteil an den Automotorisierungs-Gründen, der der strukturellen maskulinen Gewalt im öffentlichen Raum geschuldet ist, wird – trotz verkehrspolitischer Thematisierung seit den 1970er Jahren[11] – bis heute nicht systematisch untersucht und in den offiziellen Statistiken (selbst des Kraftfahrtbundesamts, das genau mit der regelmäßigen Vorlage der Daten zur Motorisierung beauftragt ist) nicht ausgewiesen, dürfte allerdings eine erhebliche Rolle spielen. GND-Konzepte adressieren – bis auf die o.g. Ausnahme – strukturelle maskuline Gewalt im öffentlichen Raum politisch durchweg nicht.

Die politische Dethematisierung der Krise der Versorgungsökonomie – fortgeführt im EC-GD, in dem diese mit keinem Wort thematisiert wird – führt

10 Corbyn, der den GND-Ansatz der UK Labour-Partei forcierte, erkannte immerhin die sozialen verkehrlichen Auswirkungen, auch wenn daraus keine nennenswert politische Perspektive erwuchs. Er sagte 2015: »Es ist inakzeptabel, dass viele Frauen und Mädchen ihr tägliches Leben anpassen, um zu vermeiden, auf der Straße, in öffentlichen Verkehrsmitteln und an anderen öffentlichen Orten vom Park bis zum Supermarkt belästigt zu werden […] Dazu könnte gehören, längere Wege zur Arbeit zu nehmen, selbst auferlegte Ausgangssperren zu haben oder bestimmte Verkehrsmittel zu meiden.« Siehe »Jeremy Corbyn raises possibility of women-only train carriages« (26.8.2015), https://www.theguardian.com, Übers.: M.S..

11 Die Diskussion um das kostenlose Frauen-Nachttaxi sollte, neben deren politischer Thematisierung auch die gemeinwirtschaftlichen Kosten und die Reinternalisierung der ökonomischen Kosten maskuliner Gewalt im öffentlichen Raum aufzeigen.

zu Verkehrserzeugung und Automotorisierung. Der dargestellte Druck auf alle Geschlechter zur Anpassung an ökologisch problematische Maskulinität wird politisch fortgeschrieben. Aus solcher Politik folgt entsprechendes Verkehrs»verhalten«: die Tendenz zum »Doing Unsustainability« in Bezug auf problematische Zeit-, Raum- und Natur-Verhältnisse, ein die Strukturen bestärkendes und reproduzierendes rationales Handeln auf individueller Ebene. Dies ist aber nicht der »Moral«, »mangelnder Information« oder »fehlendem Bewusstsein« der BürgerInnen anzulasten, sondern den androzentrisch politisch hergestellten Bedingungen.

Diese Punkte zeigen in Bezug auf Verkehr, dass von GND-Konzepten, die die Krise der Reproduktion und die ökonomisch-sozial-ökologische Krise der Versorgungsökonomie *nicht* reflektieren und *nicht* politisch adressieren, die oben genannten vier Risiken ausgehen.

Der EC-GD begreift Mobilität als bestehend aus »Verkehrsträgern« und deren »Nutzern«:

> »Um Klimaneutralität zu erreichen, müssen die verkehrsbedingten Emissionen bis 2050 um 90 % gesenkt werden. Alle Verkehrsträger (Straße, Schiene, Luft- und Schifffahrt) werden zu dieser Verringerung beitragen müssen. Die Verwirklichung einer nachhaltigen Mobilität bedeutet, den Nutzern Vorrang einzuräumen« (Europäische Kommission 2019: 12).

Damit sind die aufgezeigten komplexen Zusammenhänge zwischen versorgungsökonomischen, sozialen und ökologischen Strukturierungen in einem Maße ausgeblendet (Risiko 2), dass Akzeptanz und Wirksamkeiten (Risiko 4) eines solchen GD-Ansatzes sehr fraglich sind. Wie sollen so tragfähige und innovative wirksame politische Handlungsmöglichkeiten erschlossen werden können? Wo bleibt der transformatorische Zugang zu Mobilität insgesamt (vgl. Spitzner 2020)?

Indem der EC-GD (ebd.) darauf abzielt, »den Nutzern […] erschwinglichere, besser zugängliche, gesündere und sauberere Alternativen zu ihren derzeitigen Mobilitätsgewohnheiten zu bieten«, könnte er die Hoffnung erwecken, dass ein massiver quantitativer und qualitativer Ausbau des Umweltverbunds aus Tag- und Nacht-Fußwegenetzen, differenzierten Radwegenetzen und Bus und Bahn finanziell unterlegt werde. Doch bei näherer Sicht meint »Alternativen« für den EC-GD lediglich Fahrzeugantriebswechsel und Digitalisierung hinsichtlich »Mobilitätsdienstleistungen«. Damit sind diejenigen, die keine Nutzer sind, weil ihnen kein effektiver benutzbarer ÖPNV zur Verfügung gestellt wird (sei es aus ökonomischen Gründen, sei es mangels Daseinsvorsorge für die BürgerInnen oder sei es aufgrund von unfreiwilliger Immobilität, die der Unzulänglichkeit von Umweltverbund-Verkehrsinfrastrukturen oder der maskulinen Gewalt im öffentlichen Raum geschuldet ist), per se ausgeschlossen aus der gesamten Strategie.

Und: Versorgungsökonomische Rationalität und Praxis werden als überproportional verantwortliches Handeln und reflektiertes Abwägen und Entscheiden gar nicht ernst genommen: Das Verkehrshandeln von BürgerInnen scheint nicht der rationalen Bewältigung von Zeit- und Kraftkonflikten geschuldet, sondern wird als blanke (naheliegend »eingefahrene«) »Gewohnheiten« betrachtet (ebd.:12). Doch also statt besserer Bedingungen für alle nur »mehr Bewusstsein« sowie »mehr Information« für die digital Affinen und Versorgten?

Allein die ungleiche Unterstützung der Versorgungsökonomie und des Care-Sektors in Relation zu den anderen gesellschaftlichen Ökonomien, der öffentlichen Wirtschaft und der Akkumulationsökonomie (etwa der Autoindustrie, der, statt sie mit Rück- und Umbau zu konfrontieren, nun mit öffentlich finanzierten Ladeinfrastrukturen verbesserte Markteintritte angeboten werden, vgl. EC-GD 2019:13), folgt einer Genderhierarchisierung und schreibt die Ungleichheitsorientierung fort. (Risiko 1)

Jüngst hat der Kongress »Frauen machen Mobil(ität)« (2021/noch unveröffentlicht) von Bündnis 90/Die Grünen ein »Recht auf besitzunabhängige Mobilität für alle« verkehrspolitisch ausbuchstabiert und gezielte Umsetzungsvorschläge für eine Umkehrung der Autoverkehrs-begünstigenden verkehrspolitischen Prioritäten zugunsten eines Vorrangs für den Menschen entwickelt. Dagegen enthält der EC-GD (bisher) keine Maßnahmen zur Minderung sozialer Ungleichheiten, auch in der Bewegungsfreiheit. Stattdessen sieht er vor – ohne strukturelle Verkehrserzeugung überhaupt zu thematisieren – die Anwendung des europäischen Emissionshandels auf den Straßenverkehr »in Erwägung zu ziehen«. An Rückbau nimmt er lediglich Abschaffung von Subventionen für fossile Brennstoffe und »wirksame Straßenbenutzungsgebühren in der EU« in den Blick. Zudem sollen »den Luftfahrtunternehmen im Rahmen des EU-Emissionshandelssystems weniger Zertifikate kostenlos« zugeteilt werden (EC-GD 2019:13). Marktökonomische Instrumente stehen im EC-GD im Vordergrund. Es ist die Frage, ob sie nicht letztlich die unbezahlten versorgungsökonomischen Kontexte belasten. Zu beachten ist allemal: Einkommens-bezogene steuerliche Vergünstigungen grenzen genau unbezahlte Versorgungsökonomie aus.[12]

12 Auf sozialen Ausgleich gerichtete ökologische »Pro-Kopf«-Rückerstattungen für ökologische Preiserhöhungen – wie z.B. das »Energiegeld« der Grünen – kommen allerdings der Versorgungsökonomie als Arbeit für andere auch nicht unmittelbar zugute.

Schlussendlich sieht der EC-GD auch kein *Gender Mainstreaming* der Verkehrs- und anderen Fachpolitiken vor, obwohl dies auf EU-Ebene für alle Programme und Strategien verpflichtend ist (Risiko 3) und von der internationalen Klimapolitik mit dem Gender-Aktionsplan gefordert wird. Es fehlt ein systematisches *ex-ante-Gender Impact-Assessment* der enthaltenen Gesamt- und Einzelstrategien wie der zu Verkehr, wie es in mehreren europäischen Staaten gesetzlich verbindlich gemacht und jüngst in Deutschland für die Klimapolitik weiterentwickelt worden ist.[13] Wie aber können so – wie gefordert – Vorsorge gegen kontraproduktive »Folgen« des EC-GD in Hinsicht auf Geschlechtergerechtigkeit sowie die aktiven und positiven Beiträge des EC-GD zu deren Beförderung seriös abgeschätzt und durch Daten und plausibilisierte Wirkungsketten validiert werden?

Aus der Betrachtung der aufgezeigten ökonomisch-sozial-ökologischen Zusammenhänge sind mindestens drei Schlussfolgerungen für GND-Konzepte zu ziehen:

Erstens eine *makroökonomische Folgerung*: »Die private Haushaltsökonomie muss systematisch als Bestandteil der Volkswirtschaft betrachtet werden, die bisher nach allgemeiner Lesart lediglich aus der privaten Wirtschaft und dem öffentlichen Sektor besteht. Erst dann wird das Gesamtbild der Produktion ökonomischen, ökologischen und sozialen Wohlstands sichtbar« (Kuhl 2012: 25).[14] Zweitens eine *finanz- und fiskalpolitische Folgerung*: Nachhaltigkeitswirksam dürfte ein Green New Deal nur dadurch werden, dass Fiskalpolitik den Care-Sektor und die Versorgungsökonomie nicht beschneidet (vgl. Muchhala 2020). Im Gegenteil müssen sich drittens *Investitions- und Konjunkturprogramme* genau der Finanzierung dieser Bereiche widmen – angesichts ihrer Systemrelevanz, des ökonomisch-sozial-ökologischen Charakters der Krise der Versorgungsökonomie sowie der verfassungsrechtlich verankerten aktiven Gleichstellungsgebote und der GM-Gebote.

13 Die sieben Genderdimensionen, wie sie jüngst für die Klimapolitik im Auftrag des UBA weiterentwickelt wurden, fokussieren systematisch auf strukturelle gesellschaftliche Genderprobleme, auf Ungleichheit und Machtverhältnisse erzeugende und aufrechterhaltende Faktoren und Wirkungszusammenhänge und zeigen konkrete politische Gestaltungsmöglichkeiten auf. Mit ihrer Hilfe sind auch die grundlegenden nationalen Klimastrategien analysiert und entsprechende Handlungserfordernisse identifiziert worden. Vgl. Spitzner u.a. 2020, Kap. 5 sowie für einen Globalen Green New Deal Muchhala 2020.

14 Madörin verweist zudem unter Bezug auf Baumol auf die ökonomisch-sozial-ökologische Problematik des zunehmenden Preisrelationsgefälles zwischen Akkumulationsökonomie und Care-Sektor in Kombination mit der Versorgungsökonomie. Die Arbeitsproduktivität personenbezogener (Dienst-)Leistungen lässt sich kaum steigern, weil sie zeitintensiv bleibt, sodass die ausstehende Sicherung des ungeheuren Finanzvolumens der Versorgungs-/Care-Ökonomie mit das drängendste ökonomische Problem der Zukunft darstellen wird. Siehe Madörin 2019.

Nagelprobe Suffizienz – Politische Weichenstellungen angesichts der Gender-Brisanz im GND

Der EC-GD für den Verkehr umfasst letztlich lediglich Effizienzsteigerung im Güter- und Luftverkehr, Automatisierung und Digitalisierung »multimodaler Mobilität« und ansonsten nur eine »Antriebswende«. Die nun quantifizierten Klimaziele (Senkung der verkehrsbedingten Emissionen bis 2050 um 90 Prozent) werden mit solchen Anstrengungen nicht erreichbar sein.

Dabei waren wir schon weiter: Die ökologische verkehrspolitische Diskussion betrachtet Emissionen und Ressourcen, worauf der EC-GD reduktionistisch abhebt, lediglich als einen Teil der ökologischen Probleme des Autoverkehrs. Sie integriert auch die weiteren wesentlichen ökologischen Probleme wie Raumenteignung gegenüber ökologisch und sozial verträglicheren Mobilitätssystemen, Zerschneidung von Natur (problematisch für Biodiversität) und Orten, Bedrohung von Menschenleben. Noch wesentlicher ist: Es gab schon weit avanciertere Lösungskonzepte und -anstrengungen, die zumindest in Deutschland längst unter allen Fraktionen des Bundestages Zustimmung gefunden hatten. Unter »Verkehrswende« wurde – gerade im Hinblick auf Klima – seit Ende der 1980er Jahre *Verkehrsvermeidung* als zentrale Strategie diskutiert, die ergänzt wurde um Strategien der Verkehrsverlagerung, im Personenverkehr die Verlagerung vom Pkw insbesondere zum öffentlichen Verkehr, und der Verkehrsverbesserung. Die Klima-Enquete-Kommission des Deutschen Bundestages verständigte sich gar auf die Einsicht, dass die Minderung (raum-) *struktureller Verkehrserzeugung* unverzichtbar sei, und titelte ihr erstes Kapitel zu den Emissionsminderungspotentialen im Verkehrsbereich mit »Beeinflussung der verkehrsverursachenden Strukturen«. (Deutscher Bundestag 1994: 72f)[15]

Die aus diesen politischen Diskussionen und manchen Umsetzungen hervorgegangenen, im Vergleich zu anderen Sektoren recht früh entwickelten Transformationsansätze des Verkehrsbereichs haben sich sektoral sogar verbreitert: Sie fanden in den letzten Jahren auch Eingang in den (Haushalts-) Energiebereich (vgl. Brischke u.a. 2015).

Hieran ließe sich genau jetzt mit Transformationspolitiken anknüpfen. Strukturelle Verkehrserzeugung zu mindern bedeutet, sich vom Primat ener-

15 Die Auseinandersetzung mit den Erfordernissen einer »Verkehrswende« im Sinne von »Verkehrsvermeidung« wurde nicht nur im Bundestag, sondern auch vom Sachverständigenrat für Umweltfragen und von der nachhaltigkeitsorientierten Verkehrsforschung von den 1990er bis zur Mitte der 2000er Jahre – zu guten Teilen auch nichtandrozentrisch (vgl. u.a. Hesse 1993; Spitzner 1994) – geführt.

gie- und transportintensiver, die Versorgungsökonomie und Daseinsvorsorge vergessender, auf Wachstum und Akkumulation orientierter Modernisierungspfade zu verabschieden.

Umweltpolitisches Verursacherprinzip sowie das klimapolitische Vorsorgeprinzip (Mitigation) sind konsensuale und legitimierende Prinzipien. Es ist wichtig, dass sie jetzt endlich auch in Hinsicht auf die soziale Reproduktion und gegenüber der Krise der Versorgungsökonomie angewandt werden. Haushalte, somit die Haushaltsversorgenden und die Versorgungsbedürftigen, sind nicht »Verursacher« der Emissionen. Im Gegenteil: Es bedarf der politischen Vorsorge gegen eine Feminisierung der Umwelt-, Klima- und Ressourcenverantwortung und gegen eine akkumulationsökonomische Externalisierung in die Versorgungsökonomie – sie ist eben keine kostenlose Ressource und Senke. Der Technisierungs- und Motorisierungsdruck auf die Versorgungsökonomie, auf die Haushalte muss abnehmen. Nötig ist eine sozial-ökonomisch-ökologisch-institutionell nachhaltige gesellschaftliche Organisation der Versorgungsökonomie und des Care-Sektors, wenn eine Politik der »ökonomischen und sozialen Transformation unserer Wirtschaft« den eingangs umrissenen vier Herausforderungen standhalten will. Die politisch-finanzielle Verantwortung für die soziale Reproduktion als basaler gesellschaftlicher Ökonomie muss als ökologisch-ökonomische Herausforderung begriffen und mit der Entlastung von problematischer Energiebedarfs- und Verkehrserzeugung verbunden werden. Konkret hieße das z.B. umsichtig versorgende Verkehrsinfrastruktursysteme und Sicherung eigenständiger und besitzunabhängiger Mobilität für alle.

Ausblick – Anknüpfen an diskutierte Instrumente

»Emanzipative Suffizienz-Politik«[16] stellt sich der androzentrischen Konstruktion, die Emissions-Verursachung privaten Haushalten zuzuschreiben, sowie der moralisierenden Externalisierung dieser Verantwortung aus Akkumulationsökonomie und Politik in die Versorgungsökonomie entgegen. Sie bezieht sich darauf, dass das Emissionswachstum strukturell erzeugt wird und Androzentrismus hierbei implizite Strukturwirksamkeiten entfaltet. Sie verweist auf entsprechende strategisch-konzeptionelle Korrekturen, insbesondere makroökonomische, fiskalpolitische strategische Ansätze und sol-

16 Dieser Ansatz konnte im Rahmen eines vom BMBF geförderten dreijährigen Projekts »Energiesuffizienz« entwickelt werden (siehe Spitzner/Buchmüller 2016). Dabei gingen wichtige Erkenntnisse aus den frühen verkehrswissenschaftlichen, politisch-parlamentarischen und Frauenbewegungs-Diskursen zur Verkehrsvermeidung ein.

che für Investitions- und Konjunkturprogramme, wie sie oben umrissen wurden. Sie verweist auch auf konkrete ökonomisch wirksame Instrumente, die die strukturelle Erzeugung von Energiebedarfen und von Verkehrsaufwand politisch reduzieren. Dazu gehörten etwa eine Verkehrserzeugungsabgabe für Unternehmen, die aufgrund der Ausnutzung von Bodenpreisgefälle, *Economy of Scale* etc. Nahversorgungen aushebeln und Liefer-, Beschäftigten-, KundInnen- und Entsorgungsverkehre erzeugen.[17] Und es gibt weitere ökonomische Instrumente, die strukturelle Verkehrserzeugung dynamisch mindern können: eine reguläre Verkehrsauswirkungsprüfung von Gesetzen, die steuerliche Besserstellung nahversorgender Unternehmen, die Subventionierung und *public-commons*-orientierte modernisierende Erweiterung bestehender dezentraler versorgungsnaher Infrastrukturen (Volkshochschulen, Stadtteilbibliotheken und Bücherbusse), eine Rückzahlung der Energie-Dividende, die die Akkumulationsökonomie mit der fossilen Naturschätze-Ausbeutung vereinnahmt hat, an die Versorgungsökonomie (vgl. Spitzner u.a. 2015), die Abschaffung der steuerlichen Begünstigung von Dienstwagen, die in Deutschland 62 Prozent der jährlichen Pkw-Neuzulassungen ausmachen, etc.

Diesen »Pull«-Instrumenten stellt eine emanzipative Suffizienz-Politik (als »Push«-Instrument) auf der Haushaltsseite und der Seite der Versorgungsökonomie ein »Suffizienz-Recht«, bürgerliche Nachhaltigkeits- und Klimarechte des Versorgens und der Versorgenden zur Seite: das Recht, sich selbst, die/den PartnerIn und andere versorgen zu können ohne Minderung eigener Lebenschancen und eigenständiger Existenzsicherung und nicht zulasten der sozialen und naturalen Mit- und Umwelt.[18] Dieses könnte ein konkretes materielles Recht auf ausgebauten öffentlichen Verkehr, auf gute Nahversorgung mit Gütern des täglichen Bedarfs, auf bezahlbare energiesparsame Wohnungen vor Ort bedeuten. Solche Rechte können Dynamiken entwickeln, indem u.a. öffentliche Haftung und Einklagbarkeiten entstehen. So würde der Verfassungsgrundsatz der Daseinsvorsorge zu einem operationalisierten Rechtsbegriff.

17 Dieses Instrument wurde bereits in den 1990ern interfraktionell legislativ mit großer konstruktiver und abwehrender Resonanz diskutiert – siehe Spitzner u.a. 1992. Inzwischen gibt es in Frankreich etwas Ähnliches: eine Arbeitgeberabgabe (*versement transport*). Auf diese Weise wurden 2015 dort 40 Prozent der Kosten des Nahverkehrs finanziert. Städte mit mehr als 20.000 EinwohnerInnen können selbstständig über die Einführung und die Höhe einer solchen Abgabe entscheiden. Von dieser Möglichkeit machten 85 Prozent dieser Kommunen Gebrauch.

18 Näheres, die Ableitung und die Anwendung auf Haushaltsenergie findet sich in Spitzner/Buchmüller (2016). Bezogen auf die aktuellen Klimaprogramme der Bundesregierung sowie auf den Datenbedarf, um die Erfüllung der Suffizienzrechte auch für politikpraktische Nachsteuerung evaluieren zu können, siehe Spitzner u.a. 2020: Kapitel 5.

Mit diesen Suffizienz-Rechten führt ein nichtandrozentrischer Politikansatz ökonomisch-sozial-ökologischer Transformation weiter als die haltlosen Versprechen eines GND.

Literatur

Braidotti, Rosi / Charkiewicz, Ewa / Häusler, Sabine / Wieringa, Saskia (1994): Women, the Environment and Sustainable Development – Towards a Theoretical Synthesis. London.

Bundesministerium für Familie, Senioren, Frauen und Jugend (BMFSFJ) (2017): Zweiter Gleichstellungsbericht der Bundesregierung. URL: https://www.bmfsfj.de/, Zugriff: 14.10.2020.

Brischke, Lars-Arvid u.a. (2015): Energiesuffizienz – Strategien und Instrumente für eine technische, systemische und kulturelle Transformation zur nachhaltigen Begrenzung des Energiebedarfs im Konsumfeld Bauen/Wohnen – Rahmenanalyse. Heidelberg. URL: https://energiesuffizienz.files.wordpress.com/, Zugriff: 27.11.2020.

CSD Kommission für Nachhaltige Entwicklung (2001): Report on the Ninth session 5. May 2000 and 16-27 April 2001. Economic and Social Council Official Records, 2001, zitiert nach Stephan, Petra (2001): Die Welt auf dem Prüfstand – Nachhaltigkeitsindikatoren im Rio-Follow-up. Bonn.

Davies, Karen (1999): Temporalities of Work and Gender – zur vorfindbaren Diversität von Zeiten und Zeitdominanzen. In: Hofmeister, Sabine / Spitzner, Meike (Hg.): Zeitlandschaften – Perspektiven öko-sozialer Zeitpolitik. Stuttgart/Leipzig: 161-182.

Deutscher Bundestag (1994): Zweiter Bericht der Enquete-Kommission »Schutz der Erdatmosphäre« zum Thema Mobilität und Klima – Wege zu einer klimaverträglichen Verkehrspolitik. BT-Drucksache 12/8300 vom 15.7.1994. URL: http://dipbt.bundestag.de/, Zugriff: 25.1.2021.

Europäische Kommission, Directorate-General for Research and Innovation (Hg.) (2020): Gendered Innovations 2 – How inclusive Analysis Contributes to Research and Innovation. Policy Review. Luxembourg. URL: https://ec.europa.eu/, Zugriff: 11.12.2020.

Europäische Kommission (2019): Der europäische Grüne Deal. COM(2019) 640 final. URL: https://ec.europa.eu/, Zugriff: 29.10.2020.

Floro, Maria S. (2012): The crises of environment and social reproduction: understanding their linkages. In: *Journal for Gender Studies* 15(60): 13-31.

GenderKompetenzZentrum (2010): Gender Mainstreaming. URL: http://www.genderkompetenz.info/, Zugriff: 15.12.2020.

Giegold, Sven / Mack, Sebastian M. (2012): No stabilization of the €uro without a Green New Deal. Strategic paper by the Greens/EFA in the European Parliament. Düsseldorf. URL: https://sven-giegold.de/, Zugriff: 11.11.2020.

Green New Deal Group (2008): A Green New Deal. Joined-up policies to solve the triple crunch of the credit crisis, climate change and high oil prices. The first report of the Green New Deal Group. July 2008. URL: https://neweconomics.org/,Zugriff: 30.11.2020.

Großmann, Katrin (2017): Energiearmut als multiple Deprivation vor dem Hintergrund diskriminierender Systeme. In: Großmann, Katrin u.a. (Hg.): Energie und soziale Ungleichheit. Zur gesellschaftlichen Dimension der Energiewende in Deutschland und Europa. Wiesbaden: 55-78.

Hesse, Markus (1993): Verkehrswende. Ökologisch-ökonomische Perspektiven für Stadt und Region. Marburg.

Hochschild, Arlie Russell (2000): Global care chains and emotional surplus value. In: Giddens, Tony / Hutton, Will (Hg.): On the Edge: Globalization and the New Millennium. London: 130-146.

König, Tomke / Jäger, Ulle (2011): Reproduktionsarbeit in der Krise und neue Momente der Geschlechterordnung: Alle nach ihren Fähigkeiten und ihren Bedürfnissen! In: Demirović,

Alex / Dück, Julia / Becker, Florian / Bader, Pauline (Hg.): VielfachKrise. Im finanzmarktdominierten Kapitalismus. Hamburg: 147-164.

Kongress FRAUEN MACHEN MOBIL(ITÄT) (2021, unver.): Forderungen für eine zukunftsfähige Mobilitätswende. Zusammengestellt von Menge, Susanne / Hassepaß, Oda / Hieronimus, Karin / Stock, Julia / Michaelsen, Swantje / Merkle, Isabell. Januar 2021.

Kuhl, Mara (unter Mitarbeit von Friederike Maier) (2012): Geschlechteraspekte des Green New Deal – eine Analyse der Strategiepapiere der Grünen/EFA Green-New-Deal-Arbeitsgruppe. Studie im Auftrag der Fraktion der Grünen/Freie Europäische Allianz auf Initiative von Elisabeth Schroedter. Berlin. URL: http://dr-mara-kuhl.de/, Zugriff: 15.12.2020.

Labour for a Green New Deal (o.J./2020a): Our Vision. URL: https://www.labourgnd.uk/our-vision, Zugriff: 14.1.2021.

– (o.J./2020b): The Green New Deal Explained. URL: https://www.labourgnd.uk/gnd-explained, Zugriff: 14.1.2021.

Madörin, Mascha (2019): Zählen, was zählt. Sorge- und Versorgungswirtschaft als Teil der Gesamtwirtschaft. In: Knobloch, Ulrike (Hg.): Ökonomie des Versorgens. Feministisch-kritische Wirtschaftstheorien im deutschsprachigen Raum. Weinheim: 89-119.

Miegel, Meinhard u. a. (1997): Erwerbstätigkeit und Arbeitslosigkeit in Deutschland – Entwicklung, Ursachen und Maßnahmen. Teil II: Ursachen steigender Arbeitslosigkeit in Deutschland und anderen frühindustrialisierten Ländern. In: Kommission für Zukunftsfragen der Freistaaten Bayern und Sachsen. URL: https://www.bayern.de/, Zugriff: 18.12.2020.

Muchhala, Bhumika (2020): Für einen dekolonialen und feministischen Global Green New Deal. Einige konzeptuelle Zutaten. *Nachrichten Rosa-Luxemburg-Stiftung* (13.10.2020). URL: https://www.rosalux.de/, Zugriff: 15.12.2020.

Obergassel, Wolfgang u.a. (2020): COP25 in Search of Lost Time for Action: An Assessment of the Madrid Climate Conference. In: Carbon & Climate Law Review 14(1): 3-17. DOI: https://doi.org/10.21552/cclr/2020/1/4.

Röhr, Ulrike / Alber, Gotelind / Göldner, Lisa (2018): Gendergerechtigkeit als Beitrag zu einer erfolgreichen Klimapolitik: Forschungsreview, Analyse internationaler Vereinbarungen, Portfolioanalyse. UBA-Texte 23/2018. Dessau/Rosslau. URL: https://www.umweltbundesamt.de/, Zugriff: 31.10.2019.

Schultz, Irmgard (Hg.) (1993): Globalhaushalt. Globalisierung von Stoffströmen – Feminisierung der Verantwortung. Frankfurt/M.

– (1999): Forschungen im Rahmen des Themas »Gender and Environment«. Ein Blick auf die deutsche Debatte. Wissenschaftliches Kolloqium des NFFG »Geschlechterverhältnisse – Naturverhältnisse« am 17.9.1999 an der Universität Hannover. Frankfurt/M.

Spitzner, Meike (2020): Aufenthalts- & Bewegungsformen in der Stadt - ein transformatorisches Mobilitätsverständnis als Grundlage für Nachhaltigkeitsstrategien. Ratschlag II für Barriere- und Bewegungsfreiheit • Durchlässigkeit • (soziale) Gleichheit - Die Mobilitätswende als Chance, die sozialräumliche Spaltung der Stadt zu überwinden. In: Bürgerinitiativen GartenStattZOB (Dortmund). URL: https://www.gartenstattzob.de/, Zugriff: 31.1.2020.

– (2005): Netzgebundene Infrastrukturen unter Veränderungsdruck - Gender-Analyse am Beispiel ÖPNV. Untersuchung zur sozial-ökologischen Regulation netzgebundener Infrastruktursysteme. Schriftenreihe NetWORKS-Papers Nr.13. Berlin (Deutsches Institut für Urbanistik). ISBN 3-88118-384-1. URL: https://repository.difu.de/, Zugriff: 10.8.2020.

– (1999): Zukunftsoffenheit statt Zeitherrschaft – Umrisse öko-sozialer Zeitpolitik. In: Hofmeister, Sabine; Spitzner, Meike (Hg.): Zeitlandschaften – Perspektiven öko-sozialer Zeitpolitik. Stuttgart/Leipzig: 267-327.

– (1994): Strukturelle Verkehrsvermeidung - Reduzierung von Verkehrserzeugung. Analyse und Handlungsfelder einer ökologischen Verkehrswende aus der Perspektive feministischer Verkehrsforschung. In: Buchen, Judith / Buchholz, Kathrin / Hoffmann, Esther / Hofmeister, Sabine / Kutzner; Ralf / Olbrich, Rüdiger / Van Rüth, Petra (Hg.): Das Um-

weltproblem ist nicht geschlechtsneutral. Feministische Perspektiven. Dokumentation der Ringvorlesung »Frauen und Umweltschutz« der TU Berlin. Bielefeld: 202-234.
– Spitzner, Meike / Hummel, Diana / Röhr, Ulrike u.a. (2020): Interdependente Genderaspekte der Klimapolitik. Gendergerechtigkeit als Beitrag zu einer erfolgreichen Klimapolitik: Wirkungsanalyse, Interdependenzen mit anderen sozialen Kategorien, methodische Aspekte und Gestaltungsoptionen. UBA-Texte 30/2020, Kapitel 2. URL: https://www.umweltbundesamt.de/, Zugriff: 10.8.2020.
Spitzner, Meike / Buchmüller, Sandra (2016): Energiesuffizienz - Transformation von Energiebedarf, Versorgungsökonomie, Geschlechterverhältnissen und Suffizienz. Bericht zum emanzipativen Suffizienzansatz, zur neuen genderreflektierten Methodik und Auswertung einer Fokusgruppe. Wuppertal Report 8. URL: https://energiesuffizienz.files.wordpress.com/, Zugriff: 10.8.2020)
Spitzner, Meike / Wustmans, Clemens / Zeeb, Matthias (2015): Wenn Arbeit nicht ist, was wir dachten, kann Grundsicherung nicht bleiben, was sie ist. In: Göpfert, Jörg (Hg.): Nachhaltige Grundsicherung: Armut überwinden – Lebensgrundlagen erhalten. Potsdam: 175-203. URL: https://publishup.uni-potsdam.de/, Zugriff: 18.12.2020.
Spitzner, Meike / Beik, Ute (1995): Reproduktionsarbeits-Mobilität. Theoretische und empirische Erfassung, Dynamik ihrer Entwicklung und Analyse ökologischer Dimensionen und Handlungsstrategien. In: Hesse, Markus / Holzapfel, Helmut / Spitzner, Meike (Hg.) (1999): Entwicklung der Arbeits- und Freizeitmobilität – Rahmenbedingungen von Mobilität in Stadtregionen. Forschungsberichte Ökologisch verträgliche Mobilität Bd.5. Wuppertal: 40-140. URL: https://www.researchgate.net/, Zugriff: 10.8.2020).
Spitzner, Meike / Petersen, Rudolf / Schallaböck, Karl Otto (1992): Schriftliche Stellungnahme für die öffentliche Anhörung der Enquête-Kommission »Schutz der Erdatmosphäre« zum Thema »CO2-Minderungen durch Vermeidung von Verkehr (Verkehr III) November 1992. 12. Deutscher Bundestag, Enquête-Kommissions-Drucksache 12/10-K.
Thie, Hans (2020). Green New Deal von unten. In: Jacobin (14.12.2020). URL: https://jacobin.de, Zugriff: 31.1.2021.
UN Fourth World Conference on Women (1995): Platform for Action of the Fourth World Conference on Women. Beijing. URL: https://www.un.org/, Zugriff: 12.12.2020.
Weiland, Monika / Schultz, Irmgard (1991): Frauen und Müll. Frauen als Handelnde in einer kommunalen Abfallwirtschaft. Frankfurt/M.
Wichterich, Christa (2012): The Future We Want. A Feminist Perspective. Berlin.
– (1992): Die Erde bemuttern. Frauen und Ökologie nach dem Erdgipfel in Rio. Berichte, Analysen, Dokumente. Köln.
Young, Brigitte (1998): Editorial: Globalisierung und Gender. In: PROKLA 111 28(2): 168-173. DOI: https://doi.org/10.32387/prokla.v28i111.843.

PROKLA 202 | 51. Jahrgang | Nr. 1 | März 2021 | S. 115-130
https://doi.org/10.32387/prokla.v51i202.1926

Alexander Neupert-Doppler *

Green Deal als »Ende der freien Gesellschaft«?

Zur dystopischen Gegenmobilisierung der AfD

Zusammenfassung: Gegen das Projekt eines (Europäischen) Green Deal beschwört die populistische Rechte die Dystopie einer drohenden Öko-Diktatur. Welche Rolle spielt diese dystopische Denkfigur im politischen Diskurs? Für wen ist dieses Zukunftsbild glaubwürdig? Wie lässt sich die darin ausgedrückte Zukunftsangst kritisieren? Der Beitrag behandelt diese Fragen aus ideologiekritischer, utopietheoretischer und diskursanalytischer Perspektive.

Schlagwörter: Ökodiktatur, AfD, Green Deal, Dystopie

Green Deal as the »end of free society«?

On the dystopian counter-mobilization of the AfD

Abstract: Against the project of a (European) Green Deal, the populist right invokes the dystopia of an impending eco-dictatorship. What role does this dystopian figure of thought play in political discourse? For whom is this vision of the future credible? How can criticism of such a fear of the future begin? The contribution approaches these questions from ideology-critical, utopia-theoretical and discourse-analytical perspectives.

Keywords: Eco-dictatorship, AfD, Green Deal, dystopia

Am 13. Dezember 2019 warnte AfD-Vorstandsmitglied Sylvia Limmer vor den Gefahren eines Green Deal: »Das ist der größte und schwerwiegendste Angriff auf die freie Gesellschaft in Europa seit dem Fall der Berliner Mauer, natürlich unter dem Deckmantel des Krieges gegen den Klimawandel«.[1] Sie arbeitet dabei einerseits mit dem Bild einer unvorhersagbaren Zukunft –

* **Alexander Neupert-Doppler** ist Philosoph und Politologe.

1 »Der ›Green Deal‹ ist ein massiver Angriff auf die freie Gesellschaft!« (13.12.2019), https://www.afd.de.

»Die Folgen für die Wirtschaft sind nicht absehbar« (ebd.) –, andererseits mit einer dystopisch anmutenden Prognose: »Wenn wir als Bürger nicht geschlossen dagegen vorgehen, wird dies das Ende der freien Gesellschaft sein, wie wir sie kennen« (ebd.). Im Folgenden wird gezeigt, inwiefern ein solcher Jargon typisch ist für die Positionierung der AfD zu Debatten um einen Green (New) Deal.

Um verstehen zu können, warum gerade negative Zukunftsbilder heraufbeschworen werden, wird erstens auf die These des Wissenssoziologen Karl Mannheim zurückgegriffen, wonach die politische Rechte oft eine »Gegenutopie« (Mannheim 1929: 199) entwirft. Seine Forschungsergebnisse aus den 1920er Jahren sind für die 2020er Jahre insofern anzupassen, als es heute vor allem um eine Gegendystopie geht. Gegen die konkrete Dystopie des Klimawandels setzt die AfD auf die Dystopie Ökodiktatur. Ausgehend von diesem utopietheoretisch-ideologiekritischen Theoriehintergrund (1. Abschnitt) wird anschließend am empirischen Material aufgezeigt, wie AfD-Politiker*innen sich mit dem Ausmalen von Bedrohungsszenarien um eine Politisierung von Zukunft bemühen.

An konkreten Beispielen kann gezeigt werden, dass hierbei eine dreifache Temporalität bedeutsam ist (2. Abschnitt). Gegen eine vermeintlich bedrohliche Zukunft, verkörpert durch einen Green Deal, wird dazu aufgerufen, eine idealisierte Vergangenheit zu verteidigen – schließlich drohe »das Ende der freien Gesellschaft, wie wir sie kennen«. Um einen Mobilisierungseffekt auslösen zu können, muss aber die Gegenwart als die dafür entscheidende Zeit politisiert werden. Das Hier und Jetzt wird als die letzte günstige Gelegenheit beschworen, als ein Kairós der Klimaskeptiker, um einen Green Deal noch abzuwenden.

Abschließend wird (im 3. Abschnitt) die Rhetorik, Ideologie- und Dystopieproduktion aus dem klimawandelskeptischen Umfeld der AfD politisch und gesellschaftstheoretisch eingeordnet. Schon der kritische Theoretiker Max Horkheimer bemerkte dazu: »Ideologie und Utopie wollen als Haltungen gesellschaftlicher Gruppen aus der gesamtgesellschaftlichen Wirklichkeit begriffen sein« (Horkheimer 1930: 9). Was für eine Ideologie verbreitet die AfD mit ihren Warnungen vor einer Green-Deal-Ökodiktatur? An welche Haltungen welcher gesellschaftlichen Gruppen kann sie damit anknüpfen? Wie stellt sich der Zusammenhang zwischen ökologischen und anti-ökologischen Denkfiguren und der gesamtgesellschaftlichen Wirklichkeit dar?

1. Von der Gegenutopie zur Gegendystopie

Die AfD ist, trotz des ungebrochenen Einflusses ihres völkischen Flügels, (noch) keine nationalsozialistische Partei. Sicherlich verwenden Björn Höcke und andere Exponent*innen dieser Richtung den Begriff der Volksgemeinschaft, und der »Volksgemeinschaftsgedanke« gehört, wie der Politologe Rainer Rotermundt (1980: 11) nachwies, zu den »Zukunftsvorstellungen, die sich im Nationalsozialismus manifestierten«. Volksgemeinschaft war laut Rotermundt eine verkehrte Utopie, da sie »weder – wie die ›Utopie‹ der Konservativen – zum wilhelminischen Reich zurück wollte, noch – wie die Utopie der Kommunisten – eine Zukunft anbot« (ebd.: 19). Sie behauptete eine ewige völkische Essenz. Dieses völkische Denken ist in der AfD vorhanden, aber für ihre Klimapolitik nicht entscheidend.

Völkische Ökologie findet sich eher in der seit 2020 erscheinenden Zeitschrift *Die Kehre*, die ihren Namen den Arbeiten von Martin Heidegger entlehnt. Aber auch hier findet sich keine Klimapolitik von rechts. Dem eigenen Konzept nach möchte die Zeitschrift vielmehr einen Beitrag dazu leisten, »der aktuell stattfindenden Verengung der Ökologie auf den ›Klimaschutz‹ Einhalt zu gebieten und den Blick dafür zu weiten, worin ihre ursprüngliche Bedeutung liegt: daß sie eine Lehre von der gesamten Umwelt ist, die Kulturlandschaften, Riten und Brauchtum [...] einschließt.«[2] Anders als Naturschutz, der als Heimatschutz verstanden wird, ist Klimaschutz ein globales Problem, das nur inter- und transnational gelöst werden könnte. Dementsprechend erklärt auch Alexander Gauland, der Vorsitzende der AfD-Bundestagsfraktion, im Interview mit der »Kehre«, Klimaschutz sei links und Umweltschutz konservativ.[3]

So es beim Green Deal aber wesentlich um Weichenstellungen zur Klimapolitik geht, dominiert in der AfD kein völkisch-ökologischer Gegenpol, sondern schlichte Ablehnung. Diese wäre freilich zu schwach gegenüber dem Stellenwert, den das Thema in der Politik derzeit einnimmt. Daher ist, wie Karl Mannheim in den 1920er Jahren nachwies, eine konservative Gegenutopie nötig. Warum bezeichnet Mannheim die konservative Utopie, anders als Rotermund, der die »Utopie« der Konservativen lediglich in kritische Anführungsstriche setzt, als Gegenutopie?

> »Das konservative Bewußtsein hat an und für sich keine Utopie, ist es doch im Idealfalle seiner Struktur nach völlig in Deckung mit der jeweils von ihm beherrschten Wirklichkeit. [...] Nur die Gegenbewegung oppositioneller Schichten und ihre Sprengungstendenz des Bestehenden macht gleichsam von außen her für das konservative Bewusstsein die eigene Seinsbeherrschung problematisch und erzwingt geschichtsphilosophische Reflexionen über sich selbst und eine zur Selbstorientierung und zur Abwehr zugleich geschaffene Gegenutopie.« (Mannheim 1929: 199)

2 »Konzept«, https://die-kehre.de/.
3 »Nachhaltigkeit als konservatives Prinzip« (12.8.2020), https://die-kehre.de.

1929, angesichts der Bedrohung durch die Freiheitsutopien des Liberalismus und die Gerechtigkeitsutopien des Sozialismus, bedeutete dies die »Gemeinschaft des Volkes« (ebd.: 202) als Gegentendenz zu entwerfen und nicht zuletzt »durch den Irrationalismus alles überhaupt Daseiende zu rechtfertigen« (ebd.: 203).

Wie entwirft nun die AfD heute ihre Gegendystopie zu einem (europäischen) Green Deal? Als Gegenbewegung oppositioneller Gruppen, die das Bestehende bedrohen, betrachten heutige Konservative solche Bewegungen wie die seit 2018 populären Fridays for Future. Diesen wird nicht nur von der AfD vorgeworfen, sie würden mit dystopischen Angstbildern Politik machen wollen. So schreibt Ariane Bremmer im Berliner *Tagesspiegel* zum letzten Klimastreik am 24. September 2020:

> »Die Massen, die sie zuvor mobilisiert haben, kamen dabei nicht zusammen. Aber an ihrem Anliegen und den dystopischen Botschaften hat sich nichts geändert. Keine Zukunft mehr, das ist das Mantra von ›FFF‹: Wenn sich nicht superschnell etwas ändert an der Art, in der die Menschheit auf den Klimawandel reagiert, ist es zu spät. Dann steigen Meerespegel, verdorren Böden, kippt der Golfstrom, wird alles anders, werden Menschen, die jetzt schon auf der Welt sind, keine Zukunft mehr auf ihr haben«.[4]

Dem Vorwurf, mit dystopischen Bildern der Heißzeit Politik machen zu wollen, kann entgegengehalten werden, dass es sich – frei nach Ernst Blochs konkreter Utopie – um eine konkrete Dystopie handelt (vgl. Demirović 2019). Klimawandel als konkrete Dystopie wird aber nicht nur als politische Dystopie bei Demonstrationen und als prognostische Dystopie in den Natur- und Sozialwissenschaften thematisiert, sondern auch als literarische Dystopie in zeitgenössischen Romanen. *Heißzeit* von Andreas Speich (2015), *Die Geschichte des Wassers* von Maja Lunde (2019) und *42 Grad* von Wolf Harlander (2020) seien hier nur als Beispiele dafür genannt, wie die Heißzeit zur konkreten Dystopie unserer Zeit wird.

Um zu verhindern, dass die dystopische Einsicht auch utopische Absichten hervorbringt, etwa bezüglich der Utopien eines Ökosozialismus (vgl. Löwy 2016; Stache 2017; Baer 2018; Kern 2019; Zelik 2020), beginnt im Umfeld der AfD schon gegen die Debatte um einen Green New Deal eine heftige dystopische Gegenmobilisierung: Nicht die Klimaerhitzung und die Heißzeit seien die Dystopie der Stunde, sondern die drohende Einführung einer Ökodikta-

4 »Die Angst um die Zukunft ist die Angst ihrer Generation« (25.9.2020), https://www.tagesspiegel.de.

tur. Es wird zu zeigen sein, dass sich die Dystopien und Utopien eines politischen Lagers spiegelbildlich verhalten. Entspringt bei Fridays for Future aus den dystopischen Zukunftsbildern der Klimaerhitzung bereits zum Teil ein gesteigertes Interesse an einer utopischen Postwachstumsgesellschaft, so soll die Gleichsetzung von Klimapolitik mit einer dystopischen Ökodiktatur dazu beitragen, die »imperiale Lebensweise« (Brand/Wissen 2017) zu verteidigen. Hierin liegt laut Raul Zelik das Anziehende dieser rechten Gegen-»Utopie« im 21. Jahrhundert: »Die Attraktivität der extremen Rechten speist sich daraus, dass sie das Versprechen verkünden, es könne weitergehen wie bisher, während Linke über ein Szenario sprechen, vor dem man am liebsten eskapistisch die Augen verschließen möchte« (Zelik 2020: 176).

Freilich ist die »Utopie«, es könne weitergehen wie bisher, so würde Bloch sagen, abstrakte Utopie. Sie verweist nicht auf Mögliches, sondern auf Unmögliches. Mannheim nennt Denkweisen, »ideologisch, wenn sie der Absicht dienen, die bestehende soziale Wirklichkeit zu verklären oder zu stabilisieren« (Mannheim 1935: 115f.). Insofern ist die Warnung vor der Ökodiktatur als eine ideologische Gegen-Dystopie zu verstehen. Wie funktioniert nun diese ideologische Anti-Green-Deal-Politik der AfD und welche Rolle spielt hierbei die Gegendystopie der Ökodiktatur?

2. Green (New) Deal als Ökodiktatur?

»Nicht die ›Theorie‹ [...], wohl aber ihre Energie ist ernst« (Bloch 1935: 65), so schrieb Ernst Bloch einst über den Irrationalismus der Völkischen. Und er hatte recht: So objektiv haltlos gewisse Zukunftsentwürfe oder Zukunftsbefürchtungen auch sein mögen, so ist damit über ihre Qualität als subjektive Faktoren in politischen Kräfteverhältnissen wenig gesagt. Auch wenn die Klimawandelleugnung der Rechten wissenschaftlich gesehen irrational ist, so kann sie für Gegner*innen eines Green Deal durchaus zur politischen Denkfigur werden. Denn wozu sollten klimapolitische Maßnahmen gut sein, wenn es gar keinen menschengemachten Klimawandel gäbe? Die verschwörungsideologische Antwort lautet: zum Aufbau einer Ökodiktatur. Sicherlich ist diese Verschwörungsideologie nur der Gipfel des Problems und zu unterscheiden von Positionen, die einen Green Deal lediglich für überflüssig oder zumindest für überzogen halten. Alle drei Varianten, Klimapolitik als Vorwand für das Ziel einer Diktatur zu verstehen oder sie für unnötig bzw. übertrieben zu halten, haben aber, wie in diesem Abschnitt gezeigt werden soll, einen kleinsten gemeinsamen Nenner: Umweltpolitische Maßnahmen eines Green Deal werden als Angriff auf individuelle Freiheit (»Konsumismus«) und wirtschaftliches Wachstum – und somit als Weg zur Ökodiktatur – abgelehnt.

An der Spitze des Eisberges befinden sich die reinen Verschwörungsideologien. Hierzu gehören Bücher wie Michael Grandts *Kommt die Klima-Diktatur? Eine faktenreiche Analyse des grünen Klimawahns*, das 2019 im rechts-esoterischen Kopp-Verlag erschien. Auch Günther Vogl, seit 2018 für die AfD im Stadtrat von Altötting, leugnet den Klimawandel in *Die erfundene Katastrophe – Ohne CO_2 in die Ökodiktatur*. Vera Lengsfeld (Ex-Mitglied der SED, Ex-Mitglied der Grünen, bis 2005 für die CDU im Bundestag und in den 2010ern eine Parteigängerin der Neuen Rechten) versteht unter Ökodiktatur ebenfalls eine Verschwörung. 2019 fragt sie: »Kommt mit den Grünen die neue Ökodiktatur?«[5] Angela Merkel wird die Rolle der Steigbügelhalterin zugeschrieben:

> »Kanzlerin Merkel lässt sich seit Jahren vom Klimaexperten Schellnhuber beraten, der sich schon lange einen wohlmeinenden Ökodiktator wünscht. Nun soll er in Gestalt von Robert Habeck endlich kommen. Noch können wir, anders als in China, durch unsere Wahl die Ankunft eines Ökodiktators verhindern!« (Lengsfeld 2019).

Hier steht vor allem die Dringlichkeit im Mittelpunkt, da die Zeit knapp werden würde, um eine Ökodiktatur noch zu verhindern.

Über einzelne Verschwörungsideolog*innen wie Grandt, Lengsfeld und Vogel hinaus finden wir die Dystopie der Ökodiktatur auch in offiziellen Verlautbarungen der AfD. Zwar wird hier nicht immer die Existenz des Klimawandels geleugnet, der Fokus ist aber sehr ähnlich, wenn es um die Beschwörung einer dystopischen Zukunft in der Ökodiktatur geht. In der Dresdener Erklärung der umweltpolitischen Sprecher*innen der AfD von 2019 heißt es dazu:

> »›Große Transformation‹ – Der Große Sprung in die Ökodiktatur! Aufgrund des WBGU-Gutachtens von 2011 versuchen die Altparteien den sogenannten Klimaschutz als alternativloses Staatsziel in Deutschland dauerhaft festzuschreiben. [...] Den damit verbundenen Umbau unserer freiheitlichen Gesellschaft in eine Ökodiktatur lehnen wir ab.«[6]

Die zeitlichen Dimensionen der Argumentationsmuster gleichen sich: Die Vergangenheit wird unter die Kategorie der »freiheitlichen Gesellschaft« subsumiert, die Gegenwart stelle einen entscheidenden Moment der Auseinandersetzung dar, für die Zukunft drohe die Ökodiktatur.

5 »Kommt mit den Grünen die neue Ökodiktatur?« (21.6.2019), https://www.theeuropean.de.
6 »Dresdener Erklärung« (14.7.2019), https://www.afdbundestag.de.

Dabei wird das Diktatorische nicht begrifflich unterfüttert. Karl Popper unterschied Demokratien von Diktaturen als Regime, »in denen es möglich ist, die Regierung ohne Blutvergießen durch eine Abstimmung loszuwerden, und solche, in denen das nicht möglich ist« (Popper 1987). Die Ausschaltung demokratischer Verfahren wird heute von denen, die vor einer Ökodiktatur warnen, allerhöchstens suggeriert. Mehr als ein demokratietheoretischer Diktaturbegriff scheinen (neo)liberale Vorstellungen zentral zu sein, die scharf trennen zwischen legitimer Staatlichkeit und Eingriffen ins Private. Letztere werden dann, vor allem in Wahlkämpfen, mit dem Vorwurf der Ökodiktatur belegt. Jörg Urban von der AfD Sachsen schrieb 2019: »Mit Grünen und CDU in die Öko-Diktatur? Die Grünen im Bundestag wollen Ölheizungen verbieten, Flüge deutlich teurer machen und ab 2030 den Verbrennungsmotor verbieten«.[7] Regularien zu Ölheizungen, Flugpreisen und Verbrennungsmotoren sind sicherlich politische Eingriffe. Die Behauptung, es handele sich um diktatorische Maßnahmen, ist aber aus vier Gründen unhaltbar: Erstens erfolgen diese mittels parlamentarischen Gesetzgebungsverfahren. Zweitens stehen diese auch nicht im Widerspruch zu verfassungsmäßigen liberalen Grundrechten, denn es gibt zwar Rechte auf Freizügigkeit, Eigentum und Meinungsfreiheit, nicht aber auf Ölheizungen, billige Flugreisen und altmodische Verbrennungsmotoren. Drittens ist das Argument, hier werde in die Privatsphäre freier Bürger*innen eingegriffen, fragwürdig, wenn individueller Konsum in den Industrieländern global zu gravierenden Folgen für die Lebensbedingungen von Menschen führt. Viertens wird auch die Verfassung der Bundesrepublik Deutschland nicht verletzt, denn dort heißt es ja: »Der Staat schützt auch in Verantwortung für die künftigen Generationen die natürlichen Lebensgrundlagen und die Tiere im Rahmen der verfassungsmäßigen Ordnung durch die Gesetzgebung und nach Maßgabe von Gesetz und Recht durch die vollziehende Gewalt und die Rechtsprechung« (Grundgesetz für die Bundesrepublik Deutschland, Artikel 20a).

Falsch wäre es also, wie schon die bisherigen Beispiele zeigen, den Ökodiktaturbegriff im Umkreis der AfD zu wörtlich zu nehmen. Es geht der AfD nicht um begriffliche Klärung, sondern um politische Mobilisierung mit einem wirkmächtigen Zukunftsbild. Der *taz*-Journalist Bernhard Pötter bringt es folgendermaßen auf den Punkt: »Eine Ökodiktatur wird weder erklärt noch verteidigt, sondern vor allem als Kampfbegriff gegen Maßnahmen im Umweltbereich herbeigeredet« (Pötter 2010: 27). AfDler*innen verwenden das Schreckbild Ökodiktatur als Vehikel politischer Zuspitzung. So resümiert

---

7 »Mit CDU und Grünen in die Ökodiktatur?« (9.9.2019), https://www.blaue-landespost.de.

die AfD Thüringen ein Scheitern der Bürger*innenbewegung von 1989: »Sie wollten die Freiheit und bekamen Altersarmut, Bildungsexperimente und eine Öko-Diktatur«.[8]

Sind die offenen Verschwörungsideologien über Diktaturgelüste der Grünen die Spitze des Eisberges, so gehört die Verwendung des Ökodiktaturbegriffs bei der AfD zu dessen Kiel. Aber wie es mit Eisbergen so ist, bleibt ihre Ausdehnung schwer einzuschätzen. Keineswegs beschränkt sich das Geraune von der Ökodiktatur auf die bisher behandelten Verschwörungsideolog*innen oder AfD-Umweltpolitiker*innen und AfD-Wahlkämper*innen. Im *Focus* unterstellt der Kolumnist Jan Fleischhauer der Fridays-for-Future-Bewegung eine ökodiktatorische Tendenz: »Wer davon überzeugt ist, dass der Welt nur noch wenige Monate bis zum Tag des Jüngsten Gerichts bleiben, muss den Politikern das Mandat entziehen«.[9] Die Sprache der Apokalypse ist nicht die einzige, die hier Anwendung findet. Einerseits wird den Bewegungen für Klimagerechtigkeit gegenüber eingeräumt: »Parlamentarismus ist zu langsam, um die Klimakehrtwende einzuleiten« (ebd.). Andererseits soll so eine Entscheidung provoziert werden: Parlamentarische Demokratie oder Klimaschutz? Um aber sicherzugehen, dass die Lesenden verstehen, welche dieser angeblichen Alternativen zu wählen sei, wird Klimapolitik polemisch mit historischen Diktaturen gleichgesetzt: »Hans Joachim Schellnhuber, Direktor emeritus des Potsdam-Instituts für Klimafolgenforschung, spricht von einer ›großen Transformation‹, ein Begriff, der nicht von ungefähr an den ›großen Sprung‹ von Mao Tsetung erinnert« (ebd.). Interessant ist, z.B. bei den Verweisen auf China, der Versuch, das Feld der Klimapolitik keineswegs von rechts zu besetzen, sondern der politischen Linken zuzuschreiben.

Der AfD-Parteivorsitzende Jörg Meuthen warnt die CDU vor einer »christdemokratischen Anbiederung an grünsozialistische Klimaideologen aus rein machtpolitischer Motivation«.[10] Der Terminus »grünsozialistisch« deutet an, dass es nicht nur um die Ablehnung einer grünen Klimapolitik geht, sondern diese als ein sozialistisches Projekt gebrandmarkt werden soll. Debatten um und Entwürfe für einen Green Deal werden mit Vorliebe als Anlass genommen, um Ökosozialismus, realen oder vermeintlichen, und Ökodiktatur gleichzusetzen. So warnt Sylvia Limmer vor dem Totalitarismus des EU-Green-Deal: »Ob Bildungssektor, Fortbewegung, Wohnen oder Ernährung:

8 »Der Osten steht auf – Vollende die Wende!« (2019), https://www.afd-thueringen.de.
9 »Ende der Demokratie? Flirt mit der Öko-Diktatur ist die dunkle Seite der Klima-Debatte« (15.8.2019), https://www.focus.de.
10 »›Green Deal‹ für Europa: Weiter links ist nur noch der Abgrund« (11.12.2019), https://afdkompakt.de.

Die Kommission plant verpflichtende Vorschriften in jedwedem Bereich.«[11] Vorschriften werden von ihr mit Sozialismus gleichgesetzt, Freiheit mit persönlicher Präferenz, zum Beispiel für Automobilität, Einfamilienhäuser und Fleischkonsum. Über die Thematisierung von Einschränkungen im privaten Konsum hinaus behauptet Alice Weidel in einem Kommentar auf *facebook* am 11. November 2019 zum Green Deal, dieser bedeute »Ausverkauf unsere Industrie, unserer Arbeitsplätze, unseres Humankapitals, unserer Innovationskraft und somit unserer Zukunftsfähigkeit«.[12] Wird also von Limmer der Schwerpunkt auf den eigenen Konsum gelegt, der trotz globaler Konsequenzen Privatsache sei, so wird von Weidel im Umkehrschluss das Privateigentum an Produktionsmitteln völkisch ideologisiert: »Unsere Industrie, unsere Arbeitsplätze« – so als ob die Verfügung über Industrie und Arbeitsplätze nicht bei Aktionär*innen und Management liegen würde. Zugleich wird, als Sinnstiftung für die eigene Klientel, ein Gegensatz von ideologiefreier neoliberaler Deregulierung zu ideologischer Klimapolitik konstruiert.

Äußerungen zum Green Deal bilden ein diskursives Feld, in dem sich die Gleichsetzung von Klimapolitik und Ökodiktatur aktuell besonders stark herauskristallisiert. In einem Antrag der AfD-Bundestagsfraktion vom 15. September 2020 zeigt sich dies sehr deutlich. Hier wird bestritten, dass es einen menschengemachten Klimawandel gibt: »Es gibt keinen wissenschaftlichen Beweis für einen maßgeblichen Einfluss auf das Weltklima durch vom Menschen verursachte CO_2-Emissionen.«[13] Aus diesem Grunde gebe es auch keinen Anlass für eine Klimapolitik im Rahmen eines Green Deal. Die AfD fordert, »aus dem sogenannten ›Green Deal‹ der Europäischen Union (EU) auszusteigen«, denn dieser stelle »eine enorme Gefahr für Wohlstand, Freiheit und die Versorgungssicherheit Deutschlands dar«. Stattdessen werden vermeintliche Klima-Schäden durch die Nutzung von Sonnen- und Windenergie angeführt, ein Festhalten an Kohleverstromung und Atomkraft gefordert. Im Zusammenhang mit der Corona-Pandemie äußerte Jörg Meuthen schon im April 2020: »Wirtschaft wird Corona-Krise nur ohne den Green Deal der EU überleben.«[14]

Ein Tod der deutschen Wirtschaft, mit der Überlebensfrage impliziert, beschwört eine weitere Dystopie. Aber auch im Hinblick auf die EU sieht

---

11 »Der ›Green Deal‹ ist ein massiver Angriff auf die freie Gesellschaft!« (13.12.2019), https://www.afd.de.

12 Facebook-Post von Alice Weidel (10.12.2019), https://www.facebook.com/aliceweidel/posts/2934193693258513E.

13 »BT-Drucksache 19/22548« (15.9.2020), https://dip21.bundestag.de/.

14 »Wirtschaft wird Corona-Krise nur ohne den Green Deal der EU überleben« (27.4.2020), https://www.afd.de.

Meuthen eine drohende Ökodiktatur am Horizont: »Die gesamte EU nutzt die Klimahysterie, um sich noch mehr Kompetenzen zuzuschanzen und so den Weltklimapolizisten spielen zu können« (ebd.). Die Welt-Ökodiktatur ziehe auf. Wo Meuthen überhaupt auf ökologische Fragen eingeht, sind die Antworten rassistisch aufgeladen. Kritisiert wird das »Wachstum der Erdbevölkerung, das sich katastrophal auf Ökosysteme, globalen Flächenverbrauch und die Meeresnutzung auswirkt« (ebd.). Da ein solches Bevölkerungswachstum im globalen Norden weniger stattfindet, kann hier nur der globale Süden gemeint sein, wobei freilich übersehen wird, dass es die Menschen in den Industrieländern sind, die durch ihre Lebensweise die ökologische Verwüstung mitbedingen. Der Green Deal wird für die AfD zum Regenschirm-Thema, unter das alles zu passen scheint. Neoliberale Deregulierung wird für ideologiefreie Politik gegen die Klimapolitik gehalten, rassistische Ressentiments hinsichtlich einer vermeintlichen Bevölkerungsexplosion im globalen Süden prägen das Bild, anti-feministische Positionen werden in die Agitation gegen den Green Deal eingeflochten. Nicolaus Fest, AfD-Mitglied des Europäischen Parlaments, redet auf YouTube über »eine Anhörung zum Thema Ökofeminismus, der weibliche Kampf gegen den Abbau der Bodenschätze. [...] Tatsächlich ging es um die allgemeine Ausbeutung von Frauen, auch in der Bekleidungsindustrie. [...] Aber statt sich über westliche Firmen zu erregen, sollten diese Menschen vielleicht lieber die politischen Bedingungen in ihren Ländern ändern«(ab 1:35).[15] Bevor Fest den Green Deal der EU als »Voodoo« bezeichnet, führt er weiter aus: Nicht westliche Firmen und patriarchale Tradition verursachen Ausbeutung von Natur und Frauen, sondern die Unfähigkeit des globalen Südens, sich Arbeitsschutzgesetze zu geben. Neoliberalismus und Chauvinismus stehen im Diskurskampf der AfD gegen Ökosozialismus und Ökofeminismus, die angeblich die Dystopie der Ökodiktatur verwirklichen würden. Für welche sozialen Gruppen und Milieus ist dieses Sinnstiftungsangebot attraktiv?

3. Die Verteidigung der imperialen Lebensweise

Ausgehend von Max Horkheimer müssen »Ideologie und Utopie« als »Haltungen gesellschaftlicher Gruppen« aus »der gesamtgesellschaftlichen Wirklichkeit« erklärt werden. Maßgeblich für Horkheimer sind Utopien dabei als eine Form kritischer Negation (vgl. Neupert-Doppler 2015). Karl Mannheim unterschied beide Denkweisen klar: »Sie sind ideologisch, wenn sie der Ab-

15 »Green Deal? Blue Deal! Ursula von der Leyens wahres Programm« (15.12.2019), https://www.youtube.com/watch?v=OhlycqFtjds, ab Minute 1:35.

sicht dienen, die bestehende soziale Wirklichkeit zu verklären oder zu stabilisieren, utopisch, wenn sie kollektive Aktivität hervorrufen, die die Wirklichkeit so zu ändern versucht, daß sie mit ihren die Realität übersteigenden Zielen übereinstimmt« (Mannheim 1935/1986: 115f.). Utopien sind eine Motivation zum Handeln. Wie aber verhält es sich mit den hier verhandelten Dystopien, auf die Horkheimer und Mannheim nicht direkt eingehen? Diese können sowohl verändernden als auch stabilisierenden Charakter haben. Thematisieren Bewegungen für Klimagerechtigkeit die Heißzeit als konkrete Dystopie, so ist damit der Aufruf zu politischer Veränderung verbunden, die auf die konkrete Utopie einer Postwachstumsgesellschaft verweisen soll. Wird diesen Bewegungen im Umfeld der AfD die Ökodiktatur als Gegen-Dystopie entgegengesetzt, so dient dieses Schreckbild zur ideologischen Stabilisierung des Status quo. Die nicht nur gegen-utopische, sondern anti-utopische Pointe der rechten Klimawandelleugnung ist laut Raul Zelik die Idee, »es könnte weitergehen wie bisher«. Welche Gruppen könnten es sein, die die AfD gegen einen Green Deal mobilisieren will?

Bereits 2013, im Gründungsjahr der AfD, buchstabierte der Soziologe Andreas Kemper aus, welche Gruppen und welche Haltungen sich in dieser Partei versammelten. Das »A« in AfD steht bei ihm zufolge für den Adel bzw. für Initiativen seit den späten 1990ern um Beatrix von Storch, welche die »Rückgabe der enteigneten Adelsgüter durch die Sowjetunion einforderte« (Kemper 2013: 24). »F« steht für Familienunternehmer*innen, also eine Kapitalfraktion unterhalb der großen Konzerne. Akteure wie die Stiftung Familienunternehmen förderten die AfD früh (ebd.: 15). »D« steht für Durchschnittsverdienende, die sich in Umfragen, etwa zur Wirkung Thilo Sarrazins oder auch zum Wähler*innenpotenzial der AfD, als affiner für sozialrassistische Thesen zeigten (ebd.: 14). Inhaltliche Positionen, gerade bei einer so vielfältigen Partei wie der AfD, können freilich nicht aus sozialen Lagen unmittelbar abgeleitet werden. Kemper greift aber Ernst Blochs Begriff der Ungleichzeitigkeit auf. Dieser »erklärte in den 1930er Jahren die Popularität des Nationalsozialismus im mittelständischen Milieu mit deren Ungleichzeitigkeiten« (ebd.: 9). Auf der Höhe der Zeit wären schon zu Blochs Zeiten das städtische Großbürgertum und das industrielle Proletariat gewesen. Ungleichzeitig, also von veralteten Traditionen und Lebensweisen geprägt, waren hingegen Bäuer*innen, Handwerker*innen, Kleinbürger*innen und Angestellte, die die fortschreitende Modernisierung verunsicherte. Kemper ruft daher dazu auf, »Ernst Blochs ›Erbschaft dieser Zeit‹ zu lesen, um die Ungleichzeitigkeit der AfD zu verstehen« (ebd.: 16). Damit sind zum einen die Klassen- oder Milieulagen von Adeligen und Familienunternehmer*innen gemeint, die zweifellos in bürgerlicher Gesellschaft und globalisiertem Kapitalismus Momente von

Ungleichzeitigkeit aufweisen. Darüber hinaus lässt sich diese aber auch an den Inhalten der AfD aufzeigen.

Bezüglich der Haltungen, die von Anfang an die AfD prägten und bis heute prägen, steht das »A« für Angst als ein grundlegendes Motiv. Die Angst vor Veränderung, durch Globalisierung, Migration, sich verändernde Arbeitsverhältnisse und Geschlechterrollen, ist hier maßgeblich. Kemper zitiert in diesem Zusammenhang aus einer Studie Wilhelm Heitmeyers: »Wir können belegen, dass die Mittelschicht seit Einführung von Hartz IV massiv Angst hat« (zit. n. ebd.: 14). Dabei sind es nicht die Betroffenen, die sozialrassistisch reagieren, sondern diejenigen, die etwas zu verlieren haben und Abstiegsängste hegen. Das »F« steht in diesem Kontext für die Ideologie des Familismus (vgl. ebd.: 72), die gegen die Emanzipation von Frauen und Homosexuellen an einem veralteten, eben ungleichzeitigen Rollenbild festzuhalten versucht. Das »D« steht bei Kemper für den neoliberalen Kern der AfD-Inhalte, nämlich die Deregulierung des Arbeitsmarktes (vgl. ebd.: 80), die völkischen Tendenzen zum Trotz bis heute programmatisch ist und den Interessen von Familienunternehmen entsprechen kann, gerade auch was die Abwehr von Kosten für den Klimaschutz angeht.

Das von Kemper entfaltete Tableau von Gruppen (Adel, Familienunternehmer*innen, Durchschnittsverdienende) und Haltungen (Angst, Familismus, Deregulierung) lässt sich auch auf die Ablehnung von Klimapolitik durch die AfD und ihre dystopische Mobilisierung übertragen. Die Angst vor der Ökodiktatur als Angst derjenigen – etwa Autofahrer*innen –, die Verbote fürchten, ist hier ein Beispiel. Auch der Familismus, der sich in Wendungen gegen den Ökofeminismus und im Sexismus gegenüber Klima-Aktivist*innen Bahn bricht, ist aktuell. Die Sorge von Durchschnittsverdienenden und von Befürworter*innen von Deregulierungen richtet sich gegen Green Deals, die eine Einschränkung der eigenen Konsumgewohnheiten und eine stärkere Regulierung der Unternehmen fürchten. Es gibt also Gruppen, deren Haltungen und zum Teil auch Interessen durch das Schreckbild der Ökodiktatur, die immer auch als Ökosozialismus verstanden wird, angesprochen werden.

Sebastian Friedrich kommt 2019 zu ähnlichen Einschätzungen. Er sieht innerhalb der Partei die schon von Kemper beschriebenen adligen Netzwerke in der nationalkonservativen Strömung (Friedrich 2019: 104), während er Menschen aus dem Bereich der Familienunternehmen der nationalliberalen Strömung zuordnet (ebd.: 105). Allerdings käme es hier seit den Jahren 2014/2015 zu deutlichen Zerwürfnissen (ebd.: 106). Lutz Goebel, Präsident des Familienunternehmerverbandes, riet 2016 von einer Wahl der AfD ab (ebd.: 107). Wichtiger geworden ist im Laufe der Zeit »Der Flügel« als, inzwischen offiziell aufgelöste, völkische Strömung innerhalb der AfD, die laut Alexander Gauland 40 Prozent der Partei ausmache (ebd.: 8).

Auf Seiten der Wähler*innen und Unterstützer*innen ist entscheidend, dass hier Abstiegsangst und Wettbewerbsideologie offenbar zusammengehen können. So argumentieren Andreas Zick und Anna Klein: »Bei Personen, die mit den Argumenten der AfD sympathisieren [...], sind marktförmiger Extremismus und Bedrohungsgefühle besonders stark vertreten« (zit. n. ebd.: 44). Zur Abstiegsangst passt weiterhin der Familismus und Antifeminismus (ebd.: 56ff.) als eine Ideologie, die vermeintliche Geborgenheit und klassische Rollenbilder verspricht. Veränderungen konstatiert Friedrich allerdings bei der Frage der durchschnittlichen AfD-Wähler*innen. Für die Landtagswahlen 2014 galt noch: »Männlich, unter 45 Jahre, (Fach-)Arbeiter oder selbständig und sich der Mittelschicht zugehörig fühlend« (ebd.: 125). Dies passt zu Kempers Diagnose von der Partei der Durchschnittsverdienenden, vom Extremismus der Mitte. Hier hat sich etwas verändert: »Seit 2016 schneidet die AfD überdurchschnittlich bei ›Arbeitern‹ ab« (ebd.: 129). Bei den Bundestagswahlen 2017 erzielte sie hier, ebenso wie bei Erwerbslosen, 21 Prozent. Über Kleinbürgertum, Selbstständige und Familienunternehmen hinaus hat die Partei also tatsächlich ein neues Klientel hinzugewonnen, was zu Spannungen zwischen wirtschaftsliberalen und völkischen Inhalten führen könnte: »Die AfD wird weder nur von Deklassierten und der Arbeiterklasse noch ausschließlich von mittleren und oberen Klassen gewählt. Auch sind weder Rassismus, noch Antifeminismus noch Abstiegsängste alleinige Motivation« (ebd.: 125).

Sicherlich kann Abstiegsangst bei verschiedenen Klassenlagen empfunden werden, aber Rassismus und Antifeminismus müssen alle AfD-Wähler*innen zumindest auch mittragen. Was das Kairós-Bewusstsein des rassistischen Flügels angeht, also den Glauben an einen günstigen Zeitpunkt für Entscheidungen, so verweist Friedrich auf das Jahr 2015: »Um das Comeback der AfD 2015 zu verstehen, hilft ein Begriff weiter: das Gelegenheitsfenster. Die politische Debatte um Asyl und Geflüchtete war für die AfD eine nahezu maßgeschneiderte Gelegenheit« (ebd.: 69). Dazu ist freilich auch zu sagen, dass eine Situation für verschiedene Kräfte Gelegenheit sein kann und sich als Kairós für die Seite erweist, die beherzt zugreift (Neupert-Doppler 2019). Insofern hat die Linke 2015 wohl auch einen Kairós verpasst: »Trotz der großen Willkommensbewegungen wurden keine politischen Konzepte zur Öffnung und kontinuierlichen Aufnahme von Geflüchteten diskutiert« (Friedrich 2019: 156). Nun gibt es Rassismus in verschiedensten Klassenlagen, und die AfD war in der Lage, diesen ab 2015 politisch so offensiv zu mobilisieren, dass sie 2017 in den Bundestag einzog. In eine gewisse Defensive brachte sie die zunehmende Wahrnehmung der Klimafrage ab 2018. Lösungen für die Klimakrise zu finden, also einen Weg sozial-ökologischer Transformation, ist eine Frage der Politisierung von Zukunft, die auf Gestaltbarkeit abhebt. Gemeinsame Klammer der AfD-Basis, ob diese nun durch Ängste, Familismus oder Rassismus motiviert ist, ist hingegen ihre anti-utopische Ausrichtung, eine tiefe Skepsis gegen Veränderungen jeglicher Art. »Sie wollen tendenziell in einer Gesellschaft wie in den 1950er Jahren leben, als der Schwulenparagraph noch galt, Frauen überwiegend Hausfrauen waren und Migrant*innen als Gäste gesehen wurden« (ebd.: 158). Zu ergänzen wäre hier noch: In den 1950er Jahren, als die Arbeiter*innenbewegung noch Reformen durchsetzen konnte, aber auch: Als sich noch kaum jemand Gedanken um die Grenzen des Wachstums und Klimapolitik machte.

Ein interessanter Unterschied liegt in der Art und Weise der Positionierungen dazu. Während die Neue Rechte der Frauen-, Lesben- und Schwulenbewegung unterstellt, sie wolle traditionelle Lebensweisen zerstören, so wird der Umweltbewegung zugetraut, sie würde eine mächtige sozialistische Ökodiktatur errichten. Dennis Eversberg erkennt im Anti-Ökologismus der Rechten, der sich in der Dystopie von der Ökodiktatur ausdrückt, auch einen verkehrten Wunschtraum: »Von ihrem ›Platz an der Sonne‹ der imperialen Lebensweise aus verstärkt sich der hierzulande seit der Nachkriegszeit ohnehin tief in den Mentalitäten verankerte Wunsch nach Kontinuität und Stabilität« (Eversberg 2017: 9; vgl. auch Eversberg 2018). Die »imperiale Lebensweise« umfasst dabei mehr als die ökonomischen Ungleichheiten zwischen dem globalen Norden und dem globalen Süden. Denn wenn die imperiale Lebensweise »in vielen Teilen der Welt verschärfend auf Krisenphänomene wie den Klimawandel, die Vernichtung der Ökosysteme, die soziale Polarisierung, die Verarmung vieler Menschen, die Zerstörung lokaler Ökonomien oder die geopolitischen Spannungen« (ebd.: 13) wirkt, so setzt ihre Verteidigung die Ausblendung dieser globalen Problemlagen voraus. Eine Rückkehr zur nationalen Kohleverstromung und Atomkraftnutzung ist nur denkbar, wenn zugleich die Probleme von Klimaerhitzung und Atommüll ignoriert werden. Der praktischen Externalisierung solcher Faktoren, wie sie für kapitalistische Infrastrukturen und konsumistisches Alltagsverhalten grundlegend ist, entspricht die geistige Externalisierung: Werden entstehende Umweltschäden verleugnet, so kann hinter der als überflüssig angesehenen Umweltpolitik nur die drohende Ökodiktatur als Verschwörung lauern.

Wenn sich also Jörg Urban von der AfD Sachsen vor dem Verbot von Ölheizungen und Verbrennungsmotoren sowie der Verteuerung von Flügen fürchtet und die AfD-Bundestagsabgeordnete Sylvia Limmer vor nachhaltigen Veränderungen im Bildungs- und Verkehrswesen, beim Wohnen und der Ernährung warnt, so sprechen sie tatsächlich auf verkehrte Weise eine

Wahrheit aus: Was sie als drohende Maßnahmen einer Ökodiktatur imaginieren, wären durchaus Bestandteile einer sozial-ökologischen Transformation. Wenn nun Gruppen in dieser Gesellschaft so sehr an Automobilität und Flugreisen, an unbedachten Wegwerf- und Fleischkonsum gewöhnt sind, dass sie sich jegliche Einschränkung nur als Diktatur vorstellen können, so ist diesem Bewusstsein zuzugestehen, dass es folgerichtig ist. Eine ökologische Veränderung ihrer Lebensweise stellt für sie tatsächlich die eine Dystopie dar, der sie entgehen wollen. Den Green Deal als dystopische Ökodiktatur auszumalen, gilt es allemal zu kritisieren. Angesichts globaler Probleme und angesichts von Nachhaltigkeit mit Verfassungsrang kann die Umweltpolitik gewählter Regierungen der Sache nach nicht als ökologische Diktatur angesehen werden. Selbstverständlich ist nicht zu erwarten, dass im Umfeld der AfD die Rede von der Ökodiktatur aufgegeben wird, nur weil sie demokratietheoretisch unhaltbar ist. Solange es Menschen anspricht, werden die Anti-Ökolog*innen vor einer Ökodiktatur warnen. Dies zugestanden, wäre es vor diesem Hintergrund allerdings die Aufgabe der politischen Kräfte, die an einem Green Deal – und perspektivisch sogar an Klimagerechtigkeit und einer Postwachstumsgesellschaft – interessiert sind, diese Ebene der Auseinandersetzung um Utopien und Dystopien ernst zu nehmen. Der Nationalsozialismus konnte seine Gegen-»Utopie« der Volksgemeinschaft, die in der AfD (noch) nicht vorherrschend ist, in den 1930ern auch deshalb durchsetzen, so Bloch, »weil eine allzu abstrakte [...] Linke die Massenphantasie unterernährt hat« (1935/1985: 149). Um die Suggestivkraft der dystopischen Warnung vor dem Green Deal als Ökodiktatur zu schwächen, müssen auch die utopischen Versprechen von Green Deal, Klimagerechtigkeit und Ökosozialismus herausgearbeitet und beleuchtet werden.

Literatur

AfD Bundestagsfraktion (2020): Statt Klimaschutz Wohlstand und Umweltschutz ermöglichen – Engagement für den Green Deal der Europäischen Union und für damit verbundene Kampagnen beenden (Antrag). URL: https://dip21.bundestag.de, Zugriff: 12.11.2020.

AfD (2019): Dresdener Erklärung der umweltpolitischen Sprecher der AfD. URL: https://www.afdbundestag.de, Zugriff: 12.11.2020.

AfD Thüringen (2019): Der Osten steht auf – Vollende die Wende! URL: https://www.afd-thueringen.de/, Zugriff: 12.11.2020.

Baer, Hans A. (2018): Democratic Eco-Socialism as a real utopia – Transitioning to an alternative word-system. New York.

Bloch, Ernst (1935): Erbschaft dieser Zeit. Frankfurt/M. 1985.

Brand, Ulrich / Wissen, Markus (2017): Imperiale Lebensweise. Zur Ausbeutung von Mensch und Natur im globalen Kapitalismus. München.

Demirović, Alex (2019): Konkrete Dystopie – Warum wir dem Kapitalverhältnis die Zukunft entreißen müssen. URL: https://www.zeitschrift-luxemburg.de/, Zugriff: 12.11.2020.

Eversberg, Dennis (2017): Der autoritäre Nationalismus der AfD und die imperiale Lebensweise. URL: http://www.kollegpostwachstum.de/, Zugriff: 12.11.2020.

– (2018): Innerimperiale Kämpfe. Drei Thesen zum Verhältnis zwischen autoritärem Nationalismus und imperialer Lebensweise. In: PROKLA 190 48(1): 43-54. DOI: https://doi.org/10.32387/prokla.v48i190.31.

Friedrich, Sebastian (2019): Die AfD – Analyse, Hintergründe, Kontroversen. Berlin.

Grandt, Michael (2019): Kommt die Klima-Diktatur? Eine faktenreiche Analyse des grünen Klimawahns. Rottenburg.

Harlander, Wolf (2020): 42 Grad. Hamburg.

Horkheimer, Max (1930): Anfänge der bürgerlichen Geschichtsphilosophie. Frankfurt/M. 1971.

Kemper, Andreas (2013): Rechte Euro-Rebellion – Alternative für Deutschland und Zivile Koalition e.V. Münster.

Kern, Bruno (2019): Das Märchen vom grünen Wachstum – Plädoyer für eine solidarische und nachhaltige Gesellschaft. Zürich.

Limmer, Sylvia (2019): Der ›Green Deal‹ ist ein massiver Angriff auf die freie Gesellschaft! URL: https://www.afd.de/, Zugriff: 12.11.2020.

Löwy, Michael (2016): Ökosozialismus – Die radikale Alternative zur ökologischen und kapitalistischen Katastrophe. Hamburg.

Lunde, Maja (2019): Die Geschichte des Wassers. München.

Mannheim, Karl (1935): Utopie. In: Neusüss, Arnhelm (Hg.): Utopie. Frankfurt/M./New York 1986.

– (1929): Ideologie und Utopie. Frankfurt/M. 1995.

Meuthen, Jörg (2020): Wirtschaft wird Corona-Krise nur ohne den Green Deal der EU überleben. URL: https://www.afd.de/, Zugriff: 12.11.2020.

– (2019): ›Green Deal‹ für Europa: Weiter links ist nur noch der Abgrund. URL: https://afdkompakt.de/, Zugriff: 12.11.2020.

Neupert-Doppler, Alexander (2019): Die Gelegenheit ergreifen – Eine Politische Philosophie des Kairós. Wien.

– (2015): Utopie – Vom Roman zur Denkfigur. Stuttgart.

Pötter, Bernhard (2010): Ausweg Öko-Diktatur? Wie unsere Demokratie an der Umweltkrise scheitert. München.

Popper, Karl (1987): Zur Theorie der Demokratie. URL https://www.spiegel.de/, Zugriff: 15.6.2020.

Rotermundt, Rainer (1980): Verkehrte Utopien – Nationalsozialismus – Neonazismus – Neue Barbarei. Frankfurt/M.

Speich, Andreas (2015): Heißzeit. Wien.

Stache, Christian (2017): Kapitalismus und Naturzerstörung – Zur kritischen Theorie des gesellschaftlichen Naturverhältnisses. Leverkusen.

Urban, Jörg (2019): Mit CDU und Grünen in die Öko-Diktatur? URL: https://www.blauelandespost.de/, Zugriff: 12.1.2020.

Vogl, Günther (2016): Die erfundene Katastrophe – Ohne CO_2 in die Ökodiktatur. Tönisvorst.

Zelik, Raul (2020): Wir Untoten des Kapitals – Über politische Monster und einen grünen Sozialismus. Frankfurt/M.

PROKLA 202 | 51. Jahrgang | Nr. 1 | März 2021 | S. 133-140
https://doi.org/10.32387/prokla.v51i202.1927

Tobias Haas • Isabel Jürgens*

Die europäische Landung auf dem Mond?

Der European Green Deal als Projekt ökologischer Modernisierung[1]

Zusammenfassung: Die Europäische Union steckt in einer Krise. Erstens befindet sich der Prozess der Europäischen Integration selbst in einer tiefen Krise (Stichwort: Brexit). Zweitens gibt es erhebliche Ungleichheiten innerhalb der EU. Drittens spitzen sich ökologische Problemlagen wie der Klimawandel erheblich zu und werden zunehmend politisiert. Der European Green Deal (EGD) ist die Antwort der EU auf diese Krisen. Allerdings handelt es sich dabei lediglich um einen Versuch, die ökologische Modernisierung zu forcieren. Dies gelingt jedoch auch in der Corona-Pandemie bestenfalls punktuell. Um die Krisen zu überwinden, greifen die Ansätze des EGD viel zu kurz.

Schlagwörter: Corona, Europäische Integration, Europäisches Konjunkturprogramm, Green New Deal, Resilienz

The European landing on the moon?

The European Green Deal as a project of ecological modernization

Abstract: The European Union is in a crisis. First, the process of European integration itself is in a deep crisis (keyword: Brexit). Secondly, there are considerable inequalities within the EU. Thirdly, ecological problems such as climate change are coming to a head and are increasingly politicized. The European Green Deal (EGD) is the EU's answer to these crises. However, it is merely an attempt to push ahead with ecological modernization. However, even in the corona pandemic this will succeed at best only selectively. To overcome the crises, the EGD approaches fall far short.

Keywords: Corona, European integration, European Economic Recovery Package, Green New Deal, resilience

* **Tobias Haas** ist Mitglied der *PROKLA*-Redaktion. | **Isabel Jürgens** studiert an der Universität Kassel und ist studentische Hilfskraft an der FU Berlin im Projekt »Die Politische Ökonomie der E-Mobilität«.

1 Vielen Dank an Felix Syrovatka und die gesamte *PROKLA*-Redaktion für hilfreiche Kommentare und Anregungen sowie der Fritz-Thyssen-Stiftung für die Finanzierung des Projekts »Die Politische Ökonomie der E-Mobilität. Eine Analyse zu den Potentialen und Hindernissen in der Transformation zu einer nachhaltigen Verkehrspolitik in Deutschland und Europa.«

»This is Europe's man on the moon moment« – mit viel Pathos stellte die Präsidentin der Europäischen Kommission, Ursula von der Leyen, am 11. Dezember 2019 in Brüssel den European Green Deal (EGD) vor. Der EGD deutet an, dass auf europäischer Ebene die Prozesse ökologischer Modernisierung zumindest partiell beschleunigt werden sollen – ob dies gelingen wird und dabei, wie im Papier angekündigt, niemand zurückgelassen wird, sind zum gegenwärtigen Zeitpunkt offene Fragen. Bemerkenswert ist, dass semantisch einerseits an den New Deal der USA der 1930er Jahre angeknüpft wird, aber unter Auslassung des »New« andererseits eine Abgrenzung stattfindet. Diese dürfte nicht zuletzt deshalb stattfinden, weil das New-Deal-Konzept von progressiven Kräften innerhalb der US-Demokraten aufgegriffen wird und dabei Forderungen nach einer Umverteilung von Einkommen und Vermögen oder einer Stärkung des öffentlichen Sektors erhoben werden[2]. Solche Forderungen lassen sich im Konzept des EGD nicht finden. Gleichwohl werden im EGD durchaus soziale Aspekte, wie etwa die Frage des gerechten Übergangs in Kohleregionen oder Energiearmut, aufgegriffen. Das Konzept des EGD wurde vor dem Hintergrund von zumindest drei Krisendynamiken entwickelt: Erstens hat in den letzten Jahren eine deutliche Zuspitzung und Politisierung diverser ökologischer Problemlagen stattgefunden. Dass die bisherigen Maßnahmen zur Eindämmung des Klimawandels vollkommen unzureichend sind, haben Bewegungen wie Fridays for Future oder Extinction Rebellion in den letzten Jahren immer wieder unterstrichen. Auch die Klimabilanz der EU ist bisher trotz ambitionierter Dekarbonisierungsziele keineswegs kompatibel mit den Vorgaben aus dem Pariser Klimaabkommen von 2015. Zwischen den Jahren 1990 und 2019 sanken die Emissionen nur um 24 Prozent, was nicht ausreicht, das in Paris vereinbarte Ziel zu erreichen, die Erderwärmung zum vorindustriellen Niveau auf deutlich unter zwei Grad Celsius, idealerweise auf 1,5 Grad zu begrenzen. Ganz zu schweigen von der voranschreitenden Zerstörung der Biodiversität, die zu einem erheblichen Teil auf die Expansion der industriellen Landwirtschaft zurückgeht. Zweitens steckt der europäische Integrationsprozess in einer tiefen Krise, die im Brexit ihren deutlichsten Ausdruck findet. In nahezu allen europäischen Ländern haben sich rechtspopulistische Parteien etabliert, die neben der Hetze gegen Migrant_innen und den Islam auch die EU als Feindbild auserkoren haben und ihre Auflösung fordern. Drittens, und dies ist einer der Gründe für das Erstarken rechtspopulistischer Parteien, zeichnet sich die EU durch eine ungleiche Entwicklung aus. Während die Staaten aus Nord- und Mitteleuropa aufgrund ihrer starken Exportorientierung und breiten industriellen Basis relativ schnell die Wirtschaftskrise von 2007 fortfolgende überwinden konnten, sind die Auswirkungen in der europäischen Peripherie noch deutlich spürbar. Diese Unterschiede werden auch in den jüngsten Auseinandersetzungen um die Bearbeitung

2 »Here's what the Green New Deal actually says« (2.3.2020), https://edition.cnn.com.

der Corona-Krise sichtbar (Schneider/Syrovatka 2020).

Der EGD versucht eine Antwort auf diese Krisen zu geben, indem er die Versöhnung von Ökonomie und Ökologie imaginiert und zugleich ein zukunftsweisendes Projekt für die EU skizziert. Er knüpft an den »Mythos eines grünen Europas« (Lenschow/Sprungk 2010) an. Denn das Selbstbild, eine Vorreiterin in der Klima- und Umweltpolitik zu sein, war durchaus eine wichtige legitimatorische Grundlage für den europäischen Integrationsprozess in den letzten Jahrzehnten. Dabei wird im Kontext des EGD immer häufiger auf den Resilienz-Begriff rekurriert, der im vergangenen Jahrzehnt auch in der europäischen Sozial- und Arbeitsmarktpolitik eine große Aufmerksamkeit erfahren hat (Syrovatka 2019). Doch was steht im EGD-Papier, welche Schwerpunkte werden gesetzt, was wird ausgelassen und mit welchen Umsetzungsperspektiven ist der EGD gerade in Anbetracht der Corona-Krise verbunden?

Ökologische Modernisierung statt Green New Deal

Der EGD ist eine der aktuell sechs Prioritäten der Europäischen Kommission und soll für die zukünftige europäische Klima- und Umweltpolitik Orientierung bieten. In ihm werden alle umwelt- und klimapolitischen Strategien und Vorhaben gebündelt. Nachdem im Klima- und Energiepaket aus dem Jahr 2014 eine Emissionsreduktion von 40 Prozent bis zum Jahr 2030 anvisiert wurde, werden mit dem EGD nun ambitioniertere Ziele formuliert: Bis 2030 ist eine Reduktion um 50 bis 55 Prozent angestrebt. 2050 soll schließlich die vollständige Klimaneutralität erreicht sein (Europäische Kommission 2019: 5). Dafür werden im Laufe des 29 Seiten langen Papiers mehr als 40 Maßnahmen vorgestellt – die wenigsten davon sind genau ausbuchstabiert, die Formulierungen bleiben zumeist vage und lassen viel Interpretationsspielraum. Häufig wird auf die Überarbeitung von Strategien verwiesen. Die Maßnahmen konzentrieren sich auf die Bereiche Finanzmarktregulierung, Energieversorgung, Verkehr, Industrie, Handel, Land- und Forstwirtschaft, Klimaschutz und auf Maßnahmen zur Bekämpfung der Umweltverschmutzung. Neben einer Reihe von Initiativen, neuer Maßnahmen und Strategien, verweist der EGD auf ein Klimagesetz, um das Ziel der Treibhausgasneutralität bis 2050 rechtsverbindlich zu machen. Im März 2020 wurde dafür von der Europäischen Kommission ein Entwurf vorgelegt[3]. Das Europäische Parlament fordert im Klimaschutzgesetz eine Emissionsreduktion von 60 Prozent bis zum Jahr 2030 zu verankern und geht damit über den Zielkorridor des EGD hinaus[4]. Gegenstand des Klimagesetzes soll auch ein System zur Überwachung klimapolitischer Fortschritte der Mitgliedsstaaten sein. Dies deutet an, dass einerseits durchaus starke klimapolitische Ambitionen mit dem EGD verbunden sind und die Europäische Kommission versucht, ih-

---

3 »Für Klimaneutralität bis 2050« (4.3.2020), https://ec.europa.eu/.

4 »EU-Parlament spricht sich für 60 Prozent CO_2-Einsparung bis 2030 aus« (7.10.2020), https://www.euractiv.de/.

ren Handlungsspielraum zu erweitern. Gleichwohl ist es nicht ausgemacht, dass die Mitgliedsstaaten einer stärkeren klimapolitischen Einflussnahme von europäischer Ebene zustimmen werden. Darüber hinaus proklamiert der EGD weitreichende Ziele: »Es handelt sich um eine neue Wachstumsstrategie, mit der *die EU zu einer fairen und wohlhabenden Gesellschaft mit einer modernen, ressourceneffizienten und wettbewerbsfähigen Wirtschaft werden soll, in der im Jahr 2050 keine Netto-Treibhausgasemissionen mehr freigesetzt werden und das Wirtschaftswachstum von der Ressourcennutzung abgekoppelt ist*« (Europäische Kommission 2019: 2, Herv. i. O.). Damit wird eine absolute Entkopplung von Wirtschaftswachstum und Ressourcenverbrauch imaginiert, die eine lange Diskurstradition hat (und aus der neoklassischen Umweltökonomie hervorgeht), sich aber immer wieder an der Realität bricht.

Dem privaten Sektor wird auf dem Weg zur Klimaneutralität eine Schlüsselrolle zugesprochen und das auch »bei der Finanzierung der grünen Wende« (ebd.: 20). Demzufolge soll eine Strategie für ein nachhaltiges Finanzwesen ausgearbeitet werden, die unter anderem die Integration von Klima- und Umweltrisiken in das Finanzsystem vorsieht. Zunächst wird der EGD aber vorwiegend aus öffentlichen Mitteln finanziert. Mit dem Investitionsplan für ein zukunftsfähiges Europa sollen in den nächsten zehn Jahren mindestens eine Billion Euro mobilisiert werden – rund 500 Milliarden Euro aus dem EU Haushalt, knapp 280 Milliarden über Kredite der Europäischen Investitionsbank, 114 Milliarden aus nationalen Mitteln und der Rest aus privaten Investitionen. Teil des EGD ist auch der sogenannte Just Transition Mechanism (JTM), der emissionsintensive Regionen im Sinne der angestrebten Klimaneutralität unterstützten soll.[5] Insgesamt sollen dafür 100 Milliarden Euro verfügbar sein; aus dem EU-Haushalt werden allerdings nur 7,5 Milliarden in den Fonds fließen. Nicht zuletzt deswegen wurde dieser als »Hütchenspielertrick«[6], in dem Mittel nur verschoben und nicht neu mobilisiert werden, kritisiert. Die Einrichtung des JTM kann aber auch als Antwort auf die Kritik einiger Mitgliedsstaaten, wie Polen und Tschechien, verstanden werden. Diese drohten aufgrund der starken ökonomischen Abhängigkeit von Braun- und Steinkohle mit einer Ablehnung des EGD.[7] Doch nicht nur vonseiten der Mitgliedsstaaten wurde der EGD beeinflusst, sondern auch von diversen Kapitalverbänden und Unternehmen. So versuchte beispielsweise der Ölkonzern ExxonMobil im EGD statt strenger CO_2-Abgasnormen für Fahrzeuge die Ausweitung des Europäischen Emissionshandelssystems (EU EHS) durchzusetzen. Dies wird jetzt im EGD zumindest in Erwägung gezogen, ungeachtet der bisher mehr als dürftigen Bilanz des EU EHS (ebd.: 13).[8]

5 »The European Green Deal Investment Plan and Just Transition Mechanism explained« (14.1.2020), https://ec.europa.eu.
6 »Eine Billion für das Klima: Kritik an Finanzierung des „Green Deals" der EU« (14.1.2020), https://www.rnd.de/.
7 »Polens grüne Wendemanöver« (10.12.2019), https://www.zeit.de/.
8 »ExxonMobil attempts to influence the European Green Deal« (6.3.2020), https://influencemap.org/

Kritik des EGD

Während der EGD von der europäischen Öffentlichkeit vorwiegend wohlwollend aufgenommen wurde und selbst Mitglieder konservativer Parteien sich positiv auf ihn bezogen, kritisierten umweltpolitische Organisationen früh den Mangel an verbindlichen Zielen und konkreten Maßnahmen. Darüber hinaus entzündete sich die Kritik an der fehlenden Ausweisung von Atomkraft und Erdgas als »schmutzige Energiequellen« (Bund für Umwelt und Naturschutz 2020: 3) und der fehlenden generellen Abwendung von fossilen Brennstoffen[9]. Hindernisse einer wirkungsvollen Umwelt- und Klimapolitik werden im EGD kaum adressiert. Dagegen sind »neue Technologien, nachhaltige Lösungen und bahnbrechende Innovationen [...] für die Verwirklichung der Ziele des europäischen Grünen Deals von entscheidender Bedeutung« (Europäische Kommission 2019: 22). Damit werden insbesondere drei Aspekte sichtbar:

Erstens setzt der EGD nahezu ausschließlich auf Innovation und Technologie unter dem Primat der Technologieoffenheit. Die ambitionierten Dekarbonisierungsziele sollen durch den Einsatz von Technologien erreicht werden, die bisher noch nicht zur Verfügung stehen: »Die Industrie in der EU braucht Vorreiter in den Bereichen Klima und Ressourcen, die bis 2030 die ersten kommerziellen Anwendungen bahnbrechender Technologien in Schlüsselbranchen entwickeln. Die Schwerpunktbereiche umfassen sauberen Wasserstoff, Brennstoffzellen und andere alternative Kraftstoffe, Energiespeicherung sowie CO_2-Abscheidung, -Speicherung und -Nutzung. So wird die Kommission beispielsweise bahnbrechende saubere Stahltechnologien fördern, die bis 2030 zu einer CO_2-freien Stahlerzeugung führen sollen [...]« (ebd.: 10). Dementsprechend ist für den EGD auch die Förderung von Innovationen (über das EU Programm Horizon Europe) zentral (ebd.: 22).

Zweitens richtet sich der Fokus des EGD lediglich auf die Sphäre der Produktion, insbesondere auf männlich dominierte Sektoren, sowie den Finanzsektor. Im EGD wird neben dem Innovationsimperativ der Ausbau nachhaltiger und beschäftigungsintensiver Wirtschaftstätigkeiten vor allem im Textil-, Bau-, Elektronik- und Kunststoffsektor proklamiert. Auch die Stahl-, Chemikalien- und Zementindustrie wird als für die europäische Wirtschaft unverzichtbar beschrieben (ebd.: 8f.). Die Nichtberücksichtigung sozialer und gesundheitsbezogener Dienstleistungen ist gerade vor dem Hintergrund der Corona-Pandemie, eine Leerstelle des EGD-Konzepts. Die soziale Reproduktion müsste systematisch einbezogen und aufgewertet werden und damit ließen sich auch Anknüpfungspunkte für alternative Wohlstandsverständnisse schaffen, jenseits der Wachstums-, Innovations- und Technologiefixierung, wie sie auch im EGD fest verankert sind (zur Kritik der Geschlechtsblindheit von Green-New-Deal-Debatten siehe Bauhardt 2019).

Drittens ist der EGD eingebettet in globale Ungleichheitsverhältnisse und diese sollen fortgeschrieben werden. Ökologische Schulden werden nicht

9 »European Green Deal misses the mark« (11.12.2020), https://www.greenpeace.org/.

erwähnt und der Zugriff auf Ressourcen im Globalen Süden wird unter dem Aspekt der Versorgungssicherheit für die europäische Industrie verhandelt (Europäische Kommission 2019: 27). So wird zwar einerseits der hohe Rohstoffverbrauch als Problem beschrieben, soll aber nur durch Recycling und Prüfung eines »Rechts auf Reparatur« reduziert werden.[10] Andererseits suggeriert das Konzept der Kreislaufwirtschaft im EGD die mögliche Abkopplung des Wirtschaftswachstums von der Ressourcennutzung. Dies wird besonders sichtbar in den Ausführungen zur Digitalisierung, die als »entscheidende Voraussetzung für die Verwirklichung der Nachhaltigkeitsziele des Grünen Deals« (ebd.: 11) benannt, deren ressourcenpolitische Voraussetzungen allerdings weitgehend außen vor gelassen werden (Reckordt 2019). Zudem trägt die Digitalisierung sowohl in der EU als auch im globalen Maßstab erheblich zum Wachstum der Energienachfrage bei. Die durch Informations- und Telekommunikationstechnologien bedingte Energienachfrage stieg bis zum Ausbruch der Corona-Pandemie um neun Prozent jährlich an und war im Jahr 2018 bereits für 3,7 Prozent der globalen Treibhausgasemissionen verantwortlich.[11] Auch in Zukunft ist nicht davon auszugehen, dass die Digitalisierung im Rahmen einer kapitalistischen Wachstumsökonomie zu einer Reduktion der globalen Umweltprobleme beitragen wird (Lange/Pohl/Santarius 2020).

EGD und Corona

Wenige Monate nach der Verabschiedung des EGD nahm die Corona-Pandemie an Fahrt auf. Insofern stellt sich momentan, wie nach der Weltfinanz- und Wirtschaftskrise vor gut zehn Jahren die Frage, ob tatsächlich umgesteuert wird. Es lässt sich festhalten, dass die EU-Kommission versucht, ihre Kompetenzen auszuweiten, indem finanzielle Spielräume ausgeweitet und dafür Kompromisse mit und zwischen den Mitgliedsstaaten gesucht werden. Eine Forcierung der ökologischen Modernisierung lässt sich jedoch bis dato nicht feststellen.

Zunächst haben alle Mitgliedsstaaten nach dem Lockdown im März 2020 Konjunkturpakete mit teils umfangreichen Hilfsmaßnahmen für betroffene Branchen aufgelegt. Auch die EU hat ein Konjunkturprogramm aufgelegt, das sogenannte European Recovery Program (ERP). In Zentrum des ERP stehen das Aufbauinstrument Next Generation EU und die Aufstockung des langfristigen Haushalts der EU (2021 bis 2027). Mit einem Umfang von 750 Milliarden Euro, von denen 390 Milliarden als Zuschüsse und 360 Milliarden als Kredite bereitgestellt werden, sollen insbesondere diejenigen Mitgliedsstaaten unterstützt werden, die wirtschaftlich besonders unter der Corona-Krise leiden. 37 Prozent der Gelder des Next Generation EU (beim gesamten EU Haushalt von 2021 bis 2027 sind es 30 Prozent) sollen auf die ökologische Modernisierung ausgerichtet werden.[12] Dass die Umwelt- und

10 »Changing how we produce and consume« (11.3.2020), https://ec.europa.eu/.
11 »›Lean Ict‹ – Towards Digital Sobriety« (März 2020), https://theshiftproject.org/.

12 »COVID-19: Council agrees its position on the Recovery and Resilience Facil-

Klimaschutzkriterien dafür allerdings sehr vage bleiben, wird insbesondere von Umweltorganisationen kritisiert (Deutsche Umwelthilfe 2020). Zudem verzögert sich aufgrund der Corona-Pandemie die Verabschiedung diverser Initiativen des EGD.[13] Darüber hinaus droht der EGD und die europäische Klimapolitik an öffentlicher Aufmerksamkeit zu verlieren, ähnlich wie dies in der letzten großen Krise der Fall gewesen ist. Die jüngsten Beschlüsse zur Weiterführung der Gemeinsamen Agrarpolitik (GAP) deuten nicht auf eine Trendumkehr hin, weg von der massiven Subventionierung der großindustriellen Agrarwirtschaft.[14]

Gleichwohl bleibt es offen, ob es in den einzelnen Feldern (Strom, Wärme, Mobilität, Landwirtschaft, Industrie) in Zukunft zu einer forcierten ökologischen Modernisierung kommt und ernsthafte Ansätze in Richtung einer Kreislaufwirtschaft verfolgt werden. Zudem wird sich zeigen, ob es der Europäischen Kommission gelingt, zusätzliche Kompetenzen an sich zu ziehen und die Ungleichgewichte innerhalb der EU abzumildern. Eine Besonderheit des ERP ist, dass die EU dafür erstmals Anleihen aufnimmt. Um diese zu bedienen will die EU eigene Einnahmequellen erschließen: 2021 wurde bereits eine Steuer auf nicht recyclebares Plastik eingeführt, zudem sollen Entwürfe für eine Digitalsteuer und eine CO_2-Grenzsteuer[15] ausgearbeitet werden.

In Anbetracht der großen Herausforderungen ist jedoch eher davon auszugehen, dass in nächster Zeit eine Form des *muddling-through* vorherrschend bleiben wird. Insofern zeichnet sich momentan (noch) kein Paradigmenwechsel des europäischen Integrationsprozesses hin zu einer sozial-ökologisch ausgerichteten Integrationsweise ab, die die soziale Reproduktion aufwertet und andere, zukunftsfähige Wohlstandsverständnisse abbildet. Von daher wird auch das Streben nach Resilienz erstmal unvollendet bleiben, denn der Grundlage für die Ausbreitung von Pandemien, nämlich die Zerstörung der Biodiversität und der natürlichen Lebensräume, die eine Übertragung der Viren von Tier auf Mensch wahrscheinlicher machen, wird mit dem EGD und der Reform der gemeinsamen Agrarpolitik wenig entgegengesetzt (Hürtgen 2020). Der EGD bildet somit weitgehend das ab, was Ulrich Brand (2009) für die Debatte um den GND im Jahr 2009 konstatiert hat, dass sie »schillernd und technokratisch« ausgerichtet ist. Der EGD zeichnet sich durch eine Engführung sozialökologischer Krisen aus und verharrt im Leitbild einer ökologischen Modernisierung. Technologische Innovationen, wie etwa Wasserstofftechnologien, sollen die gravierenden Umweltprobleme lösen, ohne dass dabei bestehende Macht- und Herrschaftsverhältnisse angetastet werden. Allerdings ist der Problemdruck inzwischen deutlich

ity« (9.10.2020), https://www.consilium.europa.eu/.

13 »Klimapolitik in Zeiten von COVID-19 und deutscher EU-Ratspräsidentschaft« (18.7.2020), https://www.treffpunkteuropa.de.

14 https://fridaysforfuture.de/votethiscapdown/

15 Die CO_2-Steuer soll auf importierte Güter aus Staaten erhoben werden, in denen niedrigere Klimaschutzstandards gelten.

gewachsen, im EGD werden teilweise soziale Aspekte adressiert und auf die Krise des europäischen Integrationsprozesses eingegangen.

In Anbetracht der Fixierung des EGD auf technologische Innovationen bleibt es die Aufgabe von progressiven politischen Akteuren, die vorhandenen Impulse für eine ökologische Modernisierung aufzugreifen und in die Richtung einer sozial-ökologischen Transformation weiterzuentwickeln. Dafür gibt es durchaus vor dem Hintergrund der Politisierung der Klimafrage und neuer Bündniskonstellationen ein sich öffnendes Möglichkeitsfenster. So stellt etwa Markus Wissen (2020: 459) fest, dass »Debatten über Konversion, Wirtschaftsdemokratie, die Eigentumsfrage, Vergesellschaftung und Infrastruktursozialismus« wieder aufleben. Diese können auch Orientierung stiften für die Vision eines grünen und sozial gerechten Europas.

Literatur

Bauhardt, Christine (2019): Business as usual. Die Geschlechterblindheit des Green New Deal. In: politische ökologie 37(159): 82-87.
Brand, Ulrich (2009): Schillernd und technokratisch: Grüner New Deal als magic bullet in der Krise des neoliberal-imperialen Kapitalismus? In: PROKLA 156 39(3): 475-481. DOI: https://doi.org/10.32387.
Bund für Umwelt und Naturschutz (BUND) (2020): European Green Deal – Mehr Fassadenbegrünung als Aufbruch in eine neue Zeit. Berlin.
Deutsche Umwelthilfe (2020): EU-Kompromiss bedeutet Rückschlag fürs Klima. URL: https://www.duh.de. Zugriff: 16.12.2020.
Europäische Kommission (COM) (2019): Mitteilung der Kommission an das Europäische Parlament, den Europäischen Rat, den Europäischen Wirtschafts- und Sozialausschuss und den Ausschuss der Regionen. Der europäische Grüne Deal. Brüssel.
Hürtgen, Stefanie (2020): Der Virus kommt nicht von außen. URL: https://jacobin.de. Zugriff: 9.11.2020.
Lange, Steffen / Pohl, Johanna / Santarius, Tilman (2020): Digitalization and energy consumption. Does ICT reduce energy demand? In: Ecological Economics 176(106760). DOI: https://doi.org/10.1016/j.ecolecon.2020.106760
Lenschow, Andrea/Sprungk, Carina (2010): The Myth of a Green Europe. In: JCMS: Journal of Common Market Studies 48(1): 133-154. DOI: https://doi.org/10.1111/j.1468-5965.2009.02045.x.
Reckordt, Michael (2019): Dasselbe in Grün. Weltweiter Ressourcenverbrauch und -abbau. In: politische ökologie 37(159): 46-52.
Schneider, Etienne/Syrovatka, Felix (2020): Corona und die nächste Eurokrise. In: PROKLA 199 50(2): 335-344. DOI: https://doi.org/10.32387/prokla.v50i199.1873.
Syrovatka, Felix (2019): Resilienz oder die Fortschreibung neoliberaler Krisenbearbeitung. In: PROKLA 197 49(4): 597-615. DOI: https://doi.org/10.32387/prokla.v49i197.1809.
Wissen, Markus (2020): Klimakrise und Klassenkampf. In: PROKLA 200 50(3): 441-464. DOI: https://doi.org/10.32387/prokla.v50i200.1900.

PROKLA 202 | 51. Jahrgang | Nr. 1 | März 2021 | S. 141-148
https://doi.org/10.32387/prokla.v51i202.1931

Simone Claar *

Kein Ende des grünen Kolonialismus

Der Europäische Green Deal reproduziert die Abhängigkeiten von Afrika

Zusammenfassung: Europa macht sich auf den Weg zu einem europäischen grünen Deal (EGD) und setzt neue Maßstäbe für ein grünes Wirtschaftsparadigma. Allerdings gibt es innerhalb des EGD Aspekte, die sich nicht alleine in Europa bearbeiten lassen. Der Beitrag diskutiert die Ansätze der EU-Afrika Strategie innerhalb des EGD auf den Feldern Wasserstoff und Biodiversität. Es zeigt sich, dass sich hierbei das bestehende asymmetrische Verhältnis zwischen Afrika und der EU reproduziert, und es schwer wird, afrikanische Ideen einer sozial-ökologischen Transformation einzubringen.

Schlagwörter: Europäischer Grüner Deal, Wasserstoff, Biodiversität, Europa-Afrika-Beziehung, sozial-ökologische Transformation

No end to green colonialism

The European Green Deal reproduces Africa's dependencies

Abstract: Europe is embarking on a European Green Deal (EGD) and setting new standards for a green economic paradigm. However, there are aspects within the EGD that cannot be resolved in Europe alone. The article discusses the approaches of the EU-Africa strategy in the EGD in the fields of hydrogen and biodiversity. It shows that the existing asymmetric relationship between Africa and the EU is manifested, it will be difficult to introduce African ideas of a socio-ecological transformation.

Keywords: European Green Deal, hydrogen, biodiversity, Europe-Africa Relationship, social-ecological transformation

Während sich weltweit die ökologischen Probleme zuspitzen, gewinnt international ein grünes Wachstumsparadigma an Bedeutung: Die EU reagiert auf die Entwicklungen mit einem Europäischen Grünen Deal (EGD), der ein nachhaltiges Europa mit wirtschaftlicher Prosperität versöhnen soll. In einer globalisierten Welt hat der EGD allerdings Implikationen für andere Weltregionen wie z.B. Afrika. Diese sind nicht unproblematisch, finden jedoch bisher kaum Beachtung in

* **Dr. Simone Claar** leitet die Nachwuchsgruppe Glocalpower an der Universität Kassel.

der Debatte – und das, obwohl der EGD die Zusammenarbeit mit vielen afrikanischen Staaten neu sortiert. Im Zuge dessen werden bestehende Abhängigkeitsmuster zwischen Afrika und Europa reproduziert, aber auch neue Anforderungen an die afrikanischen Staaten geschaffen, den europäischen ökologischen Umbau zu realisieren. Das könnte dazu führen, dass afrikanische Staaten weniger nationalen Spielraum für sozial-ökologische Transformation haben und nur die bisherigen nationalen Eliten und Kapitalfraktionen gestärkt werden. Das lässt sich skizzenhaft an den Beispielen Energie/Wasserstoff und Biodiversität zeigen.

Was der EGD mit afrikanischen Staaten zu tun hat

Die Europäische Union (EU) hat 2019 den EGD ausgerufen, der nachhaltige und ökologische Rahmenbedingungen im EU-Wirtschaftsraum realisieren soll, um damit einen Beitrag zur Bekämpfung der Klimakrise zu leisten. Der Fahrplan hat vor allem Strategien und die Finanzierung für europäische Länder im Blick. Zentrales Thema ist die Energiewende und die Umsetzung verschiedener Finanzierungsmodelle und Fonds (Europäische Kommission 2019: 18ff.). Die Projekte des EDG sind allerdings nicht nur für den europäischen Binnenmarkt relevant, sondern auch für viele Ökonomien anderer Staaten. Die EU entwickelt, priorisiert und implementiert neue Politikfelder, neue Standards, Normen und Regeln – und erschließt sich damit neue Märkte für das Kapital. Dazu gehört etwa die Schaffung neuer internationaler CO_2-Märkte oder die Sicherstellung des Zugangs zu Rohstoffen, zum Beispiel Kobalt für Batterien, das vor allem in der Demokratischen Republik Kongo abgebaut wird. Dazu gehört auch die Implementierung neuer Standards für Wertschöpfungsketten. So müssen zum Beispiel eingeführte Lebensmittel zukünftig einschlägigen EU-Umweltnormen entsprechen (Pallinger 2020; Europäische Kommission 2019: 6). Diese Maßnahmen haben direkte und indirekte Auswirkungen auf europäische Handelspartner. Denn es geht nicht nur um den Austausch von Waren: Auch nichttarifäre Hemmnisse, unter anderem im Bereich erneuerbarer Energien, sollen ausgeräumt werden (Europäische Kommission 2019: 26). Die EU setzt dabei auf Mechanismen der »tiefen Integration«, die etwa in den Nord-Südbeziehungen auch den Transfer von institutionellen Elementen umfasst (Claar/Nölke 2013). Innerhalb des EGD schlägt sich das unter anderem in »grüner« Rechtsprechung nieder, denn da will die EU neue Maßstäbe setzen.

Parallel zu den Veränderungen der nationalen und europäischen Politiken verändert der EGD auch die thematischen Schwerpunkte in der EU-Außen-, Handels- und Entwicklungspolitik. Zum Beispiel soll Nachhaltigkeit und grüne Entwicklung für die Neuausrichtung der EU-Afrika-Partnerschaft der zentrale Anker sein und steht auf der Agenda für den EU-Afrikanische Union Summit 2021 (Laporte 2020). Die Themen der nachhaltigen Entwicklung sind für viele afrikanische Staaten kein Neuland, wenn sie mit diversen Maßnahmen versuchen, die Entwicklungsziele der Vereinten Nationen bis 2030 umzusetzen. Zum Beispiel gibt es verschiedene

Politikprogramme für die Gewährleistung des Zugangs zu Energie (SDG 7) und Energiewendeprozesse. Die Möglichkeiten, erneuerbare Energien einzusetzen, sind jedoch sehr unterschiedlich, je nachdem, ob die ökonomisch starken Staaten (zum Beispiel Nigeria, Südafrika), aufstrebende Staaten (zum Beispiel Ghana, Ruanda) oder ärmere Länder (zum Beispiel Togo, Malawi) betrachtet werden (Müller u.a. 2020). Bei der Umsetzung der *Sustainable Development Goals* sind zudem viele private Akteure und transnationale Kapitalklassen in den Prozessen involviert (Claar 2020). Da viele im EGD vorgesehenen Maßnahmen von Ressourcen und Produkten aus den afrikanischen Staaten abhängen, werden diese das asymmetrische Verhältnis zwischen Europa und Afrika reproduzieren. Das lässt sich an zwei Beispielen zeigen.

Sauberer Wasserstoff und Biodiversitätsstrategie für Afrika

Trotz formeller Unabhängigkeit und Überwindung des Kolonialismus hat sich das asymmetrische Verhältnis zwischen afrikanischen und europäischen Staaten kaum verändert. Dies schlägt sich insbesondere in der Rolle der afrikanischen Ökonomien nieder, vor allem bei denjenigen, die unverarbeitete Rohstoffe und Lebensmittel nach Europa exportieren. Diese Abhängigkeitsverhältnisse zwischen der EU und afrikanischen Ökonomien zeigen sich auch im Kontext des EDG. Aufgrund der neuen ökonomischen Prioritäten und der neuen Standards, müssen afrikanische Ökonomien auf die europäische Politik des EGD reagieren, statt selbst Schwerpunkte für eine sozial-ökologische Transformation zu setzen. Das spiegelt die EU-Afrika Strategie im EGD wider: Klima- und Umweltziele sollen ein zentraler Bestandteil der zukünftigen Zusammenarbeit zwischen der EU und der Afrikanischen Union (AU) sein. Dabei sind »erneuerbare Energien und Energieeffizienz« von zentraler Bedeutung sowie die Sicherstellung der Biodiversität im Rahmen des Programms »NaturAfrica« (Europäische Kommission 2019: 25).

Beim Thema Energie bildet insbesondere die Gewinnung von sauberem Wasserstoff einen Schwerpunkt. Es ist für die EU notwendig, sich langfristig Zugang zu Ressourcen zu sichern. Umgekehrt sind im Kontext der Energiewende neue Absatzmärkte für (neue) Technologien europäischer Unternehmen von Bedeutung, die den Markt für erneuerbare Energien dominieren (Müller/Claar i.E.). Im Sommer 2020 hat die EU ihre Wasserstoff-Strategie veröffentlicht. In dieser wird Afrika, insbesondere Nordafrika, als Partner identifiziert und dem Kontinent eine hohe geografische Nähe und erneuerbares Energiepotenzial bescheinigt. Gleichzeitig soll eine Kooperation mit der AU innerhalb der »Africa-Europe Green Energy Initiative« zum Schwerpunkt des sauberen Wasserstoffs aufgebaut werden (Europäische Kommission 2019: 19, 23). Für eine erfolgreiche Energiewende in Afrika braucht es nicht nur Investitionen, sondern auch deutsche und europäische Technologien (Kemfert/Müller 2020: 12). Hierfür wurde eine europäische Allianz für sauberen Wasserstoff gegründet, die neue Technologien rund um das Thema Wasserstoff entwickeln will. Neben staatlichen Institutionen und Forschungseinrichtungen sind verschiedene Unternehmen an der europäischen Wasserstoffallianz beteiligt: aus dem Energiebereich unter anderem RWE und E.ON, aus der Stahl- und Logistikindustrie ThyssenKrupp und die Deutsche Post DHL Group sowie aus dem Banken- und Finanzsektor die Deutsche Bank AG (Europäische Kommission 2020d). Es besteht also ein breiter Zusammenschluss verschiedener Kapitalfraktionen, die den Wasserstoffmarkt fördern, Nutzen aus der Wasserstofftechnologie ziehen und sich ihren Zugang sichern wollen.

Bis zum Jahr 2030 soll eine erhebliche Menge sauberer Wasserstoff für die innereuropäische Nutzung gewonnen werden – 40 Gigawatt Elektrolyse-Kapazitäten in Europa und 40 Gigawatt Elektrolyse-Kapazitäten außerhalb (Europäische Kommission 2020c: 3). Die Gewinnung der 40 Gigawatt Elektrolyse-Kapazitäten außerhalb der EU soll vor allem durch strategische Partnerschaften mit nordafrikanischen Staaten ermöglicht werden, etwa mit Marokko. Denn »mit der Sonne Afrikas lässt sich Wasserstoff unter konkurrenzlos sauberen und günstigen Bedingungen produzieren – zunächst für sich und später für den Weltmarkt« (Kemfert/Müller 2020: 12). Der erste Grundstein wurde bereits von Deutschland mit einem Kredit für Marokko für den Bau der ersten grünen Wasserstoffanlage gelegt (Riedel 2020). Es bleibt offen, ob die saubere Wasserstoff-Strategie den ausgewählten Partnern in Nordafrika selbst zugute kommt. Im deutschen Mediendiskurs wird die Sorge geäußert, dass Europa bzw. Deutschland sich abhängig machen würde, und die Import-Länder selbst erst ausreichend erneuerbare Energien produzieren müssten (Witsch 2020).

Das ausländische Kapital, vor allem große transnationale Unternehmen, hat leichteren Zugang zur »grünen« Wirtschaft, während afrikanisches Kapital und lokale Unternehmen in Afrika nur begrenzten Zugang zu Wissen, Finanzen und Technologie haben. Dies zeigen etwa die Gewinner der Ausschreibungen für erneuerbare Energien in Südafrika (Claar 2020; Müller/Claar i.E.). Dabei wird ein altes Muster reproduziert: die Technologieentwicklung bleibt in den Händen von europäischen Konzernen. Damit bleibt europäische Technologie zentral für die Wassersstoffstrategie. Bisher werden afrikanische Akteure und Wissen bei der Umsetzung der Wasserstoffstrategie nicht eingebunden, eine Aneignung des Prozesses wird nicht ermöglicht.

Die Entwicklung einer EU-Biodiversitätsstrategie ist ein weiteres zentrales Feld der EU-Afrika-Strategie innerhalb des EGD. Diese muss im Kontext der Debatten zum UN-Abkommen über biologische Vielfalt gesehen werden. Ein Grundsatz ist hier der Netto-Gewinn, d.h. dass der der Natur mehr zurückgegeben als genommen wird (Europäische Kommission 2020b: 1, 19). Dieses Konzept der sogenannten *biodiversity offsets* wird schon länger verfolgt. Allerdings ist fraglich, ob damit bestehende biologische Vielfalt geschützt, oder aber vielmehr eine Kommodifizierung von Biodiversität durch internationale Verträge und Strategien festgeschrieben wird (OECD 2016).

In diesem Sinne muss auch die im EDG angesprochenen Idee der Afrikastrategie gedeutet werden. Ein Teil davon ist das Projekt »NaturAfrica«, das zum Ziel hat, die Biodiversität in Afrika zu schützen und dabei die Bevölkerung und privatwirtschaftliche Akteure miteinbeziehen will (Europäische Kommission 2019: 25). Auf den ersten Blick erscheint dies als ein wichtiges und sinnvolles Anliegen, da die Artenvielfalt Afrikas sowohl in der Tier- und Pflanzenwelt einzigartig ist. Problematisch ist dabei allerdings, dass es schon jetzt diverse Probleme mit der Zerstörung, der (illegalen) Landnahme und der Militarisierung von Naturparks sowie mit Menschenrechtsverletzungen im Rahmen europäischer Programme gibt (Grünewald 2020; Minority Rights Group 2020). Die Zivilgesellschaft kritisiert an der Biodiversitätsstrategie der EU massiv deren einseitiges Handeln. Zudem werden eigentliche Probleme wie die Frage von Landnutzung, Landbesitz und Armut damit nicht geklärt. Mit den Betroffenen wird nicht gesprochen, und sie werden auch nicht in die Prozesse miteinbezogen (Rainforest Foundation u.a. 2020). Wissenschaftler*innen und Aktivist*innen fordern daher ein Ende des grünen Kolonialismus, die Beteiligung an den Prozessen und eine Neudefinition von Naturschutz: Dessen bisherige Definition deckt sich nicht mit den aktuellen Debatten um Menschenrechte und soziale Gerechtigkeit. Zu den weiteren Forderungen gehört, dass Tourismus nicht als Naturschutz bewertet wird und die realen Lebensumstände der Bevölkerung anerkannt werden müssen (Mordecai Ogada in Docip 2020).

Mit den Feldern »saubere Energie« und Biodiversität schafft die EU-Tatsachen in afrikanischen Ländern. Die Ungleichheiten zwischen Afrika und Europa werden weiter vertieft. Die Möglichkeit für eine grundlegende sozial-ökologische Transformation in den afrikanischen Staaten wird durch die EU limitiert, auch wenn dadurch andere »rasche Fortschritte auf dem Weg zu einer grünen Kreislaufwirtschaft« (Iacobuta 2020) erwartet werden. Die Muster der abhängigen Entwicklung, die den kritischen EU-Afrika-Diskurs dominieren, setzen sich fort – und reproduzieren damit die bekannten Fehler der Vergangenheit.

In den Diskussionen zu einer »nachhaltigen« Wirtschaft werden institutionell unterschiedliche Gegebenheiten und Strukturen nicht berücksichtigt. Auch hier wird wieder der Versuch unternommen, bestimmte institutionelle Rahmenbedingungen wie die Vorgabe von »grüner« Rechtsprechung im Bereich der grünen Wirtschaft zu implementieren. Dadurch profitieren bestimmte Kapitalfraktionen innerhalb der verschiedenen afrikanischen Staaten, so zum Beispiel die großen Energieunternehmen in Marokko von dem Bau einer Wasserstoffanlage. Grundsätzlich bleibt dabei die Frage offen, ob die Ungleichheit und die Armut, auch die Energiearmut, in den afrikanischen Staaten mit dem europäischen Grünen Deal überwunden werden kann, wenn in Bezug auf Handel, Wertschöpfungsketten, Normen und Standards neue Hürden aufgestellt bzw. Handelsverträge nicht aktualisiert werden (ebd.). Die beiden skizzierten Politikfelder Wasserstoff und Biodiversität legen schon jetzt nahe, dass nur eine kleine Gruppe der afrikanischen Bevölkerung langfristig von den Maßnahmen der EU profitiert, während der Großteil in der Transformation kaum Mitsprachemöglichkeiten haben wird. Nicht ohne Grund findet sich im EGD immer wieder der Verweis, dass einzelne Akteure, wie Landwirt*innen oder aber der Konsument*innen, in den Prozess der grünen Kreislaufwirtschaft mit einbezogen werden müssen (Europäische Kommission 2019: 7, 14). Dies wird auch im Zuge der Biodiversitätsstrategie für Afrika gefordert.

Eine gerechte sozial-ökologische Transformation für Afrika

Damit bleibt die Frage: Wie kann eine gerechte sozial-ökologische Transformation aussehen, die nicht nur den politischen und kapitalistischen Elite Afrikas neue Möglichkeiten eröffnet? Auch wenn es in den jeweiligen afrikanischen Staaten unterschiedliche historische, ökonomische und politische Kontexte gibt, so lassen sich allgemeine Schlussfolgerungen ziehen. In den Diskussionen um eine »ökologische Modernisierung« und eine »grüne Kreislaufwirtschaft« wird deutlich, dass es um Reformen des kapitalistischen Weltmarktes geht, die vor allem aus dem globalen Norden initiiert werden (Brockington/Ponte 2015). Die Veränderung der Strukturen steht weniger im Zentrum und dies bedeutet aus dem Blickwinkel der permanenten Abhängigkeit der afrikanischen Ökonomien, dass es schwierig sein wird, eine gerechte sozial-ökologische Transformation umzusetzen. Die Abhängigkeiten der afrikanischen Länder schreiben sich auch in den EDG und seine bisherige Praxis ein, denn Kapital, Investitionen und Entwicklung verändern sich nicht – nur die Natur wird weiter kommodifiziert (Claar 2020).

In den Diskussionen um eine sozial-ökologische Transformation gibt es immer wieder den Bezug auf das Konzept eines gerechten Übergangs (*Just Transition)*. Dieses stellt die soziale Gerechtigkeit im Mittelpunkt und betont, dass es notwendig ist, die Bevölkerung und die Betroffenen aktiv einzubinden und ihnen auch Zugang zu Informationen zu geben (zu den verschiedenen Begriffen von Energiegerechtigkeit vgl. Jenkins u.a. 2016). Dazu gehört, den Zugang zu Energie sicherzustellen und die Sorgen der Beschäftigten in den »braunen Industrien« ernst zu nehmen. In diesem Zusammenhang ist es wichtig zu sehen, dass es in afrikanischen Kontexten nur wenig staatliche soziale Absicherung gibt und die Arbeitslosenquoten extrem hoch sind.

Es gibt diverse Ansätze auch aus afrikanischen Kontexten, die sich mit sozial-ökologischer Transformation befassen und eigene Ideen für die Bekämpfung des Klimawandels einbringen. Deshalb ist keine Übertragung des institutionellen Settings der EU nach Afrika erforderlich. Ein aktuelles Beispiel dafür ist die im August 2020 veröffentlichte *Climate Justice Charter*. Über sechs Jahre wurde hierfür mit zivilgesellschaftlichen Akteur*innen in Südafrika eine allumfassende Vorstellung einer gerechten sozial-ökologischen Transformation entwickelt. Während der EGD innerhalb des bestehenden Systems agiert, entwickelt die Charter eine Vision von einer ökonomischen systemischen Alternative, die notwendig für eine ökologische Transformation ist. Dabei geht es auch um die Teilhabe der Bevölkerung an der

Planung und Umsetzung dieser Transformation (COPAC/SAFSC 2020). Wäre die Bevölkerung deutlich mehr in die entsprechenden Prozesse einbezogen, dann wäre damit auch die Möglichkeit gegeben, Ungleichheit und Armut zu verringern. Dennoch scheint es global darauf hinauszulaufen, dass die grüne Kreislaufwirtschaft eher einen Prozess zur Umwandlung kapitalistischer Gesellschaften in einen grünen Kapitalismus darstellt, mit dem die gesellschaftlichen Naturverhältnisse reguliert werden (Brand 2015) und der die bestehenden Nord-Süd Verhältnisse reproduziert. Soll dagegen eine sozial-ökologische Transformation in Afrika verwirklicht werden, dann sind mehr Analysen zu einer (grünen) Entwicklung aus der Perspektive dieses Kontinents nötig.

Literatur

Brand, Ulrich (2015): Green Economy and Green Capitalism: Some Theoretical Considerations. In: Journal für Entwicklungspolitik 28 (3): 118-137. DOI: http://doi.org/10.20446/JEP-2414-3197-28-3-118.

Brockington, Dan / Ponte, Stefano (2015): The Green Economy in the global South: experiences, redistributions and resistance. In: Third World Quarterly 36(12): 2197-2206. DOI: https://doi.org/10.1080/01436597.2015.1086639.

Claar, Simone (2020): Green Finance and Transnational Capitalist Classes – Tracing Vested Capital Interests in Renewable Energy Investment in South Africa. In: Journal für Entwicklungspolitik 37(4): 110-128. DOI: https://doi.org/10.20446/JEP-2414-3197-36-4-110.

– /Nölke, Andreas (2013): Deep Integration in North-South Relations: Compatibility Issues between the EU and South Africa. In: Review of African Political Economy 40(136): 274-289. DOI: https://doi.org/10.1080/03056244.2013.794726.

COPAC/SAFSC (2020): Climate Justice Charter, August 2020. URL: https://www.safsc.org.za/, Zugriff: 2.1.2021.

Docip (2020): EU-Biodiversity Strategy 2030: What's in it for Indigenous Peoples and Local Communities. Aufzeichnung. URL: https://www.youtube.com, Zugriff: 2.1.2021.

Europäische Kommission (2019): Der europäische Grüne Deal. Mitteilung der Kommission an das Europäische Parlament, den Europäischen Rat, den Europäischen Wirtschafts- und Sozialausschuss und den Ausschuss der Regionen. COM Nr. 619.

– (2020a): Towards a comprehensive Strategy with Africa. URL: https://ec.europa.eu/, Zugriff: 9.3.2020.

– (2020b): EU Biodiversity Strategy for 2030. Bringing nature back into our lives. URL: https://eur-lex.europa.eu/, Zugriff: 20.5.2020.

– (2020c): Europäische Allianz für sauberen Wasserstoff. URL: https://ec.europa.eu/, Zugriff: 8.7.2020.

– (2020d): European Clean Hydrogen Alliance Members. URL: https://ec.europa.eu/, Zugriff: 6.11.2020.

Grünewald, Andreas (2020): Die Militarisierung des Naturschutzes. In: PROKLA. Zeitschrift für Kritische Sozialwissenschaft 50(4): 697-704. DOI: https://doi.org/10.32387/prokla.v50i201.1920.

Iacobuta, Gabriela (2020): Was bedeutet der Green Deal für den globalen Süden? URL: https://www.welthungerhilfe.de, Zugriff: 31.8.2020.

Jenkins, Kirsten u.a. (2016): Energy Justice: A Conceptual Review. In: Energy Research & Social Science 11: 174-182. DOI: https://doi.org/10.1016/j.erss.2015.10.004.

Kemfert, Claudia / Müller, Gerd (2020): Exportieren wir Nachhaltigkeit. In: Wirtschaftswoche 35: 12.

Laporte, Geert (2020): The AU-EU Summit didn't prove immune to COVID-19 – but that may be a blessing in disguise. ECDPM commentary. https://ecdpm.org/, Zugriff: 14.9.2020.

Minority Rights Group International (2020): MRG and other NGOs concerned over the EU's planned NaturAfrica initiative.

URL: https://minorityrights.org/, Zugriff: 25.9.2020.
Müller, Franziska / Claar, Simone (i.E.): Auctioning a 'Just Energy Transition'? South Africa's Renewable Energy Procurement Programme and its Implications for Transition Strategies. In: Review of African Political Economy.
OECD (2016), Biodiversity Offsets: Effective Design and Implementation, OECD Publishing, Paris. DOI: http://dx.doi.org/10.1787/9789264222519-en.
Pallinger, Jonas (2020): Wie sich Europa künftig wichtige Rohstoffe sichern will. In: Der Standard. URL: https://www.derstandard.at/, Zugriff: 3.9.2020.
Rainforest Foundation u.a. (2020): RE: Concerns over the EU's planned NaturAfrica initiative. URL: https://www.rainforest-foundationuk.org/, Zugriff: 25.9.2020.
Riedel, Donata (2020): Wasserstoff-Industrie startet in Marokko mit deutscher Aufbauhilfe (6.12.2020). URL: https://www.handelsblatt.com/, Zugriff: 2.1.2021.
Witsch, Kathrin (2020): Forscher warnen vor Abhängigkeit bei grünem Wasserstoff. URL: https://www.handelsblatt.com/, Zugriff: 4.11.2020.

PROKLA 202 | 51. Jahrgang | Nr. 1 | März 2021 | S. 149-161
https://doi.org/10.32387/prokla.v51i202.1924

Steffen Lehndorff*

Vom New Deal der 1930er Jahre zum Grünen New Deal[1]

Zusammenfassung: Die New-Deal-Politik der Roosevelt-Regierung war ein noch nie dagewesenes Reformprojekt als Antwort auf Depression, Massenarbeitslosigkeit und soziale Verelendung. Sie beruhte auf einer politischen und gesellschaftlichen Dynamik, zu der die Bereitschaft zum Experimentieren und zum Lernen aus Fehlern, das Wechselspiel von Regierung und gesellschaftlichen Bewegungen und der Mut zum Konflikt mit mächtigen Interessengruppen in Wirtschaft, Politik und Medien gehörten. Der Blick zurück auf diesen sowohl erfolgreichen als auch widerspruchsvollen Reformprozess ist anregend für alle, die heute darüber nachdenken, wie eine radikale Wende hin zu einer sozial-ökologischen Transformation durchgesetzt werden kann.

Schlagwörter: New Deal, Roosevelt, Green New Deal, sozial-ökologische Transformation

From the New Deal of the 1930s to the Green New Deal

Abstract: The New Deal policy of the Roosevelt administration was an unprecedented reform project in response to depression, mass unemployment and social impoverishment. It was based on a political and social dynamic that included a willingness to experiment and learn from mistakes, an interplay between government and social movements, and the courage to engage in conflict with powerful interest groups in business, politics and the media. A look back at this both successful and contradictory reform process is stimulating for all those who are thinking today about how a radical turn toward a social-ecological transformation can be set in motion.

Keywords: New Deal, Roosevelt, Green New Deal, social-ecological transformation

* **Steffen Lehndorff** ist Research Fellow am Institut Arbeit und Qualifikation der Universität Duisburg-Essen.

1 Der vorliegende Aufsatz basiert auf meinem bei VSA erschienen Buch (Lehndorff 2020a), in dem ich ausführlicher auf die Entwicklung des New Deal und auf mögliche Anregungen für heute eingehe. Für kritische Hinweise danke ich der *PROKLA*-Redaktion und meinen Kolleg*innen am Institut Arbeit und Qualifikation (IAQ).

Im vergangenen Herbst hat das Wuppertal Institut für Klima, Umwelt und Energie im Auftrag von Fridays for Future eine Studie zu der Frage vorgelegt, ob und wie Deutschland im Laufe der vor uns liegenden 15 Jahre CO_2-neutral gemacht werden kann, um damit einen Beitrag zum Erreichen der Pariser Klimaziele zu leisten. Die Studie kommt zu dem Schluss, dass dies technologisch im Prinzip möglich sei, aber die Realisierbarkeit dieser »Großen Transformation« von der »gesellschaftlichen Bereitschaft zu massiven Veränderungen« ebenso abhänge wie von »einem außerordentlichen politischen Gestaltungswillen« (Wuppertal Institut 2020: 10f.).

Um zu demonstrieren, dass eine solche politische Entschlossenheit nicht nur notwendig ist, sondern auch tatsächlich entwickelt werden kann, beziehen sich insbesondere in den USA Vorschläge für einen grundlegenden sozial-ökologischen Umbau von Wirtschaft und Gesellschaft häufig auf den New Deal der 1930er Jahre und werden deshalb mit der Losung »Green New Deal« propagiert (Rehmann 2019). Zwar greifen dies mittlerweile auch andere Politiker*innen als Werbebanner auf, die damit weniger weitgehende gesellschaftliche Veränderungen im Sinn haben dürften. Doch der explizite Bezug auf den New Deal ist inhaltlich und politisch ausgesprochen sinnvoll. Naomi Klein (2019) bringt es treffend auf den Punkt: »Wenn in öffentlichen Debatten der Grüne New Deal entweder als völlig praxisfern oder als Rezept für eine Ökodiktatur dargestellt wird, verstärkt dies nur das Gefühl, dass alle Bemühungen vergeblich sind. Aber hier ist die gute Nachricht: Der alte New Deal stieß auf fast genau die gleiche Art von Widerstand – und das hielt ihn keine Minute auf.«

Genau darum geht es, und dies macht den New Deal von damals so interessant für einen Grünen New Deal von heute – auch und gerade dann, wenn darunter eine tiefgreifende sozial-ökologische Transformation verstanden wird. Kein Zweifel, die Herausforderungen, die damals zu bewältigen waren, unterschieden sich grundlegend von der heute anzugehenden gesellschaftspolitischen Mammutaufgabe, den Klimawandel zu bremsen oder gar zu stoppen. Doch wer sich gedanklich für einen Moment in die 1930er Jahre zurückzuversetzen versucht, wird sofort verstehen, dass es eine außergewöhnliche politische Leistung war, einen demokratischen Ausweg aus den katastrophalen Folgen der Großen Depression zu bahnen — und dies zu einer Zeit, da in Europa Millionen von Menschen Mussolini und Hitler zujubelten oder in buchstäblicher Ehr-Furcht vor Stalin erstarrten. Einen Ausweg, für den es kein erprobtes Rezept gab und der deshalb auf völlig unbekanntes wirtschafts- und gesellschaftspolitisches Terrain führte.

Charakteristisch für den New Deal war eine faszinierende politische und gesellschaftliche Dynamik, zu der die Bereitschaft zum Experimentieren und zum Lernen aus Fehlschlägen, das Wechselspiel von Regierung und gesellschaftlichen Bewegungen und der Mut zum Konflikt mit mächtigen Interessengruppen in Wirtschaft, Politik und Medien gehörten. Um im vor uns liegenden Jahrzehnt eine sozial-ökologische Transformation einleiten zu können, wird es einer mindestens ebenso mächtigen, vermutlich sogar noch stärkeren Veränderungsdynamik bedürfen.

Was lässt sich, um dies in Gang zu bringen, aus dem New Deal der 1930er Jahre lernen? Zur Beantwortung dieser Frage werden im Folgenden einige Schlaglichter nicht allein oder in erster Linie auf das geworfen, *was* damals gemacht worden ist, sondern auch und vor allem darauf, *wie* es durchgesetzt wurde.

»Hoffnungslosigkeit und Verzweiflung«

Als im November 1932 Franklin D. Roosevelt, der sich gegen den harten Widerstand wichtiger Teile des Establishments seiner Partei als Kandidat der Demokraten durchgesetzt hatte, gegen Präsident Hoover antrat, litten die USA nach Jahren der Großen Depression – bei einer Arbeitslosenquote von fast 25 Prozent – unter Massenelend in Stadt und Land. Es gab weder eine Arbeitslosenversicherung oder -hilfe noch eine staatliche Renten- und Krankenversicherung. Nur noch rund ein Viertel der Arbeitslosen gelangten an rudimentäre kommunale Leistungen, die sich zumeist auf Essenszuteilung beschränkten. Und diejenigen, die noch einen Job hatten, mussten erhebliche Lohneinbußen in Kauf nehmen.

Das Wort »Depression« beschreibt nicht allein die wirtschaftliche und soziale, sondern auch die damalige Stimmungs-Lage. Sie wurde 1933 in einem internen Bericht an die Washingtoner Regierung mit diesen Worten beschrieben: »Das Problem ist nicht, dass eine ›rote Bedrohung‹ abgewehrt werden müsste, ... sondern Hoffnungslosigkeit, Verzweiflung, ein gefährliches Gefühl der Hilflosigkeit und Abhängigkeit«.[2] Aus Sicht des US-Historikers William E. Leuchtenburg (1963: 26f.) gab es »weniger ein aktives Verlangen nach Veränderung als eine generelle Ernüchterung über parlamentarische Politik [...], von Verachtung für den Kongress, für Parteien, für demokratische Institutionen«. Zu einem ähnlichen Urteil kommt Jill Lepore (2019: 520): »Das demokratische Experiment, das mit der amerikanischen Unabhängigkeit begonnen hatte, schien unmittelbar vor dem Scheitern zu stehen.« Auch in den USA wünschten sich immer mehr Vertreter*innen des wirtschaftlichen und politischen Establishments einen »wirtschaftlichen Mussolini« herbei. Doch im Unterschied zu vielen europäischen Ländern gab es keine organisierten faschistischen Bewegungen oder Parteien, die in ihrer Größe auch nur annähernd mit denen in Europa vergleichbar gewesen wären.

Die Arbeiterbewegung bot keinen Ausweg aus dieser Misere an: Sowohl die Sozialistische als auch die Kommunistische Partei waren im Hinblick auf Mitgliederzahlen, Wählerstimmen, alternative Strategien und politische Ausstrahlung von marginaler Bedeutung. Die meisten Gewerkschaften wiederum waren im Laufe der 1920er

2 Im Rahmen der 1933 eingeleiteten Beschäftigungsprogramme wurden Mitarbeiter*innen der neu geschaffenen Behörden ins ganze Land ausgesandt, um Berichte über die lokale Umsetzung der Programme nach Washington zu schicken. Das Zitat stammt aus einem dieser Berichte (Schlesinger 2003b: 272).

Jahre in einem Gehäuse traditionalistischer Berufsverbände mit einer »diktatorischen Bürokratie« (Kuczynski 1948: 273) ohne politischen Einfluss erstarrt. Die Zahl der Gewerkschaftsmitglieder war seit 1920 von vier auf zwei Millionen zurückgegangen – dies entsprach einem Organisationsgrad von weniger als sechs Prozent aller abhängig Beschäftigten. Nach den großen Streikbewegungen von 1919ff. hatte der Wirtschaftsaufschwung der 1920er Jahre »den Klassenkampf zum Erlahmen gebracht« (Guérin 1970: 56). In der Krise flackerten in einigen Branchen wieder Arbeitskämpfe auf, denen viele Unternehmen mit teils brutaler Gewerkschaftsfeindlichkeit und so genannten »Gelben« Verbänden begegneten, doch insgesamt blieb die Streiktätigkeit auf dem niedrigen Niveau der Vorkrisenjahre.[3]

In diesem politischen Vakuum wurde Franklin D. Roosevelt mit 57 Prozent der Stimmen zum US-Präsidenten gewählt. Vor dem Hintergrund der tiefen Enttäuschung großer Teile der Bevölkerung über die Verelendungspolitik der Hoover-Regierung hatte sein Versprechen eines »New Deal for the American people« der Demokratischen Partei einen Stimmenzuwachs von 16 auf 28 Millionen Wähler*innen gegenüber 1928 beschert – »nirgendwo in Europa gab es einen so dramatischen Umschwung« (Hobsbawm 1994: 192).

»Wir müssen etwas ausprobieren«

Sofort nach ihrem Amtsantritt begann die Regierung, das noch unbestimmte Versprechen des New Deal mit einem riesigen Wiederaufbauprogramm in die Tat umzusetzen – und sich dabei auf weites Neuland vorzuwagen. Die wirtschaftlichen und sozialen Probleme des Landes wurden nicht Schritt für Schritt angegangen, sondern beginnend mit den legendär gewordenen ersten 100 Tagen in voller Breite innerhalb sehr kurzer Zeit: Der Bankensektor wurde saniert und reguliert, und die Börse wurde staatlicher Aufsicht unterstellt; erste Versuche der Etablierung elementarer Sozialstandards wurden gestartet; mithilfe mehrerer Beschäftigungsprogramme und aus dem Boden gestampfter Regierungsagenturen wurden über sechs Millionen bis dahin arbeitslose Menschen für den Bau von Schulen, Spielplätzen, Kindergärten, Straßen, Grünflächen, für Aufforstung und Landschaftspflege eingesetzt; 3.000 Kulturschaffende verschiedenster Disziplinen wurden gefördert und brachten Kunst unters Volk; mit weiträumigen Infrastrukturprojekten wurden Staudamm-Systeme zur Bewirtschaftung, Bewässerung und Elektrifizierung ganzer Regionen geschaffen.

All dies wurde – entgegen einer heute in Teilen der Linken verbreiteten Auffassung – nicht von »unten« erzwungen, sondern von »oben« initiiert. Daraus aber folgte, dass der Funke energischen Regierungshandelns sehr schnell ermutigend auf große Teile der

3 Zur Mitgliederstärke der Gewerkschaften und Zahl der Streikenden vgl. Kuczinsky (1948: 281, 296); zur Entwicklung der Gewerkschaften vgl. auch Schlesinger (2003a: 111ff. und 2003b: 385ff.) sowie den großen Überblick von Guérin (1970; für diesen Literaturtipp danke ich Carmen Ludwig). Auf die Gewerkschaften komme ich im folgenden Kapitel zurück.

Bevölkerung übersprang. Auf diese Weise entwickelte sich die dynamische Wechselwirkung zwischen »unten« und »oben«, die für den New Deal so typisch werden sollte.

Die inhaltliche Offenheit von Roosevelts Versprechen eines New Deal war keine Wahlkampfrhetorik: »Wir müssen die Fehler in unserem Wirtschaftssystem, unter denen wir jetzt leiden, notfalls mit drastischen Mitteln korrigieren. [...] Am wichtigsten ist: Wir müssen etwas ausprobieren« (zit. n. Schlesinger 2003a: 290). Tatsächlich wurde, wenn sich eine Maßnahme als zu wenig wirksam erwies, oder der Oberste Gerichtshof sie als verfassungswidrig erklärte, innerhalb weniger Monate oder gar Wochen ein neuer Weg eingeschlagen. Der Mut zum Experiment und zum Korrigieren eigener Fehler war von permanenten Auseinandersetzungen innerhalb der Regierung und ihrer Beratungskreise begleitet. Dies konnte nur funktionieren, weil es ein großes Zielbündel gab, das alle aktiv Beteiligten unterstützten: Auf demokratischem Wege sollten Massenarbeitslosigkeit und Armut überwunden, soziale Mindeststandards etabliert sowie eine öffentliche Infrastruktur geschaffen werden, die allen zugutekam.

Dafür war demokratische Führungsstärke, mit Roosevelt als charismatischer Persönlichkeit an der Spitze, ganz offensichtlich von großer Bedeutung. Seine Ausstrahlung beruhte nicht auf dem Nimbus des Allwissenden und Unfehlbaren, sondern wurzelte in der Offenheit für neue Ideen und unterschiedliche wissenschaftliche und politische Auffassungen in seinem engeren Umfeld. Typisch für seine Vorbereitung von Entscheidungen war, dass er die miteinander diskutierenden Personen zunächst anhörte und sie dann bat, sich zurückzuziehen und erst wiederzukommen, wenn sie sich auf ein Konzept geeinigt hätten – wenn er nicht nach dem Anhören der kontroversen Debatte bereits selber seine Entscheidung verkünden konnte. Diese Entscheidungen erläuterte er dann in fast täglichen Pressegesprächen und allwöchentlichen Radioansprachen auf ruhige und sachliche Weise einer breiten Öffentlichkeit – und ließ sich auch durch heftigste Opposition von Lobbyorganisationen und Medienkampagnen nicht von ihnen abbringen.

Zu den wichtigsten Ausnahmen von dieser Herangehensweise gehörte die Scheu vor dem Antasten der rassistischen Strukturen des Landes. Gleiche Bürger*innenrechte gehörten nicht zur expliziten Agenda des New Deal. In der darüber heute unter den Befürworter*innen eines Green New Deal in den USA geführten kritischen Debatte wird allerdings auch auf die Voraussetzungen hingewiesen, unter denen der New Deal in Gang gebracht wurde. Der Rassismus war in allen Teilen des Landes gesellschaftlich tief verankert, und die Südstaaten, die damals zu den wichtigsten Bastionen der Demokratischen Partei gehörten, waren innerparteilich ein unverzichtbarer Teil der politischen Basis für die Durchsetzung der New-Deal-Politik. Der afroamerikanische Historiker Gerald Horne fasst dies in die Worte, dass der Präsident »mit einer felsenfesten Granitwand weißer Vorherrschaft in den Reihen seiner eigenen Partei konfrontiert« gewesen sei (zit. n. Living New Deal o.J.). Auch William E. Leuchtenburg (1995: 273) urteilt, dass der New Deal aus diesem Grund zwar »zu der traurigen Bilanz der Rassendiskriminierung in Amerika« beigetragen habe, aber dennoch in der Praxis wichtige Fortschritte erzielt worden seien. So nahmen z.B. wesentlich mehr Afroamerikaner*innen an den Beschäftigungsprogrammen teil, als es ihrem Anteil an der Bevölkerung entsprochen hätte. Das Innenministerium hatte zu diesem Zweck erstmalig ein Quotierungssystem eingeführt und Gleichbehandlung angeordnet (das einzige große Beschäftigungsprogramm, in dem es Rassentrennung gab, war das von einem Südstaaten-Gewerkschaftsfunktionär geleitete Civilian Conservation Corps). Öffentliche Projekte zum Bau von Wohnungen, Schulen und Krankenhäusern schlossen gezielt vornehmlich von Schwarzen bewohnte Stadtteile ein. Erwähnenswert ist auch, dass in den 1930er Jahren erstmals Afroamerikaner*innen in leitende Regierungs- und Staatsämter berufen wurden (das »Black Cabinet«). Erste wichtige Fundamente für die Bürgerrechtsbewegung der 1950er wurden in den 1930ern gelegt.[4] Die Fortschritte, die der New Deal brachte, können sinnvollerweise nur vor dem Hintergrund der damaligen Zeit bewertet werden – und dies umso mehr, wenn man sie mit den Entwicklungen in Europa in den 1930ern vergleicht.

Selbstverständlich gab es etliche Fehlentscheidungen der Regierung, die nicht mit einem derartigen politischen Dilemma zu erklären sind. Ein überraschend aktuelles Beispiel dafür – aber auch für die Fähigkeit zur Fehlerkorrektur – war die Haushaltspolitik des New Deal. Im Zuge der Krisenbekämpfung stiegen die Ausgaben der Bundesregierung von 1932 bis 1936 von 6,8 auf 10,3 Prozent des Bruttoinlandsprodukts. Die Einnahmesteigerungen hielten damit nicht Schritt. Bis 1936 gab es erhebliche Defizite im Haushalt der Bundesregierung. Es folgte ein konfliktreiches Hin und Her zwischen Ausgabenkürzungen und neuen Programmen, aber auch eine Hinwendung zu drastischen Steuererhöhungen für hohe Einkommen, Erbschaften und Unternehmensgewinne. Erst mit den Kriegsvorbereitungen ab 1940 wurde die Furcht vor höherer Staatsverschuldung endgültig über Bord geworfen, während *gleichzeitig* die Besteuerung hoher Einkommen nach und nach (bis ins »Goldene Zeitalter« der Nachkriegsjahrzehnte hinein) massiv erhöht wurde: der Spitzensatz der Einkommensteuer stieg auf schließlich 91 Prozent, der Spitzensatz der Erbschaftssteuer auf schließlich 77 Prozent und die durchschnittliche Bundessteuer auf Unternehmensgewinne auf über 45 Prozent.

Für einen Grünen New Deal ist nicht allein diese zum Lernen bereite Haushaltspolitik als solche anregend, sondern generell die für den New Deal typische Kombination von schnellem und

4 Vor diesem Hintergrund überrascht es nicht, dass Roosevelt bei seiner Wiederwahl 1936 unter afro-amerikanischen Wähler*innen — die bis dahin traditionell der Republikanischen Partei als der Partei Abraham Lincolns die Treue gehalten hatten — besonders hohe Zustimmungswerte erzielte. In der englischen Ausgabe meines Buchs gehe ich ausführlicher auf die Problematik des Rassismus ein (Lehndorff 2020b: 21 ff.).

entschlossenem Handeln mit Mut zum Risiko und der Bereitschaft zur Korrektur von Fehlern und Schwächen. Die Zeit drängt heute ebenso wie damals. Gleichzeitiges und koordiniertes Handeln auf verschiedenen Feldern ist unabdingbar. Anders als damals wird es eines Masterplans bedürfen, denn einmal eingeschlagene Wege (wie z.B. bei den Antriebstechnologien) sind schwer zu korrigieren. Dennoch wird sich vieles von dem, was heute heftig umstritten ist, wie z.B. die Höhe und Art der CO_2-Bepreisung oder die Wirksamkeit einer solchen Verteuerung in Kombination mit entschlossenen Ge- und Verboten, erst anhand praktischer Erfahrungen als zielführend oder ungenügend erweisen (Troost/Ötsch 2019). Die Kunst wird deshalb im Ausbalancieren von planmäßigem Vorgehen und Offenheit bestehen – und dies in einem hochgradig umkämpften Politikfeld.

Zu den prominentesten Beispielen für die *trial-and-error*-Politik des New Deal gehört der Weg zur gesetzlichen Verankerung elementarer Beschäftigungs- und Sozialstandards mit dem *Wagner Act* von 1935 und dem *Fair Labor Standards Act* von 1938. An ihm lassen sich auch besonders eindrucksvoll die Wechselwirkungen zwischen Regierungspolitik und gesellschaftlichen Bewegungen beobachten, die zu einem wichtigen Motor des New Deal wurden.

»Ich begrüße ihren Hass«

Im Frühjahr 1933 startete die Regierung einen groß angelegten Versuch, Beschäftigungsstandards auf dem Wege quasi-sozialpartnerschaftlicher Branchen-Vereinbarungen einzuführen. Im Rahmen einer zu diesem Zweck gebildeten Behörde (National Recovery Administration, NRA) sollten sich Arbeitgeberverbände, Gewerkschaften und Verbraucherverbände über Mindestpreise, Mindestlöhne, Höchstarbeitszeiten und andere Sozialstandards wie das Recht auf gewerkschaftliche Organisation und Tarifverhandlungen einigen, um deflationäre Dumping-Konkurrenz zu beenden und damit die Wirtschaft zu beleben. Dieser Versuch löste breite Zustimmung in der Öffentlichkeit und große Demonstrationen der Unterstützung unter dem patriotischen Symbol des »Blue Eagle« aus. Tatsächlich wurden unter großen Mühen eine Reihe von Vereinbarungen – zumeist nur zwischen NRA und Arbeitgeberverbänden – abgeschlossen.

Hinsichtlich der Sozialstandards scheiterte dieser Anlauf jedoch nach ein bis zwei Jahren. Die Vorstände wichtiger Industriekonzerne torpedierten deren betriebliche Umsetzung, und der Oberste Gerichtshof erklärte die NRA für verfassungswidrig. Doch diese gegen die Regierungsinitiativen gerichtete Boykottpolitik provozierte eine neue, weitreichende Dynamik: »Die nachhaltigeren Errungenschaften der NRA lagen nicht im wirtschaftlichen, sondern im gesellschaftlichen Bereich. [...] Die Blue Eagle-Kampagne veränderte die Stimmung in der Bevölkerung: weg von Verzweiflung, hin zu Bejahung und Aktivität« (Schlesinger 2003b: 174f.). Stärkstes Element dieses Umschwungs war eine massive Streikbewegung an der betrieblichen Basis. In teils blutigen Kämpfen vor allem für das Recht auf Tarifverhandlungen und gewerkschaftliche Organisierung stieg die Zahl der Streikenden von 324.000 im Jahr 1932 auf fast 1,5 Millionen 1934 und fast 1,9 Millionen 1937 (Kuczynski 1948: 296ff.).

Die meisten Vorstände der American Federation of Labor (AFL) standen alledem abwartend oder gar skeptisch bis ablehnend gegenüber. Nach Meinung von Arbeitsministerin Perkins, der ersten Ministerin in der US-Geschichte und wichtigsten treibenden Kraft in der Arbeits- und Sozialpolitik, waren die führenden Köpfe der AFL »blind für die Probleme der Zukunft« (Perkins 1946: 244). Ebenso wenig hellsichtig war die Politik der beiden Linksparteien. Die Sozialistische Parteiführung kritisierte den New Deal als Einführung eines »Staatskapitalismus«, und für den Generalsekretär der (allerdings sehr basis-aktivistischen) Kommunistischen Partei war das Programm des New Deal »dasselbe wie das des Finanzkapitals auf der ganzen Welt. [...] Im politischen Kern und in der Richtung ist es dasselbe wie Hitlers Programm« (zit. n. Schlesinger 2003c: 190).

Eine Minderheit der Gewerkschaftsvorstände erkannte dagegen sofort die Chancen, die der New Deal bot. Zu den Vordenkern und -kämpfern der Erneuerung gehörte Sidney Hillman, Vorsitzender der Gewerkschaft der Herrenbekleidungsindustrie und nonkonformistischer Sozialist, der 1936 im Vorstand seiner Gewerkschaft zurückblickend sagte: »Meiner Meinung nach hatten wir bis vor einigen Jahren keine Arbeiterbewegung in diesem Land. Selbst in unseren sogenannten radikalen Organisationen haben wir nur Lippenbekenntnisse zur Notwendigkeit der Organisierung abgegeben, aber was haben wir tatsächlich getan, um eine echte Arbeiterbewegung zu schaffen? Das wäre, da bin ich mir sicher, ohne die NRA unmöglich gewesen« (zit. n. Leuchtenburg 1995: 132).

Besonders wichtig für die gewerkschaftliche Erneuerung war die Wende der Bergarbeitergewerkschaft, deren Vorsitzender John L. Lewis als eingefleischter Republikaner im Jahr davor noch für die Wiederwahl Hoovers eingetreten war. Jetzt leiteten er und andere AFL-Minderheiten massive Organizing-Kampagnen ein, in denen mit Slogans wie diesem geworben wurde: »Der Präsident will, dass Du in die Gewerkschaft eintrittst« (Rauchway 2008: 94). Dieser »grassroots unionism« leitete einen radikalen Umbruch in der Gewerkschaftsbewegung ein, aus dem schließlich ein mächtiger, neu gegründeter Verband von Industriegewerkschaften (CIO) hervorging. Die Zahl der Gewerkschaftsmitglieder stieg von rund zwei Millionen in 1933 auf über zehn Millionen Mitglieder am Ende des Jahrzehnts – mit einem Organisationsgrad in der Industrie von über einem Drittel.

Die Blockadepolitik mächtiger wirtschaftlicher und politischer Interessengruppen auf der einen Seite und die neue, erstarkende Arbeiterbewegung auf der anderen führten dazu, dass die Regierung jetzt auf Konfrontation setzte und eine rechtlich verbindliche Verankerung von Sozial- und Beschäftigungsstandards anstrebte, die schließlich mit den Gesetzen von 1935 und 1938 durchgesetzt wurde. Erneute Streikbewegungen mussten dafür sorgen, dass die Gesetze dann von den Industriekonzernen respektiert wurden. Die Arbeits- und Sozialgesetze waren somit einerseits das Ergebnis von *coun-*

tervailing power (Galbraith 1952), andererseits gaben sie dieser Gegenmacht Auftrieb, indem die Gewerkschaften mehr und mehr lernten, die neu gewonnenen Rechte sowohl im Alltag als auch strategisch zu nutzen.

Diese – ursprünglich durch Regierungshandeln ausgelöste — wechselseitige Verstärkung von Regierungspolitik und gesellschaftlichem Veränderungsdruck konnte nur funktionieren, weil die Roosevelt-Regierung eine enorme Konfliktbereitschaft aufbrachte. Es war kein populistisches Wahlkampfgetöse, wenn der US-Präsident 1936, in der Kampagne für seine Wiederwahl, Sätze wie diese aussprach: »Wir wissen jetzt, dass die Regierung durch das organisierte Geld genauso gefährlich ist wie die Regierung durch das organisierte Verbrechen. Niemals zuvor in unserer Geschichte waren diese Kräfte so vereint gegen einen Kandidaten, wie sie es heute sind. Sie sind sich einig in ihrem Hass auf mich – und ich begrüße ihren Hass« (Roosevelt 1936).[5]

Der Mut zum Konflikt, den die New Dealer zeigten, war 1936 die Basis eines noch größeren Erdrutschsiegs als 1932. Sowohl der Oberste Gerichtshof als auch die Mehrheit des Arbeitgeberlagers gaben jetzt ihren Widerstand auf. Ein ähnliches, möglicherweise wie damals zu erzwingendes »progressives Lernen der Machteliten« (Klein 2016: 31) wird auch erforderlich sein, um einen Grünen New Deal einzuleiten. Und zwar unabhängig davon, ob Regierungen – wie im Falle Roosevelts – durch eigene Initiative zur gesellschaftlichen Mobilisierung beitragen oder – womit zukünftig eher zu rechnen ist – durch gesellschaftlichen Druck zu derartiger Konfliktbereitschaft getrieben werden.

Dies gilt nicht zuletzt für die Durch- und Umsetzung großer Infrastrukturprojekte, die eine Schlüsselrolle in einem als sozial-ökologische Transformation verstandenen Grünen New Deal spielen werden. Auch dafür bietet der New Deal der 1930er Jahre anregendes Anschauungsmaterial.

»Power for the People«

Der New Deal löste eine Reformdynamik aus, in deren Zentrum identitätsstiftende Institutionen und Reformprojekte mit Symbolkraft standen – das Lebenselixier von gesellschaftlichen Bewegungen. Nichts hat – neben den Beschäftigungsprogrammen und der Stärkung sozialer Grundrechte – die Massenbasis des New Deal so sehr erweitert wie der Ausbau der öffentlichen Infrastruktur. Der Leuchtturm dieser (stets von energischer Korruptionsbekämpfung begleiteten) Infrastrukturprojekte war die Tennessee Valley Authority (TVA). Diese bereits im Mai 1933 gegründete Bundesbehörde hatte die Aufgabe, eine der ärmsten Großregionen der USA durch Staudämme, Elektrifizierung und Bewässerung wirtschaftlich und sozial zu entwickeln.

Was ein zentralistisches Planungsmonster hätte werden können, wurde zu einem Beispiel der Verbindung von zentraler Planung und dezentraler Be-

5 »Organisiertes Verbrechen« ist meine freie Übersetzung von »organized mob.« Da »the mob« seinerzeit auch die gängige Bezeichnung für die Mafia war, dürfte Roosevelts Formulierung bei allen Zuhörer*innen eine durchaus beabsichtigte Assoziation ausgelöst haben.

teiligung. Der Leitung dieser neu geschaffenen Behörde war klar, dass sie auf die Zusammenarbeit mit regionalen und lokalen Institutionen und Akteuren angewiesen war. Der Direktor der Stromsparte, David Lilienthal, bezeichnete dieses Konzept als ein Experiment der »grassroots administration of federal functions«. Insbesondere die Rolle der Kommunen wurde durch dieses Herangehen, das auch für andere New Deal-Institutionen typisch werden sollte, erheblich aufgewertet. So hatten die Bundesbehörden plötzlich Bürgermeister*innen und andere lokale Akteure auf ihrer Seite, die – insbesondere in den Südstaaten – dem New Deal zuvor distanziert gegenübergestanden hatten.

Trotz der Schattenseiten, die mit der »*grassroots*-Verankerung« einhergingen (v.a. dem Rassismus in den Südstaaten als selbstverständlicher Geschäftsgrundlage für die Mitwirkung lokaler Akteure), waren die großen Potenziale dezentraler Beteiligung unübersehbar. Dies zeigte sich vor allem darin, dass Stromversorgung – in den USA erstmals – auch zu einer *öffentlichen* Aufgabe wurde. Den privaten Elektrizitätskartellen traten jetzt kommunale Versorgungsunternehmen und landwirtschaftliche nonprofit-Kooperativen als Konkurrenten entgegen, die den Strom von staatlichen Energieerzeugern bezogen und sowohl für die Versorgung ländlicher Regionen als auch für angemessene Preise in den Städten sorgten. »Power for the People« ist deshalb der treffende Titel, die der US-Historiker Schlesinger (2003c: 362) seiner Beschreibung der öffentlichen Stromversorgung im Rahmen der TVA voranstellt.

Die Erfahrungen der TVA demonstrieren damit, dass sich in der Infrastrukturpolitik die Eigentumsfrage besonders früh stellt. Erstmals wurde in den USA mit dem New Deal das Dogma »Privat vor Staat« angekratzt. Im Prozess eines Grünen New Deal wird es voraussichtlich nicht beim Ankratzen bleiben können. Wo, wie und wann sich die Eigentumsfrage im Prozess einer sozial-ökologischen Transformation konkret stellt, wird man sehen – es ist, wie gesagt, ein *Prozess*. Klar ist nur eines: Regierungen, die einen solchen Umbau ernsthaft in Angriff nehmen wollen, werden dafür die aktive gesellschaftliche Beteiligung und Unterstützung brauchen. Die Energie- und die Verkehrswende werden nur gelingen können, wenn beispielsweise kommunale Energieprojekte nicht mit Stromkonzernen in Ausschreibungen konkurrieren müssen, oder wenn auf lokaler Ebene mit Mobilisierung von Sachverstand und breiter Beteiligung von Betroffenen die kommunale Verkehrswende eingeleitet wird (Hennicke u.a. 2020; Thie 2020).

Wichtig dabei ist, dass beide Seiten der Medaille gesehen werden: Die Großprojekte des New Deal konnten nur funktionieren, weil am Beginn des Prozesses *big government*, der starke Staat, stand. Die Bundesregierung legte Prioritäten und Ziele fest, aber umgesetzt werden konnten sie nur in einem dezentralen Beteiligungsprozess. »*Grassroots administration of federal functions*« lautete damals der Gedanke, mit dem sowohl die Interdependenz als auch das Spannungsverhältnis beider Elemente des politischen Herangehens auf den Punkt gebracht wurden. Er hat an Aktualität nichts eingebüßt.

Mut zum Konflikt

Die hier vorgestellten wenigen Beispiele für den politischen Prozess des New Deal können abschließend mit einer kleinen Anekdote illustriert werden. In einem Treffen Roosevelts mit Aktivist*innen, die ihn für ein Gesetzesvorhaben gewinnen wollten, soll der Präsident sich die Argumente angehört und dann gesagt haben: »Sie haben mich überzeugt. Jetzt gehen Sie raus und sorgen Sie dafür, dass ich es mache« (Dreier 2011). Dies bringt die Quintessenz auf den Punkt, die für die Beantwortung der Frage entscheidend ist, wie eine sozial-ökologische Transformation in den vor uns liegenden Jahren eingeleitet werden kann: Nicht allein das *Wie*, sondern bereits das *Ob* eines Grünen New Deal hängt von der *wechselseitigen Verstärkung von Regierungspolitik und gesellschaftlicher Aktivität* ab.[6]

Wie bereits eingangs bemerkt sind die Unterschiede zwischen den damaligen und den heutigen Rahmenbedingungen und Herausforderungen selbstverständlich enorm. Den Klimawandel unter den Bedingungen des internationalen Finanzmarktkapitalismus bekämpfen zu müssen ist schwer vergleichbar mit einer Situation, in der es darum ging, sich im nationalstaatlichen Rahmen auf unbekanntes Neuland vorzuwagen, um einen demokratischen Ausweg aus der bis dahin tiefsten wirtschaftlichen, sozialen und politischen Depression zu finden. Damals konnte Roosevelt seine wirtschafts- und gesellschaftspolitische Intention mit Worten beschreiben wie: »Konzentrieren wir uns auf eine Sache – das Volk und die Nation zu retten«, und: »Ich arbeite in der entgegengesetzten Richtung zu Rom und Moskau« (Schlesinger 2003a: 455; 2003b: viii). Es ging seiner Regierung um die Überwindung einer das Land zerstörenden Krise und damit zugleich um die Rettung sowohl des Kapitalismus als auch der Demokratie. Heute wissen wir, dass es auf diesem Wege tatsächlich gelang, erstmals in den USA eine »Mäßigung des Privateigentums durch staatliche Kontrolle« durchzusetzen, wie Schlesinger (2003a: 191) das »gesellschaftliche Ideal« der New Dealer beschreibt. Und wir wissen auch, dass dies den US-Kapitalismus gestärkt hat, ebenso wie der europäische Kapitalismus von der Arbeiterbewegung des 20. Jahrhunderts immer wieder zu seinem Glück gezwungen wurde.

Wird sich aber der Kapitalismus in den vor uns liegenden zwei bis drei Jahrzehnten im Prozess eines sozial-ökologischen Umbaus als ebenso anpassungsfähig erweisen? Wird er die tiefen strukturellen und kulturellen Umbrüche überleben, die mit der Umorientierung und auch den Einschränkungen des bislang dominierenden, Natur verbrauchenden Akkumulationsmodells einhergehen müssen? Wir und vor allem zukünftige Generationen werden das wohl erst wis-

6 Sehr treffend formuliert Häußermann (2019: 82): »Große Teile der linken Klimagerechtigkeitsbewegung wissen, dass ein Systemwandel notwendig ist. Sie gehen allerdings nicht davon aus, dass Parteien oder staatliche Institutionen dafür Lösungen liefern können. Andererseits können sie nicht überzeugend erklären, wie eine so tief greifende Transformation *ohne* Gesetze und staatliche Lenkung umgesetzt werden soll.«

sen können, wenn alles durchgesetzt worden ist, was zur Rettung der natürlichen Grundlagen menschlicher Zivilisation erforderlich ist. Sicher und viel entscheidender ist jedoch dies: »Die Alternative zum real existierenden und zerstörerischen Kapitalismus wird nicht erdacht und zum Prinzip gemacht, dem alle folgen sollten, sondern in kritischer Auseinandersetzung mit der kapitalistischen Realität entwickelt [...] – und zwar von denen, die damit umgehen und leben müssen« (Altvater 2012: 131).

Weil dieser wichtige Gedanke so einfach wie wahr ist, folgt aus ihm aber auch: Der Prozess eines Grünen New Deal kann nur unter den Bedingungen dieses »zerstörerischen Kapitalismus« *beginnen*. Heute kommt es deshalb darauf an, »das Hier und Jetzt mögliche zu tun, um die Voraussetzungen für einen solchen Richtungswechsel herbeizuführen« (Brie/Zimmer 2020: 5). Dies wird, ebenso wie vor fast 90 Jahren, ein konfliktreicher Such- und Entdeckungsprozess auf allen Feldern und Ebenen der politischen Auseinandersetzung sein.

Kern dieses Prozesses wird erneut eine gesellschaftliche Dynamik sein müssen, in deren Zentrum identitätsstiftende Reformvorhaben mit Symbolkraft stehen: gesellschaftspolitische Großprojekte, die zur Rettung der natürlichen Lebensgrundlagen beitragen und zugleich überzeugende Lösungen für alltägliche Existenzprobleme anbieten. Nur *Mut machende* und *mobilisierende* Reformprojekte können viele (ob berechtigte oder unberechtigte) Ängste in den Hintergrund drängen, die heute mit Klimapolitik verbunden sind, sowie eine die Umwelt erhaltende Lebensweise attraktiver machen. Ebenso wie in den USA der 1930er Jahre wird dabei eine starke demokratische Führung eine Schlüsselrolle spielen. Ohne Regierungen mit sachlich fundierter Überzeugungskraft und der Bereitschaft zu harten Konflikten mit bremsenden Lobbyorganisationen ist eine Wende hin zu einem sozial-ökologischen Umbau schwer vorstellbar. Solche Regierungen werden gesellschaftlicher Gegenmacht bedürfen, um mehrheitsfähig zu werden und auf Kurs bleiben zu können – und um, wenn nötig, über das hinaus getrieben zu werden, was sie ursprünglich geplant hatten.

Alles beginnt damit, eine derartige gesellschaftliche Reformdynamik überhaupt erst einmal *in Gang zu bringen*. Dafür bietet sich der New Deal als Quelle der Inspiration und Ermutigung an. Die politische und akademische Linke muss sich nur dazu durchringen, dieses Potenzial nutzen zu wollen.

Literatur

Altvater, Elmar (2012): Marx neu entdecken. Hamburg.

Brie, Michael / Zimmer, Gabi (2020): Sagen, was ist! Zur Strategiediskussion der Partei DIE LINKE im Vorfeld der Bundestagswahl 2021. In: Sozialismus 455 (47)10: 2-6.

Dreier, Peter (2011): »Go Out And Make Me Do It«. https://www.huffpost.com/, Zugriff: 5.1.2021.

Galbraith, John K. (1952): American Capitalism: The Concept of Countervailing Power. Boston.

Guérin, Daniel (1970): Die amerikanische Arbeiterbewegung 1867 – 1967. Frankfurt/M.

Häußermann, Dorothee (2019): Strategische Allianzen – Was sich von der Bewegung für einen Green New Deal in den USA lernen lässt. In: Zeitschrift LuXemburg 3/2019: 78-83.

Hennicke, Peter u.a. (2020): Nachhaltig Mobil: eine Verkehrswende ist möglich. URL: https://www.alternative-wirtschaftspolitik.de, Zugriff: 5.1.2021.

Hobsbawm, Eric (1994): Das Zeitalter der Extreme. Weltgeschichte des 20. Jahrhunderts. München/Wien.

Klein, Dieter (2016): Gespaltene Machteliten. Verlorene Transformationsfähigkeit oder Renaissance eines New Deal? Hamburg.

Klein, Naomi (2019): A Message From the Future with Alexandra Ocasio-Cortez. https://theintercept.com/2019/04/17/green-new-deal-short-film-alexandria-ocasio-cortez/?comments=1, Zugriff: 5.1.2021.

Kuczynski, Jürgen (1948): Die Geschichte der Lage der Arbeiter in den Vereinigten Staaten von Amerika von 1789 bis in die Gegenwart. Berlin.

Lehndorff, Steffen (2020a): New Deal heißt Mut zum Konflikt. Was wir von Roosevelts Reformpolitik der 1930er Jahre heute lernen können. Eine Flugschrift. Hamburg.

– (2020b): »New Deal« means being prepared for conflict. What we can learn from the New Deal of the 1930s. Hamburg.

Lepore, Jill (2019): Diese Wahrheiten. Eine Geschichte der Vereinigten Staaten von Amerika. München.

Leuchtenburg, William E. (1963): Franklin D. Roosevelt and the New Deal 1932-1940. New York.

– (1995): The FDR Years. On Roosevelt and His Legacy. New York/Chichester.

Living New Deal (o.J.): African Americans. https://livingnewdeal.org/, Zugriff: 5.1.2021.

Perkins, Frances (1946): The Roosevelt I Knew. New York.

Rauchway, Eric (2008): The Great Depression and the New Deal: A Very Short Introduction. Oxford/New York.

Rehmann, Jan (2019): Ein Plan für alle (Fälle) – Der Green New Deal als sozial-ökologisches Hegemonieprojekt. In: Zeitschrift LuXemburg 3/2019: 71-77.

Roosevelt, Franklin D. (1936): Address at Madison Square Garden, New York City. https://www.presidency.ucsb.edu/, Zugriff: 5.1.2021.

Schlesinger, Arthur M. Jr. (2003a) (1957): The Age of Roosevelt, Volume I: The Crisis of the Old Order, 1919-1933. Boston/New York.

– (2003b) (1958): The Age of Roosevelt, Volume II: The Coming of the New Deal, 1933-1935. Boston/New York.

– (2003c) (1960): The Age of Roosevelt, Volume III: The Politics of Upheaval, 1935-1936. Boston/New York.

Thie, Hans (2020): Green New Deal von unten. https://jacobin.de/, Zugriff: 5.1.2021.

Troost, Axel / Ötsch, Rainald (2019): CO2-Preis: Weder Superheld noch Superschurke. Zur Einordnung eines sinnvollen Klimaschutzinstruments. In: Rosa-Luxemburg-Stiftung Standpunkte 8/2019. Berlin.

Wuppertal Institut (2020): CO2-neutral bis 2035: Eckpunkte eines deutschen Beitrags zur Einhaltung der 1,5-°C-Grenze. Bericht. Wuppertal.

PROKLA 202 | 51. Jahrgang | Nr. 1 | März 2021 | S. 165-173
https://doi.org/10.32387/prokla.v51i202.1929

Christine Schickert *

Ein lokaler Green New Deal?

Überlegungen zu möglichen regionalen Ansätzen einer sozial-ökologischen Transformation

Zusammenfassung: Der Artikel skizziert Gründe, die dafür sprechen, einen Green New Deal als mögliche Antwort auf die ökologische Krise nicht nur national bzw. supranational zu denken. Vielmehr müssen solche Entwürfe um regional gedachte Konzepte ergänzt werden. Der Beitrag beleuchtet schlaglichtartig bestehende Hürden für eine regionalisierte Ausrichtung. Abschließend benennt er mögliche Ansatzpunkte und Handlungsfelder.

Schlagwörter: Ökologische Krise, Green New Deal, sozial-ökologische Transformation

A Local Green New Deal?

Reflections on a possible regional approach to a socio-ecological transformation

Abstract: The article outlines reasons for developing regional concepts for a Green New Deal. As a possible answer to the ecological crisis, it could complement national or even supranational plans. The text highlights existing obstacles to a regionalized approach. Finally, it identifies possible starting points and fields of action.

Keywords: Ecological crisis, Green New Deal, socio-ecological transformation

Wenn sie ökologische und soziale Gerechtigkeit umfassend zusammendenken, könn(t)en linke Green-New-Deal-Konzepte eine große gesellschaftliche Erzählung der Transformation entwickeln, deren Mangel immer wieder beklagt wird. Gerade in den USA und Großbritannien wird dies aktuell versucht (vgl. Data for Progress 2018; Aronoff u.a. 2019; Klein 2019). Erste Versuche entstehen inzwischen auch auf linker Seite im deutschsprachigen Raum (vgl. Politische Ökologie 2019; Riexinger 2020). Solche Erzählungen weisen jedoch regelmäßig ein entscheidendes Manko auf: Oftmals haben sie den Charakter eines Manifests mit großen, aber abstrakt wirkenden Ideen. Nur selten

* **Christine Schickert** war wissenschaftliche Mitarbeiterin der Kollegforschungsgruppe Postwachstumsgesellschaften (Jena) und arbeitet aktuell im Thüringer Ministerium für Umwelt, Energie und Naturschutz.

weisen sie auf konkrete und damit notwendigerweise kleinteiligere Wege zum gesteckten Ziel hin. Diese Ideen werden mit eigenen Lebensrealitäten abgeglichen und aufgrund der schieren Größe der angestrebten Veränderungen kann nur schwer ein Weg dahin ausgemacht werden. Oder wie Aaron Vansintjan mit Blick auf die Green-New-Deal-Konzepte im englischsprachigen Raum schreibt: »Für die meisten Menschen ist der Green New Deal mit seinen Versprechen einer Gesundheitsversorgung für alle, einer grünen Ökonomie, bezahlbarem und nachhaltigem Wohnen, umfassender Kinderbetreuung und demokratischer Kontrolle am Arbeitsplatz – Dinge, die sie noch nie erfahren haben – so dermaßen utopisch, dass er einfach unrealistisch erscheint« (Vansintjan 2020, Übers.: C.S.).

Wenn diese Einschätzung stimmt, ist eine entscheidende Hürde für eine sozial-ökologische Transformation nicht so sehr, dass Ideen und Maßnahmen fehlen, die es ermöglichen, der ökologischen Krise wirksam und gleichzeitig sozial gerecht zu begegnen, sondern eher die mangelnde Überzeugung, dass Veränderungen dieses Ausmaßes umsetzbar sind. Dabei könnte die oben zitierte Bewertung eines Green New Deal als wünschenswert, aber unrealistisch, nicht nur ein durchaus zentrales Hemmnis für eine aussichtsreiche Mobilisierung gesellschaftlicher Mehrheiten sein, sondern auch eine Hürde dafür, dass die Regierenden einen klaren politischen Willen entwickeln, einen Green New Deal zu realisieren.

Um diesem Problem zu begegnen, könnten Green-New-Deal-Konzepte kleinteiliger ausbuchstabiert werden. Alternativ könnten regional eigenständige Konzepte entworfen werden, die in den großen Themen (Energiewende, Verkehrswende, Arbeit, Wirtschaft, soziale Sicherheit etc.) deren lokale Umsetzung suchen und Veränderungen so erfahrbarer machen. Ein solches Konzept müsste zwangsläufig kleinteiliger gedacht werden. Dabei geht es nicht um einen Ersatz eines national (oder darüber hinaus) gedachten Green New Deal, sondern um eine eigenständige Ergänzung, die reflektiert, dass vieles im täglichen Leben der Menschen lokal stattfindet – Wohnen, Arbeit, Mobilität, Kinderbetreuung, Bildung – und sich dort gestalten lässt.

Landes- und Kommunalpolitik

Auf den Ebenen der Bundesländer werden eigenständige politische Vorgaben, Ziele und Umsetzungsstrategien formuliert. Diese werden zum einen über Gesetze und Verordnungen, zum anderen über Förderprogramme, Modellvorhaben und -projekte umgesetzt. Deshalb stellen auch sie eine Ebene für eine eigenständige Politik zur Bekämpfung der ökologischen Krise dar. Die Landespolitik verfügt über ausreichend politischen, gesetzgeberischen und finanziellen Gestaltungsspielraum, um einen sozial-ökologischen Wandel voranzutreiben. Sie ist gleichzeitig eng genug mit lokalen Prozessen verbunden, um auf diese im direkten Austausch gestaltend einzuwirken. Diesen direkten Austausch und die damit einhergehende lokalpolitische Verankerung braucht ein regionaler Green New Deal aus mindestens zwei Gründen: Zum einen werden viele Konflikte um

Veränderung lokal ausgetragen. Zum anderen müssen die Machbarkeit der anstehenden Veränderungen »erlebbar« werden. Dazu braucht es zu den lokalen Gegebenheiten passende Lösungen, die nur in enger Zusammenarbeit mit den Menschen vor Ort zu finden sind. Idealerweise verhindern die notwendigen lokalen Prozesse der Auseinandersetzung und Aushandlung zudem, dass der Eindruck entsteht, es ginge um die Umsetzung eines in sich geschlossenen Gesellschaftsmodells »von oben«.

Mobilisierung: Parlamentarische Politik und Aktivismus verbinden

Für einen regional eigenständigen Green New Deal spricht deshalb auch, dass er, wenn er gezielt Politiken basierend auf regionalen und lokalen Gegebenheiten entwickelt, leichter in der Lage ist, Engagement vor Ort zu entfachen. Eine Entwicklung, die, wie Steffen Lehndorff (2020; vgl. auch Lehndorff in diesem Heft) in seinem Buch zum historischen New Deal darlegt, schon damals zu beobachten war. Es war den New Dealer:innen klar, dass die konkrete Umsetzung gesellschaftlicher Großprojekte nur in Zusammenarbeit mit lokalen Akteur:innen erfolgreich sein konnte und diesen ausreichend Freiheit in der Ausgestaltung bleiben musste. Es wurde zur damaligen Zeit als ein »Experiment der Verankerung von Aktivitäten der Bundesregierung in Basis-Initiativen« (ebd.: 44) beschrieben. Mit der damit einhergehenden Aufwertung des Regionalen und der Rolle lokaler Politik und Politiker:innen wurden Veränderungen vor Ort als eigenes Projekt angenommen und engagiert in Gang gebracht.

Das zeigt sich auch in Forschungen zur Akzeptanz von erneuerbaren Energien: lokale Akzeptanz wächst durch lokale Prozesse. Widerstand schwindet, wenn Menschen sich informiert fühlen, aktiv eingebunden werden, mitgestalten und sich mit Projekten identifizieren können (Local Energy Consulting 2020; Hübner u.a. 2020).

Darüber hinaus kann ein regional gedachter Green New Deal sehr viel besser an bestehende gesellschaftliche Auseinandersetzungen und das konkrete Ausprobieren anderer Lebensentwürfe vor Ort anknüpfen und so gesellschaftliche Unterstützung für die Umsetzung gewinnen. In den letzten Jahren hat sich die Anzahl lokaler Initiativen für sozial-ökologischen Wandel vervielfacht. Engagement im persönlichen Nahraum hat an Bedeutung gewonnen. Auch Initiativen mit überregionaler Organisierung (z.B. Fridays for Future, Recht auf Stadt, Critical Mass) verbinden in ihren Auseinandersetzungen »große« politische Ziele zunehmend mit konkretem Engagement in lokalen Veränderungsprozessen. Menschen probieren lokal aus, wie man ökologischer und solidarischer miteinander leben, arbeiten und wohnen kann, wie eine andere Mobilität möglich wird und Geschlechterverhältnisse gerechter gestaltet werden können. Manchmal als kleinteilig und nicht »skalierbar« verlacht, sind zivilgesellschaftliche Zusammenschlüsse ein wichtiger Impuls im Prozess der Veränderung, wie Lehndorff ebenfalls im Rückgriff auf den historischen New Deal analysiert: Die für die USA der 1930er Jahre radikalen Gesetzgebungen zu sozialer Sicherheit und Arbeitsregulierung entstanden aus einem Wechselspiel zwischen einander ver- und bestärkenden Kräften – von gesellschaftlichen Bewegungen einerseits und (partei)politischen Akteur:innen andererseits. Es brauchte den Druck von »der Straße«, um signifikante Veränderungen zu erreichen, gleichzeitig war es die Unterstützung durch die Regierenden, die es außerparlamentarischen Akteur:innen ermöglichte, sich erfolgreich zu organisieren (Lehndorff 2020: 61).

Dabei geht es nicht darum anzunehmen, dass lokale Initiativen allumfassende Antworten auf die Frage einer zukünftigen sozial-ökologischen Organisation von Wirtschaft und Gesellschaft liefern, sondern darum, Verbindungen zwischen parlamentarischer Politik und außerparlamentarischem Aktivismus zu schaffen, die sich bestenfalls gegenseitig in ihrem Handeln bestärken. So können einerseits breit organisiert und wahrnehmbar Veränderungen von den politisch Verantwortlichen eingefordert werden und diese andererseits gesellschaftlichen Rückhalt und Unterstützung für die Auseinandersetzungen um eben diese Veränderungen erfahren.

Linke politische Mehrheiten, mangelnde Initiativen?

Für einen regional gedachten Green New Deal spricht auch die politische Situation in Deutschland. Während auf nationaler Ebene seit fast 16 Jahren die CDU mit Angela Merkel die Bundesregierung führt, haben sich in den vergangenen Jahren in mehreren Bundesländern (Berlin, Bremen, Thüringen) rot-rot-grüne Landesregierungen gebildet, die dafür prädestiniert sind, einen Green New Deal, der Gerechtigkeitsfragen – ökologische wie soziale – ins Zentrum stellt, zu entwickeln und umzusetzen.

Es spricht also einiges dafür, Landespolitik als Antwort auf die ökologische Krise unter dem Dach eines Green New Deal zu vereinen. Warum aber lässt sich selbst dort, wo rot-rot-grüne Regierungen im Amt sind, so wenig Bereitschaft erkennen, einen sozial-ökologischen Umbau als umfassendes, kohärentes Großprojekt gemeinsam anzugehen?

Eine Hürde mag dabei das Maß an Konfliktfähigkeit sein, das ein solches Projekt zur Durchsetzung bräuchte: Je konkreter Vorschläge und Maßnahmen sind, desto konkreter werden auch Interessenkonflikte. Viele linke GND-Konzepte versuchen, den Green New Deal in erster Linie als etwas darzustellen, von dem die große Mehrheit der Bevölkerung profitiert. Wenig thematisiert wird, dass soziale und ökologische Gerechtigkeit miteinander in Spannung stehen können, dass es zu Zielkonflikten kommt und dass eine adäquate Antwort auf die ökologische Krise die Veränderungsbereitschaft von vielen notwendig machen wird. Dort, wo anerkannt wird, dass es sich um tiefgreifende gesellschaftliche Veränderungen handelt, bei denen harte Konflikte entstehen werden, werden diese tendenziell einseitig als Frontstellung zwischen einer ökonomischen Elite, die vom aktuellen System der Naturausbeutung profitiert, und der Mehrheit der Bevölkerung beschrieben. Auch wenn die wichtige Rolle der Reichsten und Mächtigsten bei der Abwehr von Veränderung unbestreitbar ist, so ist doch heute schon deutlich, dass die Interessenskonstellationen in den Auseinandersetzungen sehr viel komplexer sind: sei es bei den Kohleprotesten, wo sich einerseits Klimaaktivist:innen für ein Ende der Kohleverstromung einsetzen und sich andererseits Arbeiter:innen und Gewerkschaften gegen den Verlust von Arbeitsplätzen wehren, sei es in den Auseinandersetzungen um Windkraftanlagen besonders im ländlichen Raum, wo Bewohner:innen diese als Beeinträchtigung ihrer Lebensqualität empfinden, oder sei es in den Kämpfen um den Neubau von Autobahnen, von denen sich Anwohner:innen von Bundesstraßen Entlastung vom Fernverkehr und den ihn begleitenden Lärm- und Verschmutzungsproblemen erhoffen, während Umweltschützer:innen auf die Wichtigkeit der Wälder hinweisen und dafür kämpfen, dass diese erhalten bleiben.

In diesen Konflikten Positionen und Lösungen zu entwickeln, die sowohl ökologische als auch soziale Gerechtigkeit berücksichtigen, ist ohne Frage schwierig. Diese dann noch erfolgreich zu vermitteln, ist eine weitere Herausforderung. Mit Blick auf Wahlergebnisse ist es dann oft erfolgversprechender, sich auf die jeweiligen inhaltlichen Präferenzen der eigenen Wähler:innen zu fokussieren und entweder ökologischen oder sozialen Notwendigkeiten weniger Bedeutung beizumessen statt (potenzielle) Wähler:innen mit möglicherweise als »Zumutung« empfundenen Veränderungserfordernissen zu konfrontieren und damit Stimmen zu riskieren.

Wenn es außerdem bei einem Green New Deal, wie Lehndorff (2020: 82, Herv. i. O.) formuliert, »zunächst darum [geht], eine machtvolle gesellschaftliche Reformdynamik überhaupt *in Gang zu bringen*«, dann müssen Politiker:innen dieses »In-Gang-Bringen« viel stärker zu ihrem Anliegen machen. Es wäre notwendig, deutlich mehr Zeit in Bündnisarbeit hinein in den außerparlamentarischen Raum und in Beteiligungsprozesse zu investieren. Die Verbindung von ökologischer und sozialer Gerechtigkeit eröffnet die Möglichkeit für breitere Bündnisse u.a. mit Klima- und Umweltaktivist:innen sowie Gewerkschaften, Sozialverbänden und Mieterinitiativen. Wenn es dabei aber nicht nur um Meinungsaustausch, sondern darum gehen soll, gemeinsame Wege für eine sozial-ökologische Transformation zu finden, dann müssen andere Arten der Beteiligung und Auseinandersetzung in Form von zeitintensiven und mit Sicherheit konfliktvollen Demokratisierungsprozessen angeschoben werden.

Des Weiteren müssten soziale und ökonomische Rahmenbedingungen genauer in den Blick genommen werden, sollen adäquate Vorschläge zur Lösung der ökologischen Krise umgesetzt werden. Dafür wäre es notwendig, die ökologische Krise der engen Zuständigkeit bestimmter Ministerien und Behörden zu entreißen und das Thema in einen breiteren Politikzusammenhang zu stellen, der den Gestaltungsspielraum in andere Politikfelder über einen eng definierten Umwelt- und Klimaschutz hinaus erweitert (Brand 2020: 89). Hier liegt eine weitere Herausforderung: Diese Notwendigkeit steht der Verwaltungslogik entgegen, entlang spezifischer, in den meisten Themenbereichen klar getrennter Zuständigkeiten zu agieren. Diese nicht nur punktuell und formal zu überwinden, wird viel Mühe kosten.

Die Herausforderung annehmen

In Anbetracht der weitreichenden Veränderungen, die die Umsetzung eines wirksamen Green New Deal auch der Politik abfordern würde, ist zögerliches Handeln durchaus verständlich. Aber die Argumente, die dafür sprechen, soziale und ökologische Politik im Rahmen eines kohärenten Großkonzepts zu verbinden, liegen auf der Hand: sich der Einsicht zu verweigern, was ökologisch notwendig ist, mag zwar maximal kurzfristige Zeitgewinne mit sich bringen, führt aber mit dem Fortschreiten des Klimawandels absehbar zu ungleich größeren Schwierigkeiten und deutlich eingeschränkten Gestaltungsoptionen. Dem notwendigen ökologischen Wandel lässt sich dabei offener begegnen, wenn man keine Angst um die eigene soziale Absicherung haben muss. Dennis Eversberg zeigt in seiner Analyse sozial-ökologischer Einstellungsmuster der deutschen Bevölkerung, dass Menschen, die dauerhaft marginalisiert leben, systematisch zur Ablehnung und Verweigerung von Veränderungen tendieren (Eversberg 2020: 95). Gleichzeitig verunsichern radikale Umbrüche und die Angst vor Statusverlust viele Menschen und veranlassen sie dazu, am Bestehenden festzuhalten (Dörre 2019: 27).

Andererseits legen Umfragen wiederholt nahe, dass eine stabile Mehrheit in Deutschland weiß, dass dem Klimawandel politisch begegnet werden muss und dies auch unterstützt. Hierfür aber – das legen Ergebnisse der Akzeptanzforschung nahe – ist neben aktiver Einbeziehung und dem Offenhalten von Gestaltungsspielräumen ebenfalls wichtig, dass Maßnahmen und Politiken als gerecht empfunden werden (vgl. Local Energy Consulting 2020; Hübner u.a. 2020). Vor diesem Hintergrund wäre es wichtig, wenn GND-Konzepte auch auf Ebene der Bundesländer zentrale Handlungsfelder definieren und bewusst in der Umsetzung und der Kommunikation ökologische und soziale Fragen verknüpfen. Einige Beispiele dazu:

(1) Der Ausbau erneuerbarer Energien, der in den letzten Jahren auch aufgrund lokalen Widerstands besonders im Bereich Windenergie nachgelassen hat, ließe sich intensiver mit kollektiven Eigentumsfragen und Debatten um die Kosten-Nutzen-Verteilung verbinden. Die Akzeptanz erneuerbarer Energien steigt entscheidend, wenn nicht einzelne, sondern ganze Gemeinschaften davon direkt profitieren (Hübner u.a. 2020). Das kann die gezielte Stärkung von Bürgerenergieprojekten sein, sollte aber auch Vorhaben umfassen, die nicht von der Fähigkeit zur finanziellen Beteiligung Einzelner abhängen. Anlagen in kommunalem Eigentum wären eine Möglichkeit, dies zu erreichen. Gemeinden könnten an den Gewinnen beteiligt werden, wie inzwischen auch in der Fortschreibung des Erneuerbare-Energien-Gesetzes (EEG) ansatzweise angedacht. Erträge könnten so in die Gemeindehaushalte fließen und in Kitas, Parks, Gemeindetreffpunkte oder Bibliotheken investiert werden und/oder den Strom für alle Bewohner:innen verbilligen. Wichtige Impulse finden sich hier bereits in den Überlegungen zur Energiedemokratie (Weis u.a. 2015).

(2) Besonders im Verkehrsbereich müssen künftig massiv Treibhausgasemissionen eingespart werden. Die Mo-

bilität der Zukunft mit umweltfreundlicheren und vor allem weniger Autos wird aber nur gelingen, wenn sie diejenigen überzeugt, die aktuell auf Autos angewiesen sind, um Lohnarbeit, Familie, Einkauf und Freizeit tagtäglich zu organisieren. Dazu braucht es mehr als die Elektrifizierung von ÖPNV-Flotten und ICE-Verbindungen. In innovativen Modellprojekten sollte, ausgehend von den Bedürfnissen derer, die zum Umstieg bewegt werden sollen, erprobt werden, wie flexible Mobilität ohne (eigenes) Auto im Alltag auch außerhalb von Großstädten praktisch möglich ist.

(3) Auch im Bereich der Beheizung von Gebäuden besteht Handlungsbedarf. Zentral ist dabei die Sanierung bestehender Gebäude. So geht das Wuppertal Institut davon aus, dass die energetische Sanierungsquote deutlich von aktuell einem Prozent auf jährlich vier Prozent gesteigert werden, dass Heizungsanlagen ausgetauscht und deutlich mehr erneuerbare Energien eingesetzten werden müssen (Wuppertal 2020: 19). Dazu existieren sowohl auf Bundes- als auch Landesebene bereits diverse Förderprogramme, die eine der Aufgabe angemessene finanzielle Ausstattung benötigen. Was es aber darüber hinaus braucht, ist eine konsequente Verknüpfung dieser Anstrengungen mit der Frage bezahlbaren Wohnraums in den Städten, um Mieter:innen die Angst vor weiteren Kostensteigerungen zu nehmen. Zudem sollte gemeinschaftliches Wohnen gefördert werden. Aber auch eine Auseinandersetzung um angemessene Wohnfläche muss offensiv geführt werden. In Thüringen ist beispielsweise trotz eines Bevölkerungsrückgangs um 17 Prozent seit 1990 die Wohnfläche um 23 Prozent gestiegen (Leipziger Institut für Energie 2018: 125 – Zahlen bis 2014).

(4) Wirtschafts- und Forschungsförderung, finanzielle Hilfen für Unternehmen und öffentliche Vergabe kann an ökologische und soziale Kriterien, etwa zur betrieblichen Mitbestimmung, gebunden werden. Das gilt sowohl für Unternehmen, die ökologischer produzieren müssen, als auch für neue grüne Unternehmen. Staatliche Wirtschaftsförderung muss außerdem dort lenkend eingreifen, wo Transformationsprozesse unausweichlich werden. Dies auch, um große Arbeitsplatzverluste zu verhindern. Genossenschaftliche und öffentliche Eigentumsformen können ebenfalls gezielt unterstützt werden.

(5) Schließlich können im Zuge kommunaler Klimaschutzanstrengungen lokale Prozesse für Leitbilder angestoßen werden, bei denen miteinander diskutiert wird, wie man innerhalb der planetaren Grenzen gemeinsam leben möchte. Um sich dabei nicht im Abstrakten zu verlieren, sollten konkrete Maßnahmen entwickelt werden, die zum Klimaschutz beitragen und das Zusammenleben in Stadt oder Dorf verbessern. Dabei kann man an bestehenden Prozessen wie »global nachhaltige Kommune« oder dem Agenda-21-Prozess anknüpfen und diese auf breiterer Basis weiterentwickeln. Über entsprechende Förderrichtlinien der Landespolitik lässt sich die Finanzierung sicherstellen.

Diese Vorschläge sind nicht neu, Ideen vieler Engagierter in Bewegungen, Initiativen und Wissenschaft gibt es zuhauf, zum Teil werden sie schon umgesetzt, jedoch nicht zu einem umfassenden Konzept vereint. Während aber die Linke in Deutschland noch diskutiert, ob der Begriff des Green New Deal nicht bereits von rechts vereinnahmt wurde oder nur einem grünen Kapitalismus Vorschub leistet, und sich wahlweise mangelndes ökologisches Gewissen oder mangelhafte antikapitalistische Einstellungen vorwirft, wird auf marktliberaler und konservativer Seite Politik gemacht: Der Global Risks Report des Weltwirtschaftsforums, wahrlich kein Hort des ökologischen Denkens, weist zum wiederholten Male Ökologie und Klima als dringendste Problem- und damit Handlungsfelder aus. Diese Hinweise wurden auf EU-Ebene aufgenommen: dort setzt Ursula von der Leyen als Kommissionspräsidentin aus dem konservativen Lager auf einen Europäischen Grünen Deal, der den Weg zu einer grünen Modernisierung des Kapitalismus weist.

Es wird Zeit, eine kohärente linke Antwort nicht nur zu formulieren, sondern dort, wo es die parlamentarischen Mehrheiten ermöglichen, auch endlich auf den Weg zu bringen. Der historische Vorläufer des New Deal zeigt, dass aktives und nicht nur reaktives Regierungshandeln eine wichtige Rolle in diesem Prozess einnimmt, um ordnungspolitische und finanzielle Rahmenbedingungen zu setzen, aber auch um Akteur:innen zu stärken. Dabei lässt sich aus der Stärke der aktuellen Debatten im englischsprachigen Raum lernen: die enge Verzahnung von sozialen Bewegungen, Initiativen, parlamentarischer Politik und Publizistik ermöglicht gegenseitige Unterstützung und Stärkung. Der klare Fokus auf ein breites Verständnis von Gerechtigkeit kann neue Gruppen für eine gemeinsame Auseinandersetzung erreichen. Gleichzeitig kann solidarische Kritik, auch das ist eine Lehre aus dem New Deal, ein Motor für die Weiterentwicklung politischer Positionen und ein Antrieb zum Handeln sein.

Auch wenn ein in deutschen Parlamenten beschlossener Green New Deal nicht den Kapitalismus abschafft, wird er, so er eine angemessene und gerechte Antwort auf die ökologische Krise sein will, enorme gemeinsame Anstrengungen erfordern. Aber so werden, frei nach Erik Olin Wright, Freiräume geschaffen, in denen Neues wachsen kann.

Literatur

Aronoff, Kate u.a. (2019): A Planet to Win. Why We Need A Green New Deal. London.

Brand; Ulrich (2020): Sozial-ökologische Transformation. Perspektiven eines kritisch-emanzipatorischen Verständnisses. In: Ders.: Post-Wachstum und Gegen-Hegemonie. Klimastreiks und Alternativen zur imperialen Lebensweise. Hamburg: 87-100.

Data for Progress (2018): A Green New Deal: A Progressive Vision for Environmental Sustainability and Economic Stability. Report, September 2018. URL: https://www.dataforprogress.org/, Zugriff: 21.11.2020.

Dörre, Klaus (2019): Risiko Kapitalismus. Landnahme, Zangenkrise, Nachhaltigkeitsrevolution. In: Dörre, Klaus u.a. (Hg.): Great Transformation? Zur Zukunft moderner Gesellschaften. Sonderband des Berliner Journals für Soziologie. Wiesbaden: 3-34.

Eversberg, Dennis (2020): Bioökonomie als Einsatz polarisierter sozialer Konflikte? Zur Verteilung sozial-ökologischer Mentalitäten in der deutschen Bevölkerung 2018 und möglichen Unterstützungs- und Widerstandspotentialen gegenüber biobasierten Transformationen, Working Paper Nr. 1, Mentalitäten im Fluss (flumen),

Jena. URL: http://www.flumen.uni-jena.de, Zugriff: 21.11.2020.
Hübner, Gundula u.a. (2020): Akzeptanzfördernde Faktoren Erneuerbarer Energien. BfN-Skripten 551. URL: https://www.bfn.de, Zugriff: 21.11.2020.
Klein, Naomi (2019): On Fire: The (Burning) Case for a Green New Deal. New York.
Lehndorff, Steffen (2020): New Deal heißt Mut zum Konflikt. Was wir von Roosevelts Reformpolitik der 1930er Jahre lernen können. Hamburg.
Leipziger Institut für Energie (2018): Gutachten zur Vorbereitung einer Energie-und Klimaschutzstrategie für Thüringen. URL: https://umwelt.thueringen.de/, Zugriff: 11.1.2021.
Local Energy Consulting (2020): Akzeptanz und lokale Teilhabe in der Energiewende. Handlungsempfehlungen für eine umfassende Akzeptanzpolitik. Impuls im Auftrag von Agora Energiewende. URL: https://static.agora-energiewende.de, Zugriff: 20.11.2020.
Politische Ökologie (2019): Green New Deal. Fassadenbegrünung oder neuer Gesellschaftsvertrag? Heft 159, Dezember 2019. München.
Riexinger, Bernd (2020): System Change. Plädoyer für einen linken Green New Deal. Hamburg.
Vantsintjan, Aaron (2020): Why the Green New Deal Needs Local Action to Succeed. URL: https://www.greeneuropeanjournal.eu/, Zugriff: 19.11.2020.
Weis, Laura u.a. (2015): Energiedemokratie. Grundlage und Perspektive einer kritischen Energieförderung. Studien 01/2015. Berlin: Rosa-Luxemburg-Stiftung.
Wuppertal Institut (2020): CO2-neutral bis 2035: Eckpunkte eines deutschen Beitrags zur Einhaltung der 1,5-°C-Grenze. Bericht. Wuppertal. URL: https://epub.wupperinst.org/, Zugriff: 19.11.2020.

PROKLA 202 | 51. Jahrgang | Nr. 1 | März 2021 | S. 175-184
https://doi.org/10.32387/prokla.v51i202.1923

Rudi Schmidt*

Träumt weiter, aber mit offenen Augen[1]

Ein Nachruf auf Ulf Kadritzke (1943-2020)

Zusammenfassung: Ulf Kadritzke war der PROKLA als Autor und Mitglied des Redaktionsbeirats viele Jahre eng verbunden. Mit seinen Ideen und seinem Engagement hat er nicht nur die PROKLA bereichert und geprägt. Am 14. November 2020 verstarb Ulf Kadritzke überraschend.

Schlagwörter: Ulf Kadritzke, Nachruf, Soziologie, 1968, Klassentheorie

Dream on, but with your eyes open

An obituary for Ulf Kadritzke (1943-2020)

Abstract: Ulf Kadritzke was closely associated with PROKLA for many years as an author and a member of the editorial advisory board. With his ideas and commitment, he enriched and shaped not only PROKLA. Ulf Kadritzke passed away unexpectedly on November 14, 2020.

Keywords: Ulf Kadritzke, obituary, sociology, 1968, class theory

Es war vielleicht in einem der Seminare Otto Stammers in den frühen 1960er Jahren, wo wir uns zuerst begegnet sind, vielleicht auch im Dahlemer Raum studentischer Politik, der damals klein und leicht überschaubar war. Dies nicht nur räumlich, sondern auch deshalb, weil die FU Berlin 1962, als Ulf in Waiblingen bei Stuttgart Abitur gemacht hatte und an die FU gegangen war, nur ca. 14.000 Studierende aufwies und sich die Linke in der Minderheit befand. Die 50 bis 60 Aktivisten kannten sich bald; Neuankömmlinge wurden schnell integriert.

Ulf war noch als Schüler 1961 der SPD beigetreten, was im schwarzen Württemberg einem schweren Verstoß gegen die natürliche Ordnung gleichkam. An der FU hingegen wurden die SHBler anfangs vom SDS als reformistische Hätschelkinder der ehemaligen Mutterpartei skeptisch beäugt. Das änderte sich mit der von allen linken Studentenverbänden betriebenen Abwahl des korporierten AStA-Vorsitzenden Eberhard Diepgen 1963, dem Beginn

* **Rudi Schmidt** ist Mitglied des Wissenschaftlichen Beirats der PROKLA.

1 Leicht abgewandeltes Zitat aus dem Film *Il mercenario* von Sergio Corbucci (1968).

der linken Dominanz an der FU; SDS und SHB bestimmten von nun an die AStA-Politik der nächsten Jahre.

Ulf hatte sich als Hochschulexperte des SHB schon früh einen Namen gemacht und stellte dies souverän durch seinen Vortrag im Januar 1967 bei den »Universitätstagen« der FU unter Beweis (Kadritzke 1967). Zu diesem Zeitpunkt waren schon zwei Jahre massiver Konflikte um das allgemeinpolitische Mandat des AStA, Zwangsexmatrikulationen, Satzungskonflikte etc. vergangen. Das gängige Narrativ von den »radikalisierten Studenten« drehte er um und benannte die strukturellen Defizite (nicht eingelöste Versprechen der FU-Gründer nach weitergehenden Reformen, Abbau der studentischen Mitverwaltungsrechte, mitbestimmungsfreier Raum der Institute, politische Gängelung der studentischen Selbstverwaltung nach opportunistischen Erwägungen, verschleppte Studienreform etc.), auf die die StudentInnen lediglich angemessene Antworten gäben. Angesichts mangelnder »universitärer Öffentlichkeit« und »demokratischer Kooperation« versprach er abschließend: »Es wird in Zukunft an der Freien Universität nicht ohne Konflikte mit akademischen Lehrern und Universitätsorganen abgehen« (Kadritzke 1967: 48), eine nüchterne Feststellung mit prognostischer Weitsicht.

Ihm kam bei seiner Rede zugute, dass er seit dem Wintersemester 1963/64 an der von Ludwig von Friedeburg geleiteten empirischen Studie über das politische Potenzial der StudentInnen am Beispiel der FU Berlin teilgenommen und auch einige Kapitel aus dem Abschlussbericht verfasst hatte (Friedeburg u.a. 1968: 92-195 und 311-341). Liest man sie parallel, wirkt die Rede wie ein Konzentrat der Buchbeiträge.

Nach den dramatischen Ereignissen von 1967 und 1968 verließen die StudentInnen die Hochschulen, um die zu einer organisierten Gesellschaftskritik ausgeweitete Protestbewegung auf eine breitere Basis zu stellen. Vermutlich ausgehend von einem industriesoziologischen Seminar bei Sebastian Herkommer gründeten wir, neben Ulf sieben weitere StudentInnen, Anfang 1969 die Basisgruppe Tegel, in der Nähe der DWM (Deutsche Waggon- und Maschinenfabriken), der sich auch einige Jungarbeiter anschlossen. Der Zweck, das kritische Bewusstsein bis hin zu einer konfliktbereiten Belegschaft zu fördern, sollte durch aufklärerische Information und Agitation mittels Betriebsarbeit der StudentInnen, durch Flugblätter, Schulungen und eine Betriebszeitung (*Der rote Weichensteller*) erreicht werden. Im selben Jahr gründeten wir die Rote Zelle Soziologie, die einige Jahre das Institutsgeschehen dominierte.

Diese politischen Initiativen zerfielen nach wenigen Jahren, was aber blieb, war der darin bestätigte Impuls, besser zu verstehen, was in diesen Praxisbereichen geschah und wie eine sozialistische Perspektive dafür aussehen könnte. Aus der betrieblichen Untersuchungsarbeit der Basisgruppen wurden große Forschungsprojekte an den Universitäten zu Klassenlage und Bewusstsein von Arbeitern (selten von Arbeiterinnen), Ingenieuren und Angestellten usw., eine wichtige Arbeit darunter hat Ulf verfasst (Kadritzke 1975).

Parallel dazu wurde an den Universitäten die Studien- und Hochschulreform weiter vorangetrieben. Dazu gehörten die Selbstreflexion des eigenen Handelns, was die Fortsetzung der wissenschaftlichen Beschäftigung mit der Studentenbewegung bedeutete, und die kritische Auseinandersetzung mit der soziologischen Literatur dazu (Kadritzke 1969). Die rasche Politisierung der StudentInnen in den 1960er Jahren war auch für die empirische Sozialforschung ein erstaunliches Phänomen, zumal es in der – wenige Jahre vor der Berliner Untersuchung – unter Frankfurter Studierenden von Habermas u.a. (1961) durchgeführten Erhebung nicht die geringsten Anzeichen für die sich bald danach entwickelnde radikaldemokratische, antiautoritäre Opposition gegeben hatte. Wie viele war Ulf 1969 noch der Auffassung, die Studentenbewegung habe mit ihrer gesellschaftlichen Expansion »ihren Anspruch als konsequente revolutionäre Kraft« angemeldet (Kadritzke 1969: 36). 20 Jahre später liest sich sein Resümee erwartungsgemäß viel nüchterner.

Ganz ohne nostalgisches Zögern ging es ihm dann um die Besichtigung »produktiver und unproduktiver Illusionen« (Kadritzke 1989) in jener Zeit. Während manch andere Beteiligte damals noch die runden Jahrestage zur Selbstfeier nutzten, ging es Ulf (auch) um kritische Selbstbefragung; er gibt darin u.a. auch Auskunft über seine Herkunft aus einer kleinbürgerlichen, NS-angepassten Familie (ebd.: 244ff.), einer der verschiedenen, aber nicht untypischen Entwicklungspfade in den 1950er und 1960er Jahren. Die Mängel der klassentheoretischen Analysen begründeten s. E. die politischen Illusionen der »Privilegierten-Revolte« (ebd.: 270), was vielleicht auch umgekehrt gelten kann. »Wir betrachteten die Gesellschaft, als wäre sie ein Buch, in dem zu lesen steht, wie sie zu verändern sei« (ebd.: 260). Bekanntlich wurde da vieles falsch herausgelesen, aber eben nicht alles. Und so endet der Essay mit dem versöhnlichen Rat aus dem Schlussdialog des Films *Il mercenario* von Sergio Corbucci (1968): »Träume weiter, aber mit offenen Augen« (ebd: 279).

In seinem letzten Text zum Thema (Kadritzke 2018) zieht er zunächst ein skeptisches Fazit. Nach kurzer Rekapitulation der deutschen Nachkriegsideologien sowie der Hochschulkritik von SDS und Studentenbewegung mit ihrem praktisch gewordenen Konzept der Kritischen Universität (KU) folgert er rückblickend, dass diese »das Vordringen eines *akademischen Kapitalismus* (Münch 2011) nicht verhindern« konnten (ebd.: 163, Herv. i. O.). »Das um sich greifende *Wettbewerbsdenken*« und die »unkritische Übernahme des ideologischen Leitbilds ›*unternehmerische Hochschule*‹« (ebd.: 165, Herv. i. O.) seien problematische Entwicklungen, die dem gesellschaftlichen Auftrag von Wissenschaft entgegenstünden. Aber Ulfs pragmatischer Skeptizismus hält immer auch die Ermunterung zur Widerständigkeit bereit. Gegen den Scheinrealismus der objektiven Zwänge setzt er abermals das Filmzitat aus dem 30 Jahre zurückliegenden Aufsatz und fügt abschließend hinzu: »Bis heute kein schlechter Rat« (170).

Das in diesen Texten zum Ausdruck kommende Interesse und Engagement für Hochschulpolitik hat Ulf die gesamte Zeit seines Berufslebens über bewahrt.

Er trat früh in die GEW ein, wo er im Berliner Verband zeitweilig (von 1986 bis 1991) im Vorstand für Hochschule und Forschung zuständig war, lieh seine Kompetenz der Alternativen Liste, als er der dafür zuständigen Abgeordneten Hilde Schramm als Berater zur Seite stand, und nahm 2010 bis 2016 im Auftrag des DGB dessen Mandat im Kuratorium der Humboldt-Universität wahr. Sein Hauptbetätigungsfeld war jedoch die Fachhochschule für Wirtschaft (FHW) – nach der Fusion mit der Fachhochschule für Verwaltung und Rechtspflege: Hochschule für Wirtschaft und Recht (HWR) –, die er während seiner langen Zugehörigkeit (von 1976 bis 2008) als Professor für Industrie- und Betriebssoziologie nicht nur in der Lehre und Forschung, sondern auch in der Hochschulpolitik maßgeblich geprägt hat, immer darum bemüht, die affirmative Mainstreamökonomie durch alternatives Denken auf die Gesellschaft zu verpflichten. Als Gegengewicht zum verschulten Bachelorstudium organisierte er zuletzt von 2008 bis 2016 ein Studium Generale mit einem breiten Angebot an Lehrveranstaltungen, ergänzt um öffentliche Vorträge und Diskussionen mit prominenten Vertreterinnen und Vertretern von Wissenschaft, Wirtschaft und Politik, die über die Hochschule hinaus beachtet wurden.

Die wichtigste Schrift, mit der Ulf auch seine wissenschaftliche Karriere langfristig begründete, war seine 1975 publizierte Dissertation über die Angestellten, »die geduldigen Arbeiter« mit dem weißen Kragen. Diese umfangreiche historisch-theoretische Studie brachte ihm wegen des sorgfältig recherchierten theoriegeschichtlichen Teils große Anerkennung selbst im liberal-konservativen Lager ein und hat die damalige Diskussion in der Linken über diese Fraktion der LohnarbeiterInnen stark befruchtet. Bis dahin dominierten in der Soziologie die funktionalistischen Analysen, mit denen die seit Ende des 19. Jahrhunderts stark anwachsende Gruppe der Angestellten in ihrem versicherungs- und arbeitsrechtlichen Sonderstatus bestätigt wurde. Letzterer wurde als ein Hauptargument für die (erhoffte) Auflösung der antagonistischen Klassenverhältnisse durch eine neue Zwischenschicht funktionalisiert. In dieser Deutung »spielt der ›Angestellte‹ als kategoriales Rückgrat des ›Mittelstandes‹ oder der ›Mittelschichten‹ in der sozialwissenschaftlichen Ideengeschichte wie in der zeitgenössischen Soziologie eine wesentliche, für die Theorie der Gesellschaft konstitutive Rolle« (Kadritzke 1975: 9).

Ulfs Arbeit war Teil eines übergreifenden politisch-theoretischen Zusammenhangs, wie das meiste, was in den 1970er Jahren aus linken Initiativen heraus in den Sozialwissenschaften erschienen ist. Die seit der Aneignung der Marx'schen Klassentheorie durch die deutsche Arbeiterbewegung im 19. Jahrhundert stets kontrovers diskutierte Frage, wie die Differenz zwischen objektiver Klassenlage und deren subjektiver Reflexion politisch gelöst werden könnte, stellte sich auf besondere Weise auch für die Studentenbewegung Ende der 1960er Jahre, seit sie sich mit ihrer (mehrheitlich) sozialistischen Wende von der Randgruppentheorie Herbert Marcuses ab- und der Arbeiterklasse als potenziell revolutionärem Subjekt zugewandt hatte. Wenn man seinen »Anspruch als konsequente revolutionäre Kraft« anmeldet und offenkundig selbst zu schwach dafür ist, muss man seine Aufgabe darin sehen, der einzig dazu befähigten Klasse bei der Einsicht in ihre historisch dafür prädestinierte Rolle »behilflich zu sein«. Da sich die aktionistische Praxis als nicht so erfolgreich erwiesen hatte, musste gründlicher nachgedacht werden.

Und so sublimierte sich dieser aktivistische Impetus – außerhalb der K-Gruppen und diversen ML-Sekten – in einer enormen wissenschaftlichen Anstrengung zur Analyse der realen Klassenverhältnisse und der Bewusstseinslagen, was in allen linken Hochburgen der Zeit zu beobachten war. An der FU Berlin bildete sich unter Leitung von Sebastian Herkommer in Anlehnung an die Rote Zelle Soziologie das Projekt »Technische Intelligenz«, aus dem eine Reihe von Studien zu »Klassenlage und Bewusstseinsformen technisch-wissenschaftlicher Lohnarbeiter« (Beckenbach u.a. 1973 und 1975) hervorging. Es ging um »die Bedingungen der Möglichkeit von Bewußtsein als Momenten der bestimmten Klassenbeziehung in der kapitalistischen Gesellschaft«. Oder konkreter: Es sollten »die subjektiven Ansatzpunkte zur ›Politisierung‹ dieser besonderen sozialen Gruppe ermittelt werden« (ebd.: 9).

Auch Ulfs Analyse der kaufmännischen LohnarbeiterInnen entstammt diesem weiteren Kontext. Am Beispiel dieser Gruppe suchte er nach den »Konstitutionsbedingungen eines entschiedenen Klassenbewußtseins« (Kadritzke 1975: 132). In einem späteren Aufsatz dazu wird die daran geknüpfte Erwartung ausgedrückt: »Die Masse der Betroffenen steht gleichsam auf dem Sprung in die gemeinsame kollektive Interessenvertretung, wie zahlreiche, von 1979 bis 1981 sich verstärkende Anhaltspunkte zeigen« (Kadritzke 1982: 241).

Viele Angestellte sind dann doch nicht »gesprungen«. Auch nach Beseitigung der versicherungsrechtlichen Besonderungen, Angleichungen der Lohnformen und im Arbeitsrecht blieb eine bemerkenswerte Differenz im Organisations- und Konfliktverhalten im Vergleich zu den »Gewerblichen«. Wenngleich sich der »Nachruf auf die deutsche Kragenlinie« (ebd.: 219) als verfrüht erwiesen hat, war Ulfs Kritik doch insofern erfolgreich, als sie dazu beitrug, dass es fortan eine mittelstandsaffirmative Angestelltensoziologie kaum mehr gegeben hat. Die Erfahrung freilich, dass wissenschaftlicher Erkenntnis objektiver Veränderungen nur ein sehr eingeschränkter prognostischer Wert zukommt – selbst wenn erfahrene Mediatoren wie die Gewerkschaften einbezogen sind –, hat ihn bei Vorhersagen über handlungsrelevante Dispositionen vorsichtiger werden lassen.

Das Thema »Angestellte« – und, ihm benachbart, die Mitte(lstands)-Ideologie – hat Ulf seit seiner Dissertation 1975 immer wieder beschäftigt (siehe auch Kadritzke 1995, 1999b, 2004a und b, 2016a). Nach seinem Soziologie-Diplom 1968 war er bis 1974 Assistent am Institut für Soziologie der FU Berlin und ging dann für zwei Jahr ans SOFI nach Göttingen. Martin Baethge und Michael Schumann luden den ausgewiesenen Angestellten-Experten ein, beim Aufbau entsprechender Forschungskompetenzen am SOFI zu helfen. Damit wurde eine langjährige Kooperation begründet, die er teils als Forschungspartner, teils als Berater in verschiedenen Projekten bis weit in die 1990er Jahre fortgesetzt hat. Nach seinem Ruf 1976 als Professor an die Fachhochschule für Wirtschaft (FHW) in Berlin hat er sich immer wieder Freiräume verschafft, um in Göttingen tief in die empirische Sozialforschung einzusteigen.

Aus dieser Kooperation ging ein umfangreiches Forschungsprojekt über den Wandel von Berufsperspektiven und sozialen Interessenlagen von hochqualifizierten Angestellten hervor, das drei Jahre nach dem Abschlussbericht unter dem Titel »Das Führungskräftedilemma« (Baethge u.a. 1995) publiziert wurde. Die darin analysierten betrieblichen »Manager und industriellen Experten«, so der Untertitel des Buchs, stehen eigentlich in einem Trilemma, nämlich zwischen ihrem wissenschaftlichen bzw. berufsspezifischen Selbstverständnis, den betrieblichen Anforderungen und denen der Lebenswelt. Aus der kritischen Reflexion dieser Anforderungen erwachsen – zumindest für eine Minderheit – »neue, politisierungsfähige Ansprüche an Arbeit, Beruf, persönliche Lebensgestaltung und Gesellschaftspolitik« (Kadritzke 1993: 320). Aber obwohl sich darin für gewerkschaftliche Interessenpolitik anknüpfungsfähige Überzeugungen zeigen und hochqualifizierten Angestellten auch »eine latente Bereitschaft zum persönlichen Engagement in sozialen Bewegungen« attestiert wird, seien »keine kurzfristigen Rekrutierungserfolge zu erwarten« (ebd.).

Ulf hat sich gelegentlich auch zu anderen, meist gewerkschaftsnahen Themen geäußert, z.B. zur »Kolonisierung der Lebenswelt« durch die flexibilisierte Arbeitszeitpolitik der Unternehmen (Kadritzke 2005), oder er diagnostizierte in einer kritischen Betrachtung der Gewerkschaften »vielfältige Zeichen der Solidaritätsverdrossenheit«, die »als Bedrohung eines bislang gewohnten Mindestmaßes an sozialem Zusammenhalt« betrachtet werden könnten (Kadritzke 1999a: 264). Immer wieder aber kehrte er zu seinem Hauptthema der Klassenanalyse, insbesondere der lohnabhängigen Mittelschichten, zurück, zuletzt in einem großen zweiteiligen Aufsatz, zunächst in der PROKLA (Nr. 184 und 185, Kadritzke 2016b und c) und dann in überarbeiteter Form als Buch (Kadritzke 2017).

Darin kritisiert er mit Rückgriff auf die Texte Weimarer Soziologen wie Geiger, Speier und Kracauer das ideologische Konstrukt der »Mitte«, in dem die klassenkonstitutiven Ausbeutungsverhältnisse ausgelöscht seien und eine deskriptive Melange aus disparaten Merkmalen weniger zur Klärung als zur Verschleierung beitrügen. Mit seiner »Kritik an einer begriffslosen Soziologie der Mitte« (ebd.: 80) reicht er den analytischen Staffelstab indes an Jüngere weiter: »Nicht das Fehlen schlüssiger Antworten ist heute beklagenswert, sondern der fehlende Willen zum Durchfragen« (ebd.: 83). An diesem Willen hat es ihm nicht gefehlt, warum aber die schlüssigen Antworten auf das Problem mangelnder Kongruenz von Lage und subjektiver Reflexion so schwerfallen, wirft neue Fragen auf, an deren Beantwortung er sich leider nicht mehr beteiligen kann.

Lässt man das schriftliche Werk, das Ulf nach 50 Jahren wissenschaftlicher Arbeit hinterlassen hat, noch einmal Revue passieren, fällt auf, dass es vom Umfang überschaubar und überwiegend außerhalb etablierter Fachzeitschriften erschienen ist. Er war kein Freund von Schnellschüssen und hat akribisch an seinen Texten gefeilt. Zudem ging es ihm nicht um Repräsentanz im akademischen Betrieb, sondern um Resonanz in praxisnahen Institutionen. Er war nicht Mitglied der Deutschen Gesellschaft für Soziologie, besuchte selten einen Soziologie-Kongress und war kaum jemals bei der Sektion Industriesoziologie der DGS. Da er seine Hochschule nie wechseln wollte, bestand für ihn auch kein »Sichtbarkeitszwang«, kein »*publish or perish*«, zumal er der schwer zu widersprechenden Auffassung war, dass das meiste der auf den Markt geworfenen Texte entbehrlich sei. Gleichwohl war er über die großen Strömungen, die großen Debatten in der Soziologie gut informiert, hatte seine Meinung dazu. Er war jedoch der Auffassung, dass es fruchtbarer sein könne, noch einmal einen alten Text von Adorno oder von seinem Lieblingsautor Siegfried Kracauer zu lesen, als dem letzten Epiphänomen gesellschaftlicher Vibrationen auf der Spur zu bleiben.

Seit seiner intensiven Teilhabe an der empirischen Sozialforschung ab Ende der 1980er Jahre wurden seine Deutungen empirischer Phänomene komplexer und differenzierter.

Ein zweiter Einfluss ist aus der passioniert betriebenen belletristischen Lektüre erkennbar. Seine Texte werden metaphernreicher, emblematischer, werden mit literarischen Zitaten angereichert, was den Argumenten einen nuancierten Hallraum verschafft. Er schätzt nun polare Konstruktionen, sieht Ambiguität, zuweilen auch Entwicklungsoffenheit, die er dann jedoch an entscheidenden Stellen mit bestimmter Negation kontrastiert und kanalisiert. Dadurch entstanden reichhaltige, kluge Texte, die auch heute noch anregend sind und mit Genuss gelesen werden können[2]– im Unterschied zu vielen empiristischen Texten der Zeit oder solchen, die sich einer normativ aufgeladenen Echokammer-Rhetorik befleißigen.

Zu seiner umfassenden Belesenheit gehörte auch ein ausgeprägter Medienkonsum. Er las morgens regelmäßig drei Tageszeitungen, die *Süddeutsche Zeitung*, die *FAZ* und die *taz*, worüber gut zwei Stunden verstreichen konnten, hinzu kamen die Lektüre wissenschaftlicher Zeitschriften und die Online-Recherche internationaler Zeitungen und anderer Quellen. Interessante Fundstücke teilte er gern mit Freunden, wie er umgekehrt mit deren Lesefrüchten reichlich eingedeckt wurde. Da er einen breiten Bekanntenkreis hatte, herrschte bei ihm ein reger Mailverkehr. Die weitere Verarbeitung und Verbreitung erfolgte gern mündlich. Seine Lehrveranstaltungen profitierten von dieser umfassenden, kritisch präsentierten Informiertheit. Er war ein engagierter Lehrer und ein bei seinen StudentInnen beliebter Professor. Davon profitierten auch unsere ausgedehnten Diskussio-

2 Dieser essayistische Stil ist auch an seinen bild- und anspielungsreichen Überschriften abzulesen. – Die Zusammenstellung im Anhang ist nicht vollständig.

nen, die wir insbesondere nach seiner Verabschiedung beim morgendlichen Frühstück im Café »Weyers« führten.

Unverkennbar war der gemeinsame wissenschaftliche und politische Werdegang in den intensiven 1960er Jahren die Basis für diesen intensiven Dialog. Wir konnten damit auf eine vielfältige, reiche gemeinsame Erfahrung zurückblicken, sodass eine schnelle, fraglose Verständigung mit ihm über fast jedes Thema der europäischen Nachkriegsgeschichte möglich war. Es waren die gleichen Irrtümer über die Revolutionierbarkeit der gegenwärtigen Gesellschaft und die überschießenden Erwartungen an die Kraft des Arguments, die uns bewegten, aber auch die Gewissheit, die bald einsetzende Enttäuschung nicht durch eine heillose Selbstradikalisierung kompensiert zu haben. Mao war für uns kein allgemeiner Heilsbringer und der Marxismus-Leninismus keine wegweisende Theorie, sondern eine ideologische Verkürzung der politökonomischen Kritik von Karl Marx, der Ulf bis zuletzt verpflichtet blieb. Das hat ihn gelassen gestimmt und vor privatistischem Rückzug bewahrt.

Was mir zudem auffällt, wenn ich mir sein Leben noch einmal vergegenwärtige, ist die große Konstanz in Ulfs Lebensumständen. Nachdem er in seiner Wahlheimat Berlin Fuß gefasst und das anfängliche WG-Leben hinter sich gelassen hatte, wohnte er vier Jahrzehnte mit seiner Frau Karin und seinem Sohn Till trotz einiger Nachteile des Domizils in derselben Wohnung nahe dem Ludwigkirchplatz. In diesem Kiez hatte er sich verankert; auch sein Bruder Niels wohnte in der Nähe. In diesem überschaubaren Sozialraum hatte er seinen Stamm-Italiener, sein Stamm-Café, den präferierten Wein- und den Buchhändler. Er war dort so präsent, dass er sich mit dem Zeitungsverkäufer und mit den Bedienungen in den Stammlokalen duzte. Vielleicht war es die Art der Bodenhaftung, die er für seine intellektuelle Weltläufigkeit benötigte.

Auch im Urlaub steuerte er über lange Zeit die gleichen Orte an. Er lehrte 32 Jahre an der FHW/HWR und hat sich – von zeitweiligen Aufenthalten am SOFI in Göttingen abgesehen – überhaupt nur an zwei Hochschulen aufgehalten. Ulf schätzte das Vertraute, was vielleicht auch mit seinen Kindheitserfahrungen zu tun hat. Die Familie war 1945 aus Westpreußen geflohen und in einem schwäbischen Dorf östlich von Stuttgart gelandet. Sie hatte dort die gleiche aggressive Abwehr erfahren, wie sie heute MigrantInnen in Deutschland widerfährt, obwohl die Deutschen gemeinsam für den Krieg verantwortlich waren, der zum Grund ihrer Flucht geworden war. Akzeptanz und Integration waren nur durch Anpassung zu erreichen. Als Erstes lernten die Kinder daher Schwäbisch sprechen, mussten gut in der Schule sein und wurden ermahnt, nicht aufzufallen, und wenn, dann nur positiv. In Berlin angekommen, legte er das Schwäbische ab, was ihm nicht schwerfiel, weil er auf die Familiensprache »Hochdeutsch« zurückgreifen konnte.

Diese soziale Integrationsbereitschaft korrespondierte mit einem dem Gegenüber zugewandten, empathischen Diskussionsstil. Vor die vorsichtig markierte Differenz wurde stets das Gemeinsame gesetzt, was ihn allerdings nicht daran hinderte, gegenüber einer explizit gegnerischen Partei entschieden Position zu beziehen. Er hatte einen klaren moralischen Kompass und war nicht nur theoretischer Vertreter gesellschaftlicher Solidarität, sondern immer wieder konkret bereit, anderen ohne Ansehen der Person in schwierigen Lagen zur Seite zu stehen.

Seine an Benjamin, Kracauer und an der Frankfurter Kritischen Theorie geschulte Fähigkeit, im Besonderen das Allgemeine zu erkennen, verlieh ihm eine bemerkenswerte analytische Fähigkeit, in neuen Problemkonstellationen rasch die Essenz herauszudestillieren. Wo immer er sich beteiligte, wurde er daher als Bereicherung empfunden; so auch in der PROKLA, der er als Autor und Mitglied des Beirats über viele Jahre verbunden war. Ulf hinterlässt eine Lücke, die nicht zu schließen sein wird.

Literatur

Baethge, Martin / Denkinger, Joachim / Kadritzke, Ulf (1995): Das Führungskräfte-Dilemma. Manager und industrielle Experten zwischen Unternehmen und Lebenswelt. Frankfurt/M.

Beckenbach, Niels / Braczyk, Hans-Joachim / Herkommer, Sebastian / Malsch, Thomas / Seltz, Rüdiger / Stück, Heiner (1973): Klassenlage und Bewußtseinsformen der technisch-wissenschaftlichen Lohnarbeiter. Frankfurt/M.

– (1975): Ingenieure und Techniker in der Industrie. Eine empirische Untersuchung über Bewußtsein und Interessenorientierung. Frankfurt/M.

Friedeburg, Ludwig von / Horlemann, Jürgen / Kadritzke, Ulf / Ritsert, Jürgen / Schumm, Wilhelm (1968): Freie Universität und politisches Potential der Studenten. Über die Entwicklung des Berliner Modells und den Anfang der Studentenbewegung in Deutschland. Neuwied/Berlin.

Habermas, Jürgen / Friedeburg, Ludwig von / Oehler, Christoph / Weltz, Friedrich (1961): Student und Politik. Eine soziologische Untersuchung zum politischen Bewußtsein Frankfurter Studenten. Neuwied/Berlin.

Kadritzke, Ulf (1967): Das Selbstverständnis der Freien Universität. In: Universitätstage 1967. Veröffentlichung einer Vortragsreihe der Freien Universität Berlin am 19. und 20. Januar 1967. Berlin: 35-53.

– (1969): Rezeption und Interpretation der Studentenbewegung in der empirischen Sozialforschung. In: Sozialistische Politik, Nr. 2: 36-48.

– (1975): Angestellte – die geduldigen Arbeiter. Zur Soziologie und sozialen Bewegung von Angestellten. Köln.

– (1982): Angestellte als Lohnarbeiter. Nachruf auf die deutsche Kragenlinie. In: Schmidt, Gert / Braczyk, Hans-Joachim / Knesebeck, Jost von dem (Hg.): Materialien zur Industriesoziologie. Sonderheft 24 der KZfSS. Opladen: 219-249.

– (1989): Produktive und unproduktive Illusionen der Studentenbewegung. In: Bude, Heinz / Kohli, Martin (Hg.): Radikalisierte Aufklärung. Studentenbewegung und Soziologie in Berlin 1965 bis 1970. Weinheim/München: 239-282.

– (1993): Ein neuer Expertentyp? Technische Dienstleistungsarbeit zwischen Marktorientierung und Professionsbezug. In: PROKLA 91 23(2): 297-326.

– (1995): Braunes Hemd mit weißem Kragen? Kritischer Gegenbericht zu einem historischen Klischee. In: Lauterbach, Burkhart (Hg.): Großstadtmenschen. Die Welt der Angestellten. Frankfurt/M.: 309-327.

– (1999a): Grenzüberschreitungen: Gewerkschaften, neue Interessenlagen und eine neue Politik. In: Greif, Wolfgang / Leitgeb, Gerlinde / Winterberger, Gerhard (Hg.): Alternativen zum Neoliberalismus. Kurswechsel: Sozial ins 21. Jahrhundert. Wien: 259-272.

– (1999b): Professionelle Mittelklassen und die Angst vor dem Absturz. Der schwie-

rige Umgang der Gewerkschaften mit neuen Interessenlagen. In: Herkommer, Sebastian (Hg.): Soziale Ausgrenzungen. Gesichter des neuen Kapitalismus. Hamburg: 130-149.
- (2004a): »It's not personal, it's business.«- Einige Gedanken zur Dienstleistungsarbeit unter Globalisierungsdruck. In: Mahnkopf, Birgit (Hg.): Management der Globalisierung. Akteure, Strukturen und Perspektiven. Berlin: 231-255.
- (2004b): White Collar Blues. Über Angestellte im modernen und im neuesten Kapitalismus. In: Artus, Ingrid / Trinczek, Rainer (Hg.): Über Arbeit, Interessen und andere Dinge. Phänomene, Strukturen und Akteure im modernen Kapitalismus. München: 101-121.
- (2005): Moderne Zeiten. Einige Gedanken zur Kolonisierung der Lebenswelt durch die ›neue Arbeit‹. In: Bsirske, Frank u.a. (Hg.): Perspektive neue Zeitverteilung. Logbuch 2 der ver.di-Arbeitszeitinitiative: für eine gerechte Verteilung von Arbeit, Zeit und Chancen. Hamburg: 149-177.
- (2006): Kein Platz mehr im letzten Flugzeug. Die Mittelklassen in der Zone der Verwundbarkeit In: Le Monde diplomatique. Dezember 2006: 12-13.
- (2016a): Die Mitte als Wille und Vortäuschung. Wovon wir schweigen, wenn wir von der Mitte reden. In: Le Monde diplomatique, Oktober 2016: 3.
- (2016b): Zur Mitte drängt sich alles (Teil 1). Historische Klassenstudien im Lichte der Gegenwart. In: PROKLA 184 46(3): 477-496. DOI: https://doi.org/10.32387/prokla.v46i184.127.
- (2016c): Zur Mitte drängt sich alles (Teil 2). Die Gegenwart im Lichte historischer Klassenstudien. In: PROKLA 185 46(4): 639-659. DOI: https://doi.org/10.32387/prokla.v46i185.136.
- (2017): Mythos »Mitte«. Oder: Die Entsorgung der Klassenfrage. Berlin.
- (2018): Von der Kritischen Universität zur Bachelor-Hochschule – und ein paar Gedanken darüber hinaus. In: Nevermann, Knut (Hg.): Die 68er. Von der Selbst-Politisierung der Studentenbewegung zum Wandel der Öffentlichkeit. Hamburg: 155-172.

Münch, Richard (2011): Akademischer Kapitalismus – Über die politische Ökonomie der Hochschulreform. Berlin.

Themen früherer Hefte

PROKLA 201: Die politische Ökonomie des Krieges: Allio: Der ökonomische Nutzen von Krieg und Rüstungsproduktion | Warburg : Von geopolitischen Umbrüchen und den Determinanten deutscher militarisierter Außenpolitik | Schmidt: Gibt es in Deutschland einen militärisch-industriellen Komplex? | Gehring: Strategische Autonomie oder Insel der Importsubstitution im Neoliberalismus? Über die politökonomische Bedeutung der türkischen Rüstungsindustrie | Biehle: Ständige Überwachung. Militärische Interessen im zivilen Drohnenmarkt Europas | Jacob: Anarchistische Imperialismuskritik und staatliche Repression. Emma Goldman, Alexander Berkman und die Kritik an der politischen Ökonomie des Ersten Weltkrieges in den USA, 1917-1919 | Grünewald: Die Militarisierung des Naturschutzes | Kerber-Clasen • Meyer-Lantzberg: Selbstverständliches und Ausgeblendetes der kritischen Care-Debatte. Ein Plädoyer für mehr Dissens | Wimmer: Gesellschaftsformation und historisches Milieu. Mit Marx von der Geschichtsphilosophie zur Kontingenz. **PROKLA 200: Probleme des Klassenkampfs – heute:** Bebnowski: Problemorientierung statt Revolutionserwartung. Zur Vor- und Frühgeschichte der PROKLA | Demirović | Undoing Class. Warum von Klasse, Klassenkampf und Klassenpolitik reden? | Wissen: Klimakrise und Klassenkampf. Zum Verhältnis von ökologischen und sozialen Konflikten | Graf • Landherr: Der Tanz der Überflüssigen. Klassenkämpfe im Globalen Süden am Beispiel Chiles | Schmidt: Grenzen eigenständiger Organisierung. Klassenkampf und Revolution – Petersburg 1917, Berlin 1918 | Sablowski: Klassenkämpfe in der Corona-Krise. Die Auseinandersetzung um die wirtschaftspolitischen Maßnahmen der Bundesregierung | Schütt • Haas: Corona und Mobilität. Eine Einschätzung zu den Auswirkungen des Konjunkturpakets | Brie: Gründungsdokument des wissenschaftlichen Sozialismus. Engels' *Die Lage der arbeitenden Klasse in England* als praktisch eingreifende verbindende Erzählung. **PROKLA 199: Politische Ökonomie des Eigentums:** Nuss: »Geld oder Leben«. Corona und die Verwundbarkeit der Eigentumslosen | Stützle: »Blut- und schmutztriefend«. Der diskrete Charme der Staatsgewalt: Genese und Geltung von Eigentum und Geld | Simon: Konzentration im Kommando über Kapital. | Exner: Gabe statt Tausch. Mit Solidarischer Ökonomie zur sozial-ökologischen Transformation | Maschke • Köncke | Wirtschaftsdemokratie und ihre systemischen Grenzen | Rahe: »Meine Eizelle gehört mir«. Inwertsetzung und Eigentum in der Kinderwunsch-Ökonomie | Wawzyniak: Die Form des Wirtschaftens ändern. Mit dem Sozialstaatsprinzip zu Vergesellschaftungen | Schlaudt: Piketty, die Ideologie und das Eigentum. **PROKLA 198: Globale Stoffströme und internationale Arbeitsteilung:** Graf • Landherr • Puder • Rackwitz • Reitz • Seyd • Sittel • Tittor: Abhängigkeit im 21. Jahrhundert. Globale Stoffströme und internationale Arbeitsteilung | Fischer: Dependenz trifft Warenketten. Zur Überausbeutung von Arbeit im Globalen Süden | Schaffartzik • Kusche: Ökologisch ungleicher Tausch | Becker • Weissenbacher: Finanzielle Abhängigkeit der (Semi-)Peripherien | Rodríguez: Endstation China? Die globalen Stoffströme auf ihrem Weg durch die »Werkstatt der Welt« | Boatcă: Wann war die Dekolonisierung? | Butollo: Kein Ende globalisierter Wertschöpfung. Warum Erwartungen an eine Rückverlagerung der Fertigung sich nicht erfüllen werden | Wendl: Zeit der Scharlatane – die Selbstzerstörung der SPD. | Lessenich: Und ewig grüßt der Maulwurf. Ein Kommentar zu Martin Kronauers Plädoyer für ein »Recht auf Arbeit« | Haas: Die Lausitz im Strukturwandel. | Hürtgen: Arbeit, Klasse und eigensinniges Alltagshandeln. Kritisches zur imperialen Lebensweise.

Diese Buchhandlungen haben die PROKLA vorrätig

Augsburg: Probuch • Gögginger Str. 34 | **Bamberg**: Collibri • Austr. 14 | **Berlin**: Buchladen zur Schwankenden Weltkugel • Kastanienallee 85 | Motzbuch • Motzstr. 32 | OH*21 • Oranienstr. 21 | Pro qm • Almstadtstr. 48-50 | Schwarze Risse • Gneisenaustr. 2 | Schweitzer Sortiment • Französische Str. 13/14 | **Bielefeld**: Eulenspiegel Buchladen • Hagenbruchstr. 9 | **Bochum**: Notstand e.V. • Universitätsstr. 150 | Universitätsbuchhandlung • Brüderstr. 3 | **Bonn**: Buchladen 46 • Kaiserstr. 46 | **Braunschweig**: Guten Morgen Buchladen • Bültenweg 87 | **Bremen**: Albatros Buchversand • Fedelhören 91 | Buchladen in der Neustadt • Lahnstr. 65 B | Buchladen im Ostertor • Fehrfeld 60 | **Darmstadt**: Georg-Büchner-Buchladen • Lautenschlägerstr. 18 | **Dortmund**: Buchladen Litfass • Münsterstr. 107 | Taranta Babu • Humboldtstr. 44 | **Dresden**: Im Kunsthof • Bucher Str. 31 | **Düsseldorf**: Buchhandlung BiBaBuze • Aachener Str. 1 | **Essen**: Heinrich-Heine-Buchhandlung • Viehofer Platz 8 | **Flensburg**: Carl v. Ossietzky Buchhandlung • Große Str. 34 | **Frankfurt/M**: Karl-Marx-Buchhandlung • Jordanstr. 11 | Land in Sicht • Rotteckstr. 13 | Theo Hector • Gräfstr. 77 | Ypsilon-Buchladen • Bergerstr. 18 | **Freiburg**: Jos Fritz • Wilhelmstr. 15 | **Gießen**: Ricker'sche Universitätsbuchhandlung • Ludwigsplatz 12-13 | **Göttingen**: Buchladen Rote Straße • Nikolaikirchhof 7 | **Hamburg**: Buchhandlung im Schanzenviertel • Schulterblatt 55 | Buchladen in der Osterstraße • Osterstr. 171 | Heinrich-Heine-Buchhandlung • Grindelallee 26 | **Hannover**: Buchladen Annabee • Stephanusstr. 12-14 | **Kassel**: ABC-Buchladen • Goethestr. 77 | **Köln**: Der andere Buchladen GmbH • Weyertal 32 | Der andere Buchladen GmbH • Wahlenstr. 1 | Der andere Buchladen GmbH • Ubierring 42 | **Konstanz**: Zur Schwarzen Geiß • Am Obermarkt 14 | **Krefeld**: Der andere Buchladen • Donysiusstr. 7 | **Leipzig:** Infoladen Conne Island • Koburger Str. 3 | **Lüneburg**: Delbanco • Bessemerstr. 3 | **Marburg**: Buchhandlung Roter Stern • Am Grün 28 | **Mönchengladbach**: Prolibri-Buchladen • Schillerstr. 22-24 | **München**: Arabella Versandbuchhandlung • Wimmerstr. 5 | **Münster**: Rosta-Buchladen • Aegidiistr. 12 | **Nürnberg**: Ex Libris • Bismarckstr. 9 | **Oldenburg**: Carl-von-Ossietzky Buchhandlung • Uhlhornsweg 99 | **Osnabrück**: Buchhandlung Dieter zur Heide • Osterberger Reihe 2-8 | **Potsdam**: Buchladen Sputnik • Charlottenstr. 28 | **Ratingen**: Buchcafé Peter & Paula • Grütstr. 3-7 | **Tübingen**: Rosalux • Lange Gasse 27 | **Saarbrücken**: Der Buchladen • Försterstr. 14 | **Siegen**: Bücherkiste • Bismarckstr. 3 | **Wiesbaden**: Buchh. Otto Harrassowitz • Taunusstr. 5 | **Würzburg**: Buchladen Neuer Weg • Sanderstr. 33-35 | **ÖSTERREICH: Graz**: dradiwaberl • Zinzendorfgasse 25 | **Wien**: FRICK International • Schulerstraße 1-3 | Lhotzkys Literaturbuffet • Rotensterngasse 2 | Littrade Literaturservice • Währinger Straße 3/7

Abonnement

Wer ein Jahresabo der PROKLA abschließt, kann dies über unser Formular unter www.bertz-fischer.de/prokla-abo tun und sich dort eine Abo-Prämie auswählen.

Liebe Abonnent*innen!
Wer von euch/Ihnen umzieht, schicke uns bitte frühzeitig die neue Adresse an:
prokla-abo@bertz-fischer.de – oder an:
PROKLA-Aboservice, Gneisenaustr. 33, 10961 Berlin, Tel. 030/747862640. **Danke!**